Chiara Ferri   Luca Mattei   Vittoria Calvani

AMICOLIBRO

Mito e epica

a cura di Catia Gusmini

A. MONDADORI SCUOLA

IL PROGETTO DIDATTICO

I BRANI E LE ATTIVITÀ

I LUOGHI

LA DIDATTICA INCLUSIVA

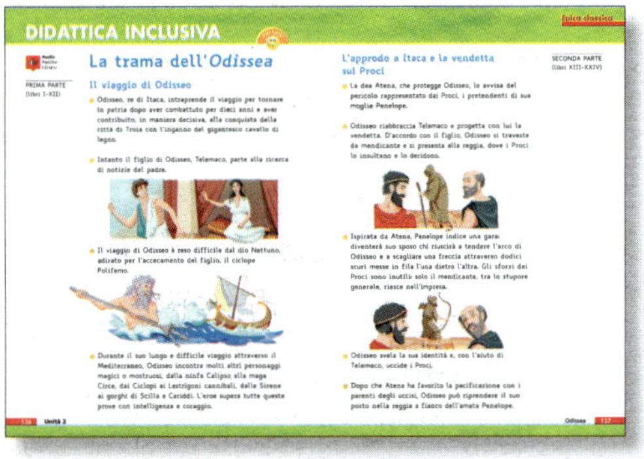

LE LETTURE D'OPERA

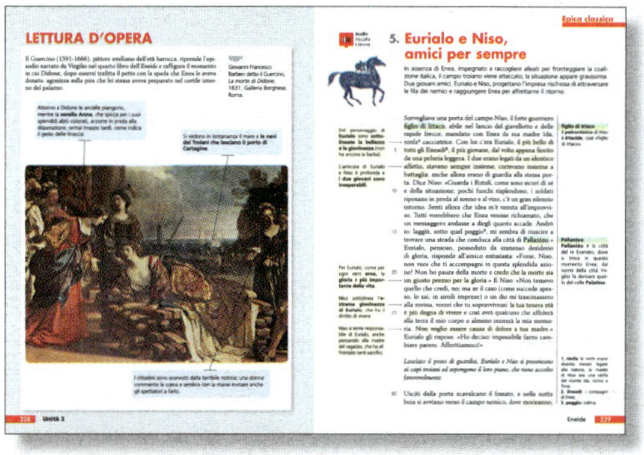

IL PIACERE DELLA LETTURA

GLI APPROFONDIMENTI

I brani e le attività
I brani, proposti nelle traduzioni più amate, sono analizzati attraverso una guida alla lettura che spiega i temi, le parole-chiave, il linguaggio dell'epica.

I luoghi
Attraverso mappe geografiche vengono visualizzati luoghi e vicende di ogni poema.

La Didattica Inclusiva
Le trame dei poemi e i brani più significativi sono proposti in versione semplificata.

Le Letture d'opera
I personaggi e le vicende più famosi dell'epica vengono proposti anche attraverso la lettura e l'analisi di opere d'arte.

Il piacere della lettura
Le storie più belle raccontate attraverso la rivisitazione degli scrittori contemporanei.

Gli approfondimenti
Le relazioni tra epica e linguaggi visivi attraverso i secoli.

MEBOOK

IL LIBRO DI TESTO
IN VERSIONE DIGITALE,
RICCO DI CONTENUTI,
VIDEO, AUDIO,
ANIMAZIONI, ESERCIZI
E TANTISSIMI
ALTRI STRUMENTI.

Come attivare il MEbook

Collegati al sito **mondadorieducation.it**
registrati oppure effettua il login

↓

Accedi alla sezione **LIBRO+WEB**
e fai clic su **Attiva MEbook**

↓

Compila il modulo **Attiva MEbook**
inserendo negli appositi campi
tutte le cifre tranne l'ultima dell'ISBN,
stampato sul retro del tuo libro,
il codice contrassegno e quello seriale,
che trovi sul bollino argentato SIAE
nella prima pagina dei nostri libri.

9 788824 746199

ISBN

C. CONTRASSEGNO
C. SERIALE

↓

Fai clic sul pulsante **Attiva MEbook**

Per i docenti

Se sei un docente richiedi al tuo agente di zona la copia saggio del libro che ti interessa e l'accesso ai relativi contenuti digitali docente.

Come scaricare il MEbook

Puoi consultare il tuo MEbook anche
in versione **offline** scaricandolo per intero
o in singoli capitoli sul tuo dispositivo,
seguendo questa semplice procedura:

Scarica la app gratuita* che trovi sul sito
mondadorieducation.it o sui principali store.

↓

Effettua il login con
Username e **Password** scelte all'atto
della registrazione sul nostro sito.

↓

Nella libreria è possibile ritrovare i libri attivati.

MEBOOK | MEBOOK kids | MEBOOK YOUNG | MEBOOK EXTRA

* Per sapere quale delle nostre app
scaricare guarda quale dei loghi
del MEbook è presente in alto a sinistra
sulla copertina del tuo libro!

ulteriori informazioni sul sito

www.mondadorieducation.it

EDUCATION

Indice

CONTENUTI DIGITALI INTEGRATIVI

Video — Lezione multimediale — Bacheca — Carte-gioco — Audio

UNITÀ 1

UNITÀ 2

EPICA CLASSICA 66

UNITÀ 3

L'EPICA MEDIEVALE 252

Unità 1
Il mito

PERCHÉ LEGGERE I MITI?

Avvolto da un bagliore dorato ecco **Apollo, il dio del Sole**, che avanza trionfante sul suo carro mettendo in fuga le ultime ombre della notte e riportando la luce sul mondo.

Questo dipinto rappresenta un **mito** antichissimo, più antico di quello greco-romano a cui il pittore faceva riferimento: gli antichi Egizi, ad esempio, immaginavano che Ra, il dio Sole, percorresse il cielo su una barca, e il **simbolo** della barca solare è attestato anche in Italia nell'età neolitica.

Che il 'veicolo' del Sole sia una barca o un carro trascinato da cavalli, quegli antichi racconti **spiegavano l'origine** del moto (apparente) del Sole, altrimenti incomprensibile. A noi, che ormai sappiamo decifrare la natura con gli strumenti della ragione e della scienza, i miti possono invece regalare uno sguardo diverso sul mondo, e suggerire di esso immagini nuove e sorprendenti.

Francesco Mancini,
Il Carro del Sole,
1715 circa,
Forlì, Palazzo Odersaffi Albicini.

IN PRINCIPIO ERA il mito

Perché nascono i miti

Qual è l'origine del mondo? Che cosa fa splendere il sole e cadere la pioggia? Perché le stelle brillano nel cielo? Quali forze regolano la natura e la vita degli uomini? Chi ha inventato il fuoco? Come sono nati l'agricoltura e il matrimonio? Che cosa c'è dopo la morte?

A molte di queste domande gli uomini moderni sanno ormai dare una risposta, ma gli uomini antichi, che possedevano strumenti di conoscenza e di indagine assai limitati, di fronte a problemi così complessi erano solo in grado di **immaginare** delle cause e di **descrivere** quelle possibili cause **in forma di racconti**.

I miti sono **racconti** (dal greco *mýthos*, che significa appunto "racconto") molto antichi che forniscono una **spiegazione** circa l'origine del mondo, le cause dei fenomeni naturali, l'origine di tradizioni religiose o di istituzioni sociali.

I miti sono racconti religiosi

Il filosofo greco Platone (V secolo a.C.) afferma che i miti sono «racconti intorno agli dèi, ai démoni, agli eroi e all'aldilà»: ciò significa che i miti affrontano i misteri del mondo e della vita umana parlando dell'azione di esseri divini (*dèi* e *démoni*) e delle imprese di uomini semidivini (gli *eroi*).

Nonostante le vicende di dèi ed eroi possano apparire assolutamente fantastiche e del tutto slegate dalla realtà, **i miti sono storie vere** per i popoli che li hanno creati: per essi quelle storie dimostrano, infatti, l'esistenza di una potenza superiore, divina, dalla quale dipendono l'ordine dell'universo e i destini degli uomini.

In origine, quindi, i miti non sono semplici racconti, ma **racconti sacri**.

Per questo loro altissimo valore, il compito di tramandare i miti era affidato a persone che godevano del rispetto di tutta la società, ad esempio i **sacerdoti**. Per la stessa ragione, i miti venivano narrati in occasioni e **circostanze particolari**, legate alla vita dell'intera comunità, come il tempo della semina o del raccolto, o durante le feste religiose. Spesso il mito assumeva il valore di una preghiera alla divinità, per ricevere da essa prosperità e fortuna.

Di che cosa parlano i miti

Dietro alla costruzione dei miti intorno alle **azioni di personaggi straordinari** sembra esserci un'idea di base: che solo esseri sovrumani o comunque

eccezionali possano essere responsabili sia della creazione della struttura del mondo, nella sua infinita complessità, sia del dominio sulle forze della natura, sia dell'inizio di importanti tradizioni o grandi civiltà.
Più in particolare, possiamo distinguere diversi tipi di miti in base al contenuto:

- **miti cosmogónici**, cioè racconti che spiegano **l'origine del mondo** (da *kósmos*, "mondo" e *gonía* "nascita", "origine"); i miti cosmogonici possono descrivere l'origine degli dèi (miti teogónici) e quella dell'uomo (miti antropogónici);
- **miti sulla natura**, che spiegano **l'origine dei fenomeni naturali** o di eventi straordinari, come i miti del **diluvio**; rientrano in questo gruppo anche i miti di **metamorfosi**, che descrivono l'origine di piante, animali o astri a partire da un mutamento di forma;
- **miti di dèi ed eroi**, che narrano le gesta e le **avventure di esseri divini o semidivini**, spesso in lotta contro **creature mostruose**;
- **miti eziologici** (da *áition*, "causa"), che spiegano i motivi per cui nacque una tradizione o un'istituzione oppure fu fondata una città.

Una lunghissima tradizione orale

La tradizione mitologica aveva per ogni popolo un grandissimo valore e veniva conservata come un tesoro prezioso: essa, infatti, racchiudeva il **patrimonio di conoscenze, idee, valori** su cui si fondava la comunità stessa. Tramandare questo patrimonio alle generazioni future significava dunque fare in modo che continuasse a vivere la cultura che lo aveva creato.
Prima che la scrittura arrivasse a fissarli in forma scritta, **per secoli e secoli** i miti furono **raccontati a voce**, cantati e rappresentati: la loro trasmissione è stata quindi per moltissimo tempo **affidata alla memoria** attraverso la viva voce dei narratori.

Le caratteristiche dei miti

Il fatto che i miti siano stati per molto tempo **tramandati** solo **oralmente** spiega l'esistenza di **versioni differenti della stessa vicenda** e la **presenza di elementi ricorrenti** nella descrizione dei personaggi e delle situazioni: le ripetizioni, infatti, aiutavano a ricordare meglio i particolari delle storie e a fissarli nella memoria della comunità.
Ma quali sono le **caratteristiche comuni** a tutti i miti del mondo? Quelle che si possono riconoscere nella maggior parte dei racconti mitologici sono:

- l'ambientazione in un **tempo passato antichissimo e indeterminato**, in cui esisteva un altro ordine (per esempio era sempre notte, cielo e terra non erano separati, gli uomini non esistevano ancora);
- lo **spazio**, spesso **lontano** e descritto in modo **vago**;
- i **personaggi, dèi o semidei**, capaci di azioni straordinarie grazie alle loro doti non comuni;
- la **struttura narrativa molto semplice**, basata su uno schema ricorrente:
  - una **introduzione**, in cui è presentata la situazione iniziale;
  - una **parte centrale**, in cui si narrano gli avvenimenti principali;
  - una **conclusione**, in cui è descritto il nuovo stato di cose determinatosi dopo gli avvenimenti narrati;
- il **linguaggio** (che risente della tradizione orale), caratterizzato da **espressioni fisse** e **formulari**, da **ripetizioni** e da **similitudini**, per lo più tratte dal mondo della natura, che illustrano un evento misterioso o straordinario mediante l'accostamento a una situazione nota.

Miti di tutto il mondo

I miti nascono, come abbiamo detto, da **domande universali** e fanno parte del **patrimonio di ogni comunità umana**.
Questo spiega perché – al di là delle comprensibili differenze legate al contesto storico e culturale – i racconti di popoli anche lontanissimi fra loro nel tempo e nello spazio possono presentare **elementi, temi e caratteristiche comuni**.

Un esempio significativo è rappresentato dal **mito del diluvio**, narrato con particolari assai simili nella tradizione di popoli molto diversi e spesso lontani fra loro, come i Sumeri, gli Ebrei e i Greci.
Anche i **nativi d'America** conoscono racconti sul diluvio: un popolo delle Pianure, **i Siksika**, noti come Blackfeet, narra di come la «Gente Di Lassù» sommerse la Terra per punire la sbadataggine di un bambino indiano e di come il vecchio Napiwa – dopo aver mandato prima una Lontra, poi un Castoro e quindi un'Anatra – riuscì infine a recuperare un pugno di terra, da cui rinacque il mondo. **I Maya**, invece, credevano che Ix Chel, la dea della Luna e delle maree, mostrasse il suo volto benevolo quando faceva apparire l'arcobaleno e il suo volto cattivo quando mandava sulla Terra le inondazioni, rovesciando l'acqua da una brocca. Dall'altra parte del mondo **gli Indù** raccontano che da un devastante diluvio si salvò solo un uomo, Manu, che era stato avvertito da un pesciolino di nome Matsya. Manu – nome che significa "Padre dell'umanità" – sarebbe l'antenato di tutti gli Indù.

I miti nella nostra cultura

Sulla civiltà di cui noi facciamo parte **ha avuto un'influenza decisiva la mitologia greca**, assimilata e tramandata anche attraverso **la civiltà romana**: su questo terreno comune si sono infatti sviluppate l'arte, la letteratura e la filosofia dell'Europa e dell'Occidente.
Quell'antico, immenso patrimonio culturale è giunto fino a noi sia perché ci sono stati uomini che l'hanno pazientemente raccolto, ordinato e trascritto, sia, soprattutto, perché quel patrimonio **ha sempre ispirato gli artisti**: poeti, narratori, pittori e scultori per secoli e secoli hanno ripreso quei miti e li hanno rielaborati, in maniera sempre nuova, nelle loro opere.
Un fenomeno a cui assistiamo oggi è la **trasformazione di certi personaggi in *divi*** (cioè in "dèi", secondo il significato della parola latina da cui la nostra deriva), i cui **"miti" vengono diffusi attraverso** il tam tam dei ***mass media***; con un significato simile a quello del passato, l'aggettivo "mitico" indica ancora oggi qualcuno o qualcosa di così eccezionale da poter essere ricordato per sempre.
Attraverso il percorso di questa Unità potrai tu stesso comprendere come personaggi e storie antichissime abbiano attraversato il tempo per ritornare nella cultura e nella vita di oggi in forme talvolta inaspettate, come nella narrativa di fantascienza, nel cinema, nella pubblicità o, magari, in un sorprendente videogioco o in una canzone.
Insomma, il legame tra passato e presente è più forte che mai.

I LUOGHI DEL MITO

I miti sono una creazione umana universale: sono nati, in epoche e luoghi diversi, come spiegazione dei problemi fondamentali con cui da sempre l'uomo si è confrontato.

Nella mitologia degli **EGIZI** ①, ad esempio, è fondamentale il tema della vita oltre la morte, collegato alle vicende del dio Osiride; a **CRETA** ② il mito del Labirinto è diventato un simbolo della lotta dell'uomo contro i pericoli mortali della vita (il Minotauro).

I miti della **CIVILTÀ GRECA** ③ assimilati e diffusi dai **ROMANI** ④, sono alla base della civiltà europea; a essa hanno contribuito anche altri popoli, come i **CELTI** ⑤ o i **VIKINGHI** ⑥, esperti navigatori.

In Asia, una delle tradizioni mitologiche più antiche e complesse si sviluppò in **MESOPOTAMIA** ⑦: la cosiddetta "Porta di Ishtar", che dava accesso alla città di Babilonia, ricorda il culto di una dea particolarmente venerata fin dal tempo dei Sumeri; anche in **INDIA** ⑧ e in **CINA** ⑨ fiorirono miti legati ad antiche religioni.

Le Americhe, prima dell'arrivo degli europei, erano abitate da popoli molto diversi: dagli **ESCHIMESI** ⑩ (o Inuit), i cui miti parlano di immense distese di neve e di ghiaccio, ai numerosi **INDIANI D'AMERICA** ⑪; nell'America Centrale erano insediati i **MAYA** ⑫, che innalzarono grandi piramidi come quella di Chichén Itzá nello Yucatan, e gli **AZTECHI** ⑬, il cui mito del serpente piumato Quetzalcoatl è molto antico. In America Meridionale la religione costituiva la base del potere degli **INCA** ⑭, i quali costruirono miti intorno alle divinità creatrici del mondo.

MITI NEL MONDO

Il dio Thot.

Egitto

La mitologia egizia è molto complessa, perché accanto a dèi venerati in tutto il Paese compaiono numerose divinità locali minori. Per gli Egizi la divinità principale era il **Sole, Amon-Ra**, spesso associato ad **Atum**, il principio creatore del mondo.
Molti dèi egizi presentano forma animale, come Bastet, la dea-gatto, o Wadjet, la dea-cobra; alcuni dèi hanno invece solo in parte forma animale, come Anubi, il guardiano dei morti dalla testa di sciacallo, o **Thot**, il dio della scrittura e delle scienze, raffigurato con la testa di ibis.
Il mito più importante della tradizione degli Egizi era quello della morte e resurrezione del dio **Osiride**, mito che spiega la fede di questo popolo in una vita dopo la morte.
Il **Faraone** era considerato l'**incarnazione di Horus, figlio di Osiride, sulla terra**; dopo la morte il Faraone era invece identificato con lo stesso Osiride.

Ishtar.

Mesopotamia

In **Mesopotamia** (termine che significa la "Terra tra i fiumi" Tigri ed Eufrate) fiorirono i miti dei numerosi popoli che la abitarono: Sumeri, Áccadi, Assiri e Babilonesi.
La divinità più importante dei Sumeri era An (il cielo), sposo di Ki (la terra) e padre di Enlil (il dio delle tempeste) e di Inanna. La **dea Inanna** era associata alla stella del mattino e della sera (il pianeta Venere) e alla vegetazione.
La religione sumera influenzò le tradizioni e i miti dei popoli che si insediarono in Mesopotamia successivamente: ad esempio la principale divinità degli Áccadi, la **dea Ishtar**, assomiglia molto a quella sumera, e anche in alcuni poemi babilonesi è chiamata col nome sumero di Inanna.
Molto importante nella tradizione mesopotamica è il mito dell'**eroe Gilgamesh**, protagonista di numerose composizioni epiche.

Shangdi.

Cina

I Cinesi concepivano la loro terra come il centro del mondo: la parola "**Cina**", infatti, deriverebbe dall'espressione cinese *Zhongguo*, che significa "**Regno del Centro**".
La mitologia cinese, basata su una lunga e complessa tradizione orale, è conosciuta grazie ai **testi** di letterati che, al tempo **della dinastia Han** (206 a.C. - 220 d.C.), rielaborarono la mitologia di epoche precedenti. In questi testi i miti antichi sono interpretati secondo tradizioni e concezioni filosofiche più recenti, come succede ai **miti cosmogonici** che collegano diversi dèi alle *cinque direzioni* (i quattro punti cardinali più il centro); inoltre, alcune tra le più importanti divinità vennero associate alle vicende storiche di sovrani cinesi.
Nei miti classici compare un essere supremo celeste (**Shangdi** o **Tian**) e molte altre figure, positive e negative, legate alle attività degli uomini e alle manifestazioni della natura.
Grande importanza hanno i racconti legati al **culto degli antenati**.

America Centrale

Quando nel 1519 Hernán Cortés giunse con i suoi soldati nell'America Centrale, la regione era dominata dai bellicosi Aztechi, il cui imperatore Montezuma imponeva tributi a milioni di sudditi. Tuttavia le origini della civiltà centroamericana risalgono almeno al 1000 a.C. Diversi popoli abitarono le regioni dell'America Centrale, come gli **Olmechi**, i **Toltechi**, i **Maya** e, infine, gli **Aztechi**.
Nella mitologia centroamericana una delle divinità più importanti, insieme a Huitzilopochtli e Tezcatlipoca, era **Quetzalcoatl**, «il serpente piumato», Quetzalcoatl era una divinità complessa, signore della terra e del cielo, della luce e dell'oscurità. Secondo la tradizione, Quetzalcoatl sarebbe stato un grande re-sacerdote, realmente vissuto: dopo essere stato costretto all'esilio da Tezcatlipoca, geloso del suo potere, Quetzalcoatl sarebbe scomparso, promettendo però di ritornare un giorno sulla Terra. Per questo, quando giunsero Cortés e i suoi soldati, gli Aztechi credettero che si trattasse del ritorno di Quetzalcoatl, che i racconti mitici descrivevano come alto, di pelle bianca, dalla folta capigliatura e dalla lunga barba.

Quetzalcoatl.

Grecia e Roma

La mitologia greca comprende racconti che spiegano l'origine del mondo e narrano la vita e le avventure di un gran numero di dèi e dee, eroi ed eroine, mostri e altre creature mitologiche.
Le più antiche fonti letterarie conosciute, i due poemi epici attribuiti a **Omero**, l'***Iliade*** e l'***Odissea***, narrano gli eventi legati al mito della guerra di Troia. All'inizio questi **racconti** furono **composti e diffusi in forma orale**, per poi essere messi in forma scritta nel VI secolo a.C.
Altre due opere quasi contemporanee ai poemi omerici, la ***Teogonia*** e ***Le opere e i giorni*** composte dal poeta **Esiodo**, contengono invece racconti sull'origine del mondo, sulle stirpi degli dèi, sulla successione di diverse età dell'uomo, sull'origine dei riti religiosi.
Attraverso le antiche colonie greche della Sicilia e della penisola italica **i Romani assimilarono la mitologia greca**; questa assimilazione favorì l'identificazione fra dèi greci e dèi romani.
I Romani, tuttavia, per affermare l'antichità e la nobiltà della loro stirpe, anche rispetto a quella dei Greci, sfruttarono in modo originale il **mito di Enea**, trasformando l'eroe troiano in un antenato di **Romolo**, il **mitico fondatore di Roma**.
I Romani costruirono così uno **stretto legame fra mito e Storia**.
In effetti la Storia ebbe un ruolo importantissimo nella costruzione dell'identità culturale dei Romani, e i miti, sia quelli ripresi dalla Grecia sia quelli legati alle tradizioni indigene dell'Italia, non furono mai considerati come 'racconti religiosi' autonomi, bensì come momenti di un passato leggendario nel quale affondavano le radici le virtù del popolo romano.

Il dio del Sole.

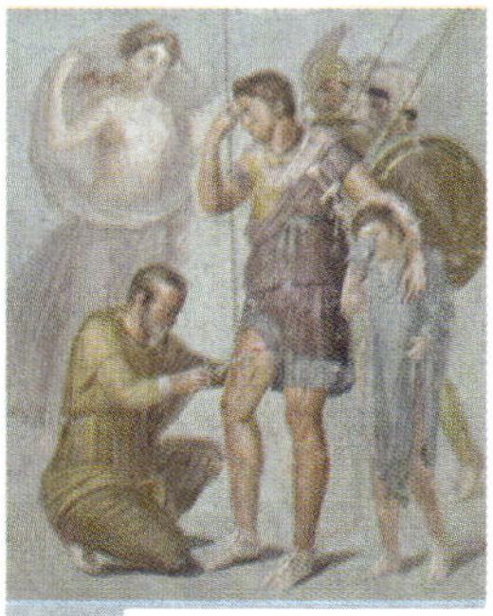

Enea ferito e medicato.

I MITI DELLA CREAZIONE

Michelangelo Buonarroti, *La creazione di Adamo*, 1511 circa, Cappella Sistina, Città del Vaticano, Roma.

Agli albori della civiltà, l'universo e la natura dovevano certamente suscitare nell'uomo stupore ed inquietudine, spesso vero e proprio timore; tuttavia egli non era ancora in grado di comprendere il mondo e interpretare i fenomeni naturali con gli strumenti della ragione e della logica.
Immaginiamo che egli sentisse nascere dentro di sé dubbi e domande, e il bisogno di **dare una forma comprensibile** a tutte quelle forze invisibili che egli non poteva controllare e da cui si sentiva dominato.
Questo bisogno di trovare risposte comprensibili all'esistenza del mondo così come esso appare giustifica l'esistenza presso tutti i popoli di **miti cosmogonici**, cioè di racconti che **spiegano l'origine del mondo** (da *kósmos*, "mondo" + *gonía*, "nascita", "origine"), attribuita di solito a una divinità.
Anche per questo i miti cosmogonici sono strettamente **collegati alle credenze religiose** di un popolo.
Nei miti cosmogonici ricorrono alcuni elementi:

- la nascita del mondo è preceduta da **un "prima" buio e informe**, in cui gli elementi naturali sono mescolati caoticamente;
- interviene **un creatore**, che **separa dal caos indistinto i singoli elementi** e dà loro **forma e ordine**.

Tra i miti cosmogonici si possono inserire anche i miti **teogonici**, che spiegano l'**origine degli dèi** (da *gonía*, "nascita", "origine" + *theôn* "degli dèi") e i miti **antropogonici**, che descrivono l'**origine dell'uomo** (da *ánthropos*, "uomo" + *gonía*, "nascita", "origine").

Audio
Ascolta il brano

1. La creazione del mondo

Il primo libro della *Bibbia*, intitolato *Genesi*[1], affronta immediatamente le due domande fondamentali dell'esistenza: come è iniziato il mondo? Qual è l'origine dell'uomo? Le risposte non vengono fornite attraverso riflessioni o ragionamenti teorici, ma attraverso la narrazione del **mito cosmogonico[2] della Creazione**, attribuita alla volontà di Dio.

Dio esiste già **in principio**, non è preceduto né creato da nulla, ma è l'origine di tutto ciò che esiste.

Dopo la creazione del cielo e della terra, quello che Dio fa è **dare forma** alla materia che ne è ancora priva: ciò avviene **separando**, cioè **distinguendo**, un elemento dall'altro.

Dalla materia inerte – acqua, terra e cielo – Dio passa a creare **le piante e gli alberi**: anch'essi sono **distinti** in base alla **specie**.
Le piante, avendo un seme che germoglia e si sviluppa, sono vicine agli esseri viventi (= gli animali), che vengono creati subito dopo.

In principio Dio creò il cielo e la terra.
La terra era informe e deserta e le tenebre ricoprivano l'abisso e lo spirito di Dio aleggiava[3] sulle acque.
Dio disse: «Sia la luce!». E la luce fu. Dio vide che la luce era cosa buona e separò la luce dalle tenebre e chiamò la luce giorno, mentre chiamò le tenebre notte. E fu sera e fu mattina: primo giorno.
Dio disse: «Sia il firmamento in mezzo alle acque per separare le acque dalle acque». Dio fece il firmamento e separò le acque, che sono sotto il firmamento, dalle acque, che sono sopra il firmamento. E così avvenne. Dio chiamò il firmamento cielo. E fu sera e fu mattina: secondo giorno.
Dio disse: «Le acque che sono sotto il cielo si raccolgano in un unico luogo e appaia l'asciutto». E così avvenne. Dio chiamò l'asciutto terra e la massa delle acque mare. E Dio vide che era cosa buona. E Dio disse: «La terra produca germogli, erbe che producono seme e alberi da frutto, che facciano sulla terra frutto con il seme, ciascuno secondo la propria specie». E così avvenne: la terra produsse germogli, erbe che producono seme, ciascuna secondo la propria specie, e alberi che fanno ciascuno frutto con il seme, secondo la propria specie. Dio vide che era cosa buona. E fu sera e fu mattina: terzo giorno.
Dio disse: «Ci siano luci nel firmamento del cielo, per distinguere il giorno dalla notte; servano da segni per le stagioni, per i giorni e per gli anni e servano da luci nel firmamento del cielo per illuminare la terra». E così avvenne: Dio fece le due luci grandi, la luce maggiore per regolare il giorno e la luce minore per regolare la notte, e le stelle. Dio le pose nel firmamento del cielo per illuminare la terra e per regolare giorno e notte e per separare la luce dalle tenebre. E Dio vide che era cosa buona. E fu sera e fu mattina: quarto giorno.
Dio disse: «Le acque brulichino[4] di esseri viventi e uccelli volino sopra la terra, davanti al firmamento del

informe
Significa "senza forma", "privo di forma".

firmamento
Il **firmamento** è la volta celeste, uno spazio "fermo" che separa le acque del cielo (le piogge) dalle acque della superficie sottostante.

esseri viventi
Gli **esseri viventi** sono gli **animali** (questo è il significato letterale della parola, che deriva dal latino *animal*).

1. ***Bibbia*, *Genesi*:** in greco il termine *Bibbia* significa "Libri", mentre *Genesi* vuol dire "origine", "nascita".
2. **cosmogonico:** l'aggettivo deriva dall'unione dei termini greci *kósmos*, "mondo" e *gonía*, "nascita".
3. **aleggiava:** si muoveva leggero come un alito di vento.
4. **brulichino:** siano piene.

cielo». Dio creò i grandi mostri marini e tutti gli esseri viventi che guizzano e brulicano nelle acque, secondo la loro specie, e tutti gli uccelli alati, secondo la loro specie. E Dio vide che era cosa buona. Dio li benedisse: «Siate fecondi e moltiplicatevi e riempite le acque dei mari; gli uccelli si moltiplichino sulla terra». E fu sera e fu mattina: quinto giorno.

Dio crea gli **animali**, sempre **distinti** in base alla **specie**.

Dio disse: «La terra produca esseri viventi secondo la loro specie: bestiame, rettili e bestie selvatiche, secondo la loro specie». E così avvenne: Dio fece le bestie selvatiche secondo la loro specie e il bestiame secondo la propria specie e tutti i rettili del suolo, secondo la loro specie. E Dio vide che era cosa buona.

Dio crea l'**uomo**, collocandolo in una posizione di dominio su tutte le piante e su tutti gli animali.

E Dio disse: «Facciamo l'uomo a nostra immagine, a nostra somiglianza: dómini sui pesci del mare e sugli uccelli del cielo, sul bestiame, su tutte le bestie selvatiche e su tutti i rettili che strisciano sulla terra».

E Dio creò l'uomo a sua immagine; a immagine di Dio lo creò; maschio e femmina li creò.

Dio li benedisse e disse loro: «Siate fecondi e moltiplicatevi, riempite la terra; soggiogatela[5] e dominate sui pesci del mare e sugli uccelli del cielo e su ogni essere vivente che striscia sulla terra».

E Dio disse: «Ecco, io vi do ogni erba che produce seme e che è su tutta la terra e ogni albero in cui è il frutto, che produce seme: saranno il vostro cibo. A tutte le bestie selvatiche, a tutti gli uccelli del cielo e a tutti gli esseri che strisciano sulla terra e nei quali è alito di vita, io do in cibo ogni erba verde». E così avvenne. Dio vide quanto aveva fatto, ed ecco, era cosa molto buona. E fu sera e fu mattina: sesto giorno.

Così furono portati a compimento il cielo e la terra e tutte le loro schiere. Allora Dio nel settimo giorno portò a termine il lavoro che aveva fatto e cessò nel settimo giorno da ogni suo lavoro. Dio benedisse il settimo giorno e lo consacrò, perché in esso aveva cessato da ogni lavoro che creando egli aveva fatto. Queste le origini del cielo e della terra, quando vennero creati.

(da *Genesi* 1.1-31; 2.1-4, in *La Sacra Bibbia*, edizione C.E.I., 1996)

5. **soggiogatela:** dominatela.

COMPRENSIONE

1. **Come si presenta la terra prima della creazione?**

....

2. **La creazione si compie in sei giorni: indica per ogni giorno che cosa viene creato da Dio.**

giorno	Dio crea...
primo	....
secondo	....
terzo	....
quarto	....
quinto	....
sesto	....

3. **Che cosa fa Dio nel settimo giorno?**

....

....

4. **Che cosa sono «le due luci grandi» di cui si parla alla riga 30?**

....

....

....

ANALISI E RIFLESSIONE

5. **Che cosa distingue l'essere umano da tutti gli altri esseri creati da Dio?**

- A Il fatto che venga distinto in maschio e femmina.
- B Il fatto che venga creato a immagine e somiglianza di Dio.
- C Il fatto che non venga distinto in specie diverse.
- D Il fatto che sia sottomesso alle specie animali più forti.

6. **Perché, a tuo giudizio, l'uomo viene creato per ultimo?**

....

....

7. **Quali sono i compiti che Dio assegna all'uomo?**

....

....

LESSICO E STILE

8. **Il contrario di «informe» (riga 2) è...**

- A indistinto
- B deforme
- C formato
- D informato

9. **Nella creazione divina un verbo che torna molte volte è «separare». Questo può significare che...**

- A Dio separa la materia inerte (cielo, acqua e terra) dagli esseri viventi.
- B Dio separa gli uomini dagli altri esseri viventi.
- C Dio crea delle differenze tra gli esseri viventi.
- D Dio crea dando a ogni elemento e ad ogni essere una forma distinta e precisa.

Audio
Ascolta
il brano

2. Quando Thot giocò a dadi con la Luna

Protagonista di questo **mito teogonico**[1] è il dio Thot, definito nei testi egizi «il cuore e la lingua di Ra» e collegato quindi al Sole come principio creatore del mondo (Ra-Atum). Thot è un dio molto sapiente, conosce la scrittura e i numeri; proprio la sua padronanza del calcolo risulta decisiva per la misurazione dell'anno solare, che passa da 360 a 365 giorni. A trarre vantaggio da questo allungamento del calendario è la dea del Cielo Nut, la quale può finalmente dare alla luce i suoi cinque figli, che saranno dèi molto importanti.

In origine Geb, il dio della Terra, e Nut, la dea del Cielo, erano uniti; ma Atum, il dio Sole, contrariato per questa unione, ordinò che fossero divisi da uno spazio intermedio.
Nonostante il divieto di Atum, Geb e Nut, che si amavano, si unirono di nascosto e Nut rimase incinta, di ben cinque figli.
Appresa la notizia, Atum si adirò e decise di punire la dea in un modo terribile: poiché egli era il creatore, e dunque il signore del tempo, proclamò che Nut non avrebbe potuto partorire mai i suoi figli, in nessuno dei trecentosessanta giorni dell'anno che obbedivano al suo potere.
Nut era disperata. Tutte le altre divinità avrebbero voluto aiutarla, ma ciò era impossibile: il potere di Atum era assoluto.
Angosciata, Nut andò da Thot, il dio della Sapienza dalla testa di ibis. Thot, che le voleva bene, pensò a una soluzione. Se Nut non poteva partorire nei giorni creati da Atum, la soluzione era guadagnare per lei dell'altro tempo, dei giorni in più.
Thot andò allora da Khonsu, il dio della Luna, e gli propose di giocare con lui a dadi. Il vincitore non avrebbe guadagnato denaro, ma minuti, ore e forse giorni interi.
Il dio della Luna accettò: sarebbe stato molto piacevole giocare in cielo con un avversario tanto intelligente.
Thot e Khonsu erano due abili giocatori e continuarono a giocare a dadi senza sosta. Nut, nel frattempo, era molto preoccupata per i suoi figli, che chiedevano di venire alla luce.

1. **teogonico:** l'aggettivo deriva dall'unione dei termini greci *gonía*, "nascita", e theôn, "degli dei".

Finalmente Thot tornò da lei trionfante: non aveva guadagnato solo qualche ora, ma addirittura cinque giorni interi, da utilizzare subito, mentre la notizia non era ancora trapelata.

Nut poté così partorire i suoi figli senza disobbedire al dio Sole: Atum non aveva infatti nessun potere su quei cinque giorni, visto che non erano stati creati da lui.

Viene ora descritta l'**origine degli dèi**, frutto dell'unione del Cielo e della Terra.

Così ognuno dei figli di Nut e Geb ebbe un suo giorno natale.

Il primo giorno nacque Osiride; da suo padre Geb, dio della Terra, ricevette il dominio sull'Egitto e fu il primo Faraone. Il secondo giorno nacque Horus[2], il dio dalla testa di falco; sarebbe stato il dio della Guerra, temuto da tutti gli dèi. Il terzo giorno Nut avrebbe voluto riposarsi in un'oasi, ma dal suo corpo uscì, ferendola, il violento Seth, il dio rosso dalle due corna, geloso e traditore. Il quarto giorno Nut partorì in un canneto la bellissima Iside, che avrebbe poi sposato Osiride. Il quinto giorno infine nacque Nefti, dolce e irresistibile; dall'unione con Seth sarebbe nato Anubi, il dio dalla testa di sciacallo.

(adattato da Claude Helft, *La mitologia egizia*, Motta junior, 2001)

2. **Horus:** una tradizione diversa dice che Horus nacque invece dall'unione di Iside e Osiride.

COMPRENSIONE

1. Come si presentava in origine il mondo?

....

2. Associa a ciascuna divinità il suo ruolo e le sue caratteristiche, come nell'esempio.

divinità	ruolo e caratteristiche
Atum	*dio del Sole, principio creatore del mondo*
Geb	Dio della Terra
Nut	Dea de Cielo
Thot	Dio della sapienza
Khonsu	Dio della bibbia
Osiride	figlio di Jeb e Nut dominio sull'egitto
Horus	Dio della guerra
Seth	Dio rosso dalle due corna figlio di Geb e Nut
Iside	Sposò osiride e figlia di geb e nut
Nefti	Dolce e irresistibile
Anubi	figlio di [illegible] Dio dalla testa di sciacallo

3. Poiché Atum ha il potere sul tempo…

- A gli dèi sono immortali.
- B Thot è costretto a cedere.
- C Geb ama Nut.
- D (X) Nut non può partorire in nessun giorno dell'anno.

ANALISI E RIFLESSIONE

4. Come riesce Nut a dare alla luce i suoi figli?

....

....

5. Secondo te Nut, partorendo i suoi figli, disobbedisce ad Atum?

SÌ Perché ....

....

NO Perché ....

....

....

LESSICO E STILE

6. Un sinonimo di *divieto* (riga 5) è…

- A consenso.
- B (X) proibizione.
- C autorizzazione.
- D segnale.

Audio
Ascolta il brano

3. Dal Caos al cosmo

Il poema intitolato *Metamorfosi*, composto dal poeta latino Ovidio (43 a.C.-17 d.C.), è stato definito una grande "enciclopedia della mitologia classica". La narrazione inizia con il **mito cosmogonico del Caos**, cioè lo stato primordiale **da cui emersero le forme ordinate del cosmo**, gli esseri umani e gli dèi.

Prima del mare e della terra e del cielo che tutto ricopre, unico e indistinto era l'aspetto della natura in tutto l'universo: era il Caos, cioè una massa informe e confusa di elementi mal combinati fra loro.

Come nel racconto biblico, **la divinità dà forma alla materia separando**, cioè distinguendo, **un elemento dall'altro**.

Un dio, col favore della natura, sanò[1] questi contrasti: separò la terra dal cielo, il mare dalla terra, e dall'aria densa distinse il cielo limpido. E dopo aver districato e liberato gli elementi dall'ammasso informe, li riorganizzò in concorde armonia.

Dopo aver così suddiviso e riorganizzato gli elementi della materia, quel dio – chiunque egli fosse – dapprima ammassò la terra in un grande globo, perché fosse uniforme in ogni parte; poi ordinò ai mari di spandersi, gonfiati dai rapidi venti, e di insinuarsi tra le coste della terra. E aggiunse fonti e stagni immensi e laghi; strinse tra le rive tortuose le correnti dei fiumi; al suo comando si stesero campi, s'incisero valli, boschi si coprirono di fronde, sorsero monti pietrosi.

In cielo comandò che si raccogliessero le nebbie, e le nuvole, e i venti che con i fulmini provocano i lampi.

Il dio aveva appena distinto ogni cosa assegnandole confini precisi, quando le stelle, che erano rimaste a lungo sepolte in tenebre profonde, cominciarono a scintillare per tutto il cielo.

Fanno la loro comparsa nell'acqua, sulla terra e nell'aria le diverse specie di **esseri viventi**. È interessante notare che Ovidio definisce ***esseri animati*** anche gli astri e le altre ***forme divine*** che popolano il cielo.

E perché ogni elemento avesse i suoi esseri animati, astri e forme divine occuparono le distese celesti, alle onde toccò di ospitare i lucidi pesci, la terra accolse i quadrupedi, l'aria gli uccelli.

Come nel racconto della *Bibbia*, **il punto più alto della creazione è** rappresentato dall'**uomo**, che ha in sé una scintilla divina o è plasmato a immagine degli dèi.

Ma ancora mancava un essere più nobile di questi, più intelligente e capace di dominare sugli altri. Nacque l'uomo, o fatto con seme divino da quel dio creatore, o plasmato da Prometeo[2] a immagine degli dèi che tutto regolano, impastando con acqua piovana la terra che ancora conservava qualche germe del cielo insieme a cui era nata.

(ridotto e adattato da Ovidio, *Metamorfosi*, I, versi 5-88, a cura di Piero Bernardini Marzolla, Einaudi, 1979)

Caos
Il termine **Caos** originariamente indicava un "vuoto spalancato", un abisso informe e senza fine.

concorde armonia
L'espressione corrisponde al concetto greco di *kósmos*, che, prima di indicare il "mondo", significa "struttura armoniosamente ordinata".

1. sanò: risolse.
2. Prométeo: secondo una tradizione Prométeo, figlio del Titano Giápeto, sarebbe il creatore degli uomini, plasmati da lui con l'argilla. Prometeo è anche l'eroe civilizzatore che donò il fuoco agli uomini (vedi a pag. 52)

MESSA A FUOCO

Vuoto e materia

Gli antichi Greci descrivevano il nulla prima della nascita del mondo con il termine ***Chaos***, un sostantivo che indicava il **«vuoto spalancato»**, l'abisso indistinto e senza fine; da questo vuoto avrebbe avuto origine la materia.

Il termine *Chaos*, dunque, non corrispondeva del tutto al significato moderno di "confusione" né all'idea negativa che di solito attribuiamo al termine "vuoto". Per i Greci – così come per molte tradizioni orientali – **il vuoto** non era il contrario del pieno, ma la massima apertura verso le possibilità della vita: infatti il vuoto è indefinito, indifferenziato e perciò **contiene infinite possibilità di trasformazione**.

Anche la scienza è giunta, in tempi moderni, a considerare l'**ipotesi che l'universo abbia avuto origine dal vuoto**: il vuoto, infatti, sarebbe sede di energia, la quale può trasformarsi in materia, in qualunque istante e sotto qualunque forma.

COMPRENSIONE

1. Come si presentava in origine il mondo?

....

....

2. Ovidio dice che nel Caos primordiale c'erano già la terra, il mare e l'aria: che cosa cambia tra prima e dopo la creazione?

- A La natura rimane identica, ma viene creato un dio.
- B La natura rimane identica, ma viene creato l'uomo.
- C Un dio ordina agli elementi di disperdersi nell'universo.
- D Un dio separa gli elementi e li riorganizza in concorde armonia.

3. Metti in ordine le fasi della creazione secondo la descrizione di Ovidio.

- ☐ separazione della terra dal cielo
- ☐ innalzamento delle montagne
- ☐ creazione dell'uomo
- ☐ formazione dei laghi
- ☐ creazione degli esseri viventi
- ☐ formazione del globo terrestre

ANALISI E RIFLESSIONE

4. A chi è attribuita da Ovidio la creazione dell'universo? E quella dell'uomo?

....

....

....

5. Perché, come nel racconto biblico, l'uomo viene creato per ultimo?

....

....

....

LESSICO E STILE

6. Scegli tra gli aggettivi elencati qui sotto quelli che si adattano al Caos descritto da Ovidio.

armonico – buio – caotico – coerente – coeso – confuso – disomogeneo – eterno – incoerente – incrollabile – indefinito – informe – instabile – luminoso – omogeneo – stabile – tenebroso – unito

I MITI DEL DILUVIO

Michelangelo Buonarroti, *Il Diluvio universale*, 1508 circa, Cappella Sistina, Città del Vaticano, Roma.

Alcuni miti sono presenti con caratteristiche molto simili presso culture diverse e lontane fra loro sia nello spazio che nel tempo: è il caso del **mito del diluvio**, che ritroviamo sia nella letteratura mesopotamica sia nella *Bibbia* sia nella mitologia greca e latina.

La più antica testimonianza di questo mito si trova nell'**epopea di Gilgamesh**, di epoca sumera: **Utnapishtim** narra all'eroe Gilgamesh come fosse sopravvissuto al diluvio grazie all'aiuto divino. Evidenti le somiglianze con il **racconto biblico**, il cui protagonista **Noè** è salvato da Dio insieme a tutte le specie viventi grazie all'**arca**.

Nel **mondo greco** il racconto del diluvio è invece inserito nel **mito di Deucalione e Pirra**, progenitori di una nuova umanità.

Questi racconti presentano evidenti analogie:

1) il **diluvio viene mandato dalla divinità per punire gli uomini**;
2) dalla devastazione prodotta dal diluvio **si salva solo un uomo 'speciale'**, grazie alla sua rettitudine e alla devozione religiosa;
3) **questo 'eroe' protagonista** per salvarsi **costruisce un'imbarcazione** (su ispirazione o comando della divinità);
4) la vicenda si conclude nella maggior parte dei casi (non nel mito mesopotamico) con la **nascita di un'umanità nuova**.

Audio Ascolta il brano

1. L'arca di Noè

Nella *Genesi*, il primo Libro della *Bibbia*, troviamo, oltre al racconto della Creazione (vedi a pag. 17), anche quello del **diluvio universale**, mandato da Dio per sterminare gli uomini ormai divenuti corrotti e malvagi.
Si salvano solo Noè e la sua famiglia, insieme a una coppia di ogni specie animale, nell'arca costruita per ordine divino.

Il Signore vide che la malvagità degli uomini era grande sulla terra e che ogni disegno[1] concepito dal loro cuore non era altro che male, sempre. E il Signore si pentì di aver fatto l'uomo sulla terra e se ne addolorò in cuor suo. Il Signore disse: «Cancellerò dalla terra l'uomo che ho creato: con l'uomo, anche il bestiame e i rettili e gli uccelli del cielo, perché sono pentito di averli fatti». Ma Noè trovò grazia agli occhi del Signore.

Questa è la storia di Noè. Noè era uomo giusto e integro[2] tra i suoi contemporanei e camminava con Dio[3]. Noè generò tre figli: Sem, Cam e Iafet[4]. Ma la terra era corrotta davanti a Dio e piena di violenza.

Allora Dio disse a Noè: «È venuta per me la fine di ogni uomo, perché la terra, per causa loro, è piena di violenza; ecco, io li distruggerò insieme con la terra. Fatti un'arca[5] di legno di cipresso; dividerai l'arca in scompartimenti e la spalmerai di bitume[6] dentro e fuori. Ecco come devi farla: l'arca avrà trecento cubiti[7] di lunghezza, cinquanta di larghezza e trenta di altezza. Farai nell'arca un tetto; da un lato metterai la porta dell'arca. La farai a piani: inferiore, medio e superiore. Ecco, io manderò il diluvio sulla terra, per distruggere sotto il cielo ogni essere vivente; quanto è sulla terra perirà.

Ma con te io stabilisco la mia alleanza. Entrerai nell'arca tu e con te i tuoi figli, tua moglie e le mogli dei tuoi figli. Di ogni essere vivente introdurrai nell'arca due di ogni specie, per conservarli in vita con te: siano maschio e femmina. Quanto a te, prenditi ogni sorta di cibo da mangiare e fanne provvista[8]: sarà di nutrimento

Noè riceve **indicazioni molto precise su come costruire l'arca**: dal materiale da usare, alle misure, alla struttura.

Dio annuncia la **distruzione** di tutti gli esseri viventi, ma promette subito dopo una **rinascita**, sia per gli uomini che per le specie animali, grazie all'**alleanza** stabilita con Noè.

Il Signore vide... si pentì... disse
Le numerose **ripetizioni** servono a sottolineare l'importanza e la **solennità** del racconto.

Ma
Ma è una **congiunzione avversativa**, che serve a **contrapporre** il comportamento e il destino di Noè a quelli degli altri uomini.

alleanza
L'***alleanza*** è un **patto** di "amicizia" stabilito tra due o più parti con un obiettivo comune. L'alleanza tra Dio e Noè è basata sulla fedeltà dell'uomo al volere di Dio e sull'amore di quest'ultimo per le sue creature.

1. **disegno:** piano, decisione.
2. **integro:** assolutamente onesto, senza peccato.
3. **camminava con Dio:** seguiva fedelmente il volere di Dio.
4. **Sem, Cam e Iafet:** i figli di Noè avrebbero dato origine alla nuova umanità venuta dopo il diluvio. Da Sem sarebbero discesi i Semiti, diffusi in Medio Oriente, da Cam i Camiti, stanziati in Africa, da Iafet i popoli dell'Europa e dell'Asia.
5. **arca:** una grande imbarcazione coperta, simile a una casa galleggiante.
6. **bitume:** una miscela di catrame usata per impermeabilizzare le superfici.
7. **cubiti:** l'unità di misura del cúbito corrispondeva a circa 50 centimetri. Quanto misurava, dunque, l'arca in lunghezza?
8. **fanne provvista:** prepara una scorta di questi cibi.

per te e per loro». Noè eseguì tutto come Dio gli aveva comandato.

Dopo sette giorni, le acque del diluvio furono sopra la terra; eruppero tutte le sorgenti del grande abisso[9] e le cateratte del cielo si aprirono[10]. Cadde la pioggia sulla terra per quaranta giorni e quaranta notti. In quello stesso giorno entrarono nell'arca Noè, con i figli Sem, Cam e Iafet, la moglie di Noè, le tre mogli dei suoi tre figli; essi e tutti i viventi, secondo la loro specie, come gli aveva comandato Dio: il Signore chiuse la porta dietro di lui.

Il diluvio durò sulla terra quaranta giorni: le acque crebbero e sollevarono l'arca, che s'innalzò sulla terra. Le acque si innalzarono sempre più e coprirono tutti i monti più alti che sono sotto tutto il cielo. Le acque superarono in altezza di quindici cubiti i monti che avevano ricoperto.

L'**eccezionalità dell'evento** è sottolineata dal fatto che l'acqua raggiunge i monti più alti.

Perì ogni essere vivente che si muove sulla terra, uccelli, bestiame e fiere e tutti gli esseri che brulicano sulla terra e tutti gli uomini. Essi furono cancellati dalla terra e rimase solo Noè e chi stava con lui nell'arca. Le acque restarono alte sopra la terra centocinquanta giorni.

Ancora viene sottolineato il fatto che **Dio concede la salvezza solo a Noè e alla sua famiglia**.

Dio si ricordò di Noè, di tutte le fiere e di tutti gli animali domestici che erano con lui nell'arca. Dio fece passare un vento sulla terra e le acque si abbassarono. Le fonti dell'abisso e le cateratte del cielo furono chiuse e fu trattenuta la pioggia dal cielo; le acque andarono via via ritirandosi dalla terra e calarono dopo centocinquanta giorni. Nel settimo mese l'arca si posò sui monti dell'Ararat[11]. Le acque andarono via via diminuendo fino al decimo mese. Nel decimo mese apparvero le cime dei monti.

Ora che lo ha salvato dal diluvio, Dio deve consentire a Noè di ritornare a vivere sulla terra: fa dunque cessare le piogge e ritirare le acque.

Trascorsi quaranta giorni, Noè aprì la finestra che aveva fatto nell'arca e fece uscire un corvo per vedere se le acque si fossero ritirate dal suolo. Esso uscì andando e tornando, finché si prosciugarono le acque sulla terra. Noè poi fece uscire una colomba, per vedere se le acque si fossero ritirate dal suolo; ma la colomba, non trovando dove posarsi, tornò a lui nell'arca, perché c'era ancora l'acqua su tutta la terra. Egli stese la mano, la prese e la fece rientrare presso di sé nell'arca. Attese altri sette giorni e di nuovo fece uscire la colomba dall'arca e la colomba tornò a lui sul far della sera; ecco, essa aveva nel becco un ramoscello di ulivo. Noè comprese che le acque si erano ritirate dalla terra. Aspettò

Noè... fece uscire... uscì... tornò...
Anche in questa parte del racconto troviamo delle **ripetizioni**, che sottolineano l'importanza di quanto accade.

sette
Il numero sette ha un **valore simbolico**.

9. eruppero... abisso: dalle profondità del mare uscì un'enorme quantità d'acqua.
10. le cateratte... si aprirono: le piogge non furono più trattenute e si rovesciarono sulla Terra come una cascata d'acqua non più trattenuta dalle saracinesche.
11. Ararat: regione montuosa della Turchia orientale.

altri sette giorni, poi lasciò andare la colomba; essa non tornò più da lui.

Le acque si erano prosciugate sulla terra; Noè tolse la copertura dell'arca ed ecco, la superficie del suolo era asciutta.

Dio ordinò a Noè: «Esci dall'arca tu e tua moglie, i tuoi figli e le mogli dei tuoi figli con te. Tutti gli animali d'ogni specie che hai con te, uccelli, bestiame e tutti i rettili che strisciano sulla terra, falli uscire con te, perché possano diffondersi sulla terra, siano fecondi e si moltiplichino su di essa».

Noè uscì con i figli, la moglie e le mogli dei figli. Tutti i viventi e tutto il bestiame e tutti gli uccelli e tutti i rettili che strisciano sulla terra, secondo le loro specie, uscirono dall'arca.

La prima cosa che Noè fa, dopo essersi salvato, è ringraziare solennemente Dio: è su questo rapporto di fede che si basa l'**alleanza** tra Dio e gli uomini.

Allora Noè edificò un altare al Signore; prese ogni sorta di animali puri e di uccelli puri e offrì olocausti[12] sull'altare.

Dio disse a Noè e ai suoi figli con lui: «Quanto a me, ecco io stabilisco la mia alleanza con voi e con i vostri discendenti dopo di voi, con ogni essere vivente che è con voi, uccelli, bestiame e animali selvatici, con tutti gli animali che sono usciti dall'arca. Io stabilisco la mia alleanza con voi: non sarà più distrutto nessun vivente dalle acque del diluvio, né il diluvio devasterà più la terra».

12. olocausti: solenni sacrifici di animali, le cui carni venivano bruciate per onorare la Divinità.

(ridotto da *Genesi* 6.8-9.11, in *La Sacra Bibbia*, edizione C.E.I., 1996)

COMPRENSIONE

1. **Perché Dio decide di mandare il Diluvio?**

2. **Per quale ragione Noè viene risparmiato?**

3. **Come riesce a salvarsi Noè?**

4. **Che cosa fa Noè dopo essersi salvato?**

ANALISI E RIFLESSIONE

5. **Ricostruisci la sequenza delle azioni dalla costruzione dell'arca fino all'uscita da essa di Noè (da riga 31 a riga 90).**

6. **In che modo Noè capisce che la Terra è libera dalle acque?**

7. **Che cosa succederà dopo il Diluvio?**

LESSICO E STILE

8. **Abbina ciascuna espressione della colonna di sinistra con quella che ha lo stesso significato nella colonna di destra.**

1. Noè camminava con Dio
2. Le cateratte del cielo si aprirono
3. Che tutti gli animali siano fecondi

a. Cadde la pioggia sulla terra
b. Che tutti gli animali si moltiplichino
c. Noè era uomo giusto e integro

9. **Indica per ognuna delle parole che seguono, se appartiene alla sfera del bene (B) o del male (M).**
Attenzione! Se non conosci il significato di una parola, controlla sul vocabolario

benevolenza B M, corruzione B M, diluvio B M, fecondità B M, giustizia B M, integrità B M, malvagità B M, male B M, violenza B M, vita B M

LETTURA D'OPERA

In questo quadro del pittore irlandese Francis Danby (1793-1861) è rappresentata con straordinaria forza espressiva la tragica fine dell'umanità. Mentre si aprono le cateratte del cielo, che vanno ad alimentare immensi gorghi e spaventose cascate d'acqua, tutti gli esseri viventi cercano disperatamente un modo per salvarsi, ma sono travolti inesorabilmente dalla morte.
L'ira divina è terribile, ma non è senza pietà, come sembra indicare l'angelo luminoso in basso a destra.

Francis Danby, *Il Diluvio*, 1840 circa, Tate Britain, Londra.

Audio
Ascolta il brano

2. Utnapishtim, l'eroe del diluvio

Il dio Ea, a cui **Utnapishtim** è devoto, gli suggerisce di costruire una nave per salvarsi dal **diluvio scatenato dall'ira degli dèi**. Alla fine della sua drammatica esperienza Utnapishtim rende onore agli dèi con un sacrificio e riceve il dono della vita eterna; va poi ad abitare in un'isola lontana alle foci del Tigri e dell'Eufrate, dove gli fa visita l'eroe Gilgamesh, alla ricerca del segreto dell'immortalità.

La terra è **troppo popolata** e gli uomini fanno **troppo rumore**: è il fastidio per questa situazione a spingere Enlil e gli altri dèi a **punire l'umanità con il diluvio**.

Utnapishtim disse a Gilgamesh: «In quei giorni il mondo brulicava di uomini, la gente si moltiplicava, il mondo mugghiava come un toro selvaggio[1] e il grande dio Enlil venne destato dal clamore e disse agli dèi riuniti: "Lo strepito dell'umanità è insopportabile e non è più possibile dormire!". Così gli dèi decisero di mandare il Diluvio per sterminare l'umanità.

Ma Ea[2] venne ad avvertirmi in sogno: "Ascolta, uomo di Shuruppak, Utnapishtim figlio di Ubartutu! Abbatti la tua casa e costruisci una nave, abbandona le tue ricchezze e salva la tua vita! Costruisci una nave che abbia queste misure: la sua larghezza sia pari alla sua lunghezza, il suo ponte abbia un tetto come la volta che copre l'abisso; conduci quindi nella nave il seme[3] di tutte le creature viventi!".

Quando compresi, dissi al mio signore Ea: "Quello che hai comandato io lo onorerò[4] e lo compirò.

Alla prima luce dell'alba la mia famiglia si riunì attorno a me, i bambini portarono pece e gli uomini tutto il necessario. Il quinto giorno misi in posa la chiglia e le coste, poi fissai il fasciame[5]. La sua superficie era grande come un campo, le sue pareti erano alte centoventi cubiti. Sottocoperta[6] costruii sei ponti, sette in tutto; li divisi in nove sezioni con paratie[7] fra di loro. Dove era necessario infissi dei cunei, predisposi delle pertiche di spinta[8] e caricai provviste.

Come nel racconto della *Bibbia*, **la costruzione della nave occupa una settimana**.

Al settimo giorno la nave era pronta.

Venne poi il varo[9], pieno di difficoltà, lo spostamento

Utnapishtim
Utnapishtim è nell'epica mesopotamica l'eroe del diluvio universale. Le sue gesta sono narrate nel *Poema di Gilgamesh*
Utnapishtim significa "Colui che ha trovato la vita eterna": alla fine della sua drammatica esperienza egli infatti riceverà dagli dèi il dono dell'**immortalità**.

1. **il mondo... toro selvaggio:** la moltitudine degli uomini produceva un clamore alto e fastidioso come il muggito di un toro selvaggio.
2. **Ea:** è il dio della saggezza, della magia e delle acque sotterranee.
3. **il seme:** esemplari di tutte le specie.
4. **onorerò:** lo seguirò con attenzione.
5. **chiglia... coste... fasciame:** elementi che costituiscono la struttura dello scafo della nave.
6. **Sottocoperta:** nella parte interna della nave, sotto il ponte principale.
7. **paratie:** elementi per dividere in vari spazi lo scafo della nave.
8. **cunei... pertiche di spinta:** i cunei servono per creare uno spessore, le pertiche sono dei lunghi pali con cui puntellare la struttura della nave.
9. **varo:** la messa in acqua dell'imbarcazione (che è stata, ovviamente, costruita all'asciutto).

della zavorra[10] di sopra e di sotto finché due terzi rimasero sommersi. Vi caricai tutto ciò che avevo, oro e creature viventi: la mia famiglia, i parenti, gli animali del campo sia selvatici sia domestici, e tutti gli artigiani. Li mandai a bordo, perché era già compiuto il tempo.

Venne la sera, il cavaliere della tempesta[11] mandò la pioggia. Guardai fuori e il tempo era terribile, così anch'io salii a bordo della nave e chiusi i boccaporti. Era tutto finito, la chiusura e la calafatura[12], diedi dunque il timone al timoniere, assieme alla navigazione e alla cura di tutta la nave.

Alle prime luci dell'alba venne dall'orizzonte una nube nera; tuonava da dentro, là dove viaggiava Adad, Signore della tempesta. Poi sorsero gli dèi dell'abisso: il dio degli Inferi[13] Nergal divelse le dighe delle acque sotterranee; Ninurta, dio dell'uragano, abbatté gli argini, e i sette giudici degli Inferi innalzarono le loro torce, illuminando la terra di livida fiamma[14]. Sgomento e disperazione si levarono fino al cielo quando il dio della tempesta trasformò la luce del giorno in tenebra, quando distrusse la terra come un coccio[15]. Per un giorno intero imperversò la bufera, infuriando sempre di più si riversava sulla gente come l'impeto di una battaglia; nessuno poteva vedere il proprio fratello, né dal cielo si potevano vedere gli uomini. Anche gli dèi furono terrorizzati dal Diluvio, fuggirono nel più alto cielo, il firmamento di An; si rannicchiarono contro le mura, accucciati come cani. Poi Ishtar[16], Regina del Cielo dalla dolce voce, gridò come una partoriente: "Perché quel giorno io nell'assemblea degli dèi ho deciso il male? Perché nell'assemblea degli dèi ho deciso il male, dando, come in guerra, l'ordine di distruggere gli uomini, io, proprio io che li ho generati? Ora nell'Oceano galleggiano come larve di pesci". Allora tutti gli dèi del cielo piansero con lei e sedevano in lacrime.

I venti soffiarono per sei giorni e sei notti; fiumana[17], bufera e piena sopraffecero[18] il mondo, infuriarono insieme come schiere in battaglia.

Quando venne l'alba del settimo giorno, la tempesta diminuì, divenne calmo il mare, la piena si acquietò; guardai la faccia del mondo e c'era silenzio, tutta l'umanità era stata trasformata in argilla. La superficie del mare si estendeva piatta come un tetto. Aprii uno sportello e la luce cadde sul mio viso. Mi abbassai, mi inginocchiai e piansi, le lacrime scorrevano sul mio volto, poiché da ogni parte c'era un deserto d'acqua.

Invano cercai la terra, ma a dodici leghe[19] di distanza

Si scatena il **diluvio**, a cui contribuiscono gli dèi dell'abisso.

Il diluvio è così spaventoso da terrorizzare persino gli dèi, ad esempio Ishtar.

Il diluvio si placa all'alba del **settimo giorno**.

10. zavorra: è una massa pesante che si mette nel fondo della nave per assicurare la sua stabilità in acqua.
11. il cavaliere della tempesta: è il dio Adad, figlio di Enlil.
12. la calafatura: l'impermeabilizzazione della nave.
13. Inferi: il regno dei morti.
14. livida fiamma: una fiamma dai riflessi cupi, che annunciano la morte.
15. un coccio: un vaso di argilla.
16. Ishtar: dea dell'amore e della guerra.
17. fiumana: fiumi gonfi d'acqua.
18. sopraffecero: travolsero.
19. leghe: la lega era un'unità di misura, diversa da paese a paese, corrispondente a circa 3 km.

La nave si arena su una montagna; all'alba del **settimo giorno** Utnapishtim verifica che le acque si siano prosciugate liberando una colomba, poi una rondine e quindi un corvo.

apparve una montagna, e lì si arenò la nave. Rimase sei giorni incagliata sulla montagna. All'albeggiare del settimo giorno liberai una colomba e la lasciai andare. Volò via, ma non trovando dove posarsi fece ritorno. Poi liberai una rondine ed essa volò via, ma non trovando dove posarsi fece ritorno. Poi liberai un corvo e questo vide che le acque si erano ritirate, mangiò, volò all'intorno, gracchiò e non fece ritorno.

Come Noè anche **Utnapishtim** offre solenni **sacrifici di ringraziamento** agli dèi

Allora aprii tutto ai quattro venti, feci offerte sacrificali e versai una libagione[20] sulla cima del monte. Sette e sette vasi innalzai sui loro trespoli[21], ammassai legno e canna e cedro e mirto. Quando gli dèi fiutarono il dolce profumo, accorsero come mosche sopra al sacrificio. Poi, alla fine, venne anche Ishstar, sollevò in alto la collana con i gioielli celesti che An le aveva un tempo foggiato[22] per farle piacere: "O dèi qui presenti, come il lapislazzuli[23] intorno al mio collo ricorderò per sempre questi giorni e non li dimenticherò mai. Che tutti gli dèi si riuniscano intorno al sacrificio, fuorché Enlil. Lui non si accosterà a questa offerta, poiché senza riflettere ha ordinato il Diluvio, destinando le mie genti alla rovina".
Quando giunse Enlil, quando vide la nave, s'adirò e si gonfiò d'ira verso gli dèi, la schiera del cielo: "Qualcuno si è salvato? Eppure nessun uomo doveva sopravvivere alla distruzione". Allora Ninurta aprì la bocca e disse a Enlil guerriero: "Chi può aver escogitato ciò se non Ea? Solo Ea conosce tutti gli inganni". Allora Ea aprì la bocca e parlò a Enlil guerriero: "Saggissimo fra gli dèi, Enlil eroe, come hai potuto agire così sconsideratamente, ordinando il Diluvio? Per quanto mi riguarda, io non ho tradito il segreto degli dèi! Ho fatto avere soltanto un sogno al saggio Utnapishtim; così egli comprese il segreto degli dèi! Ora però decidi cosa fare di lui".

Come Noè anche **Utnapishtim viene benedetto** dagli dèi.

Allora Enlil salì sulla nave, prese me e mia moglie per mano e ci fece inginocchiare. Ci toccò la fronte per benedirci e disse: "Prima Utnapishtim era un uomo mortale; d'ora innanzi lui e sua moglie siano simili a noi dèi. Risieda Utnapishtim lontano, alla bocca dei fiumi". E fu così che gli dèi mi presero e mi fecero vivere qui, lontano, alla bocca dei fiumi».

(adattato da *L'epopea di Gilgamesh*, a cura di Nancy Katharine Sandars, Adelphi, 1986 e da *La Saga di Gilgamesh*, a cura di Giovanni Pettinato, Mondadori, 2004)

20. libagione: rito che consisteva nel versare latte, vino o altro, in onore degli dèi, sull'altare o a terra.
21. trespoli: sostegni.
22. foggiato: realizzato.
23. lapislazzuli: pietra semi-preziosa di colore azzurro intenso (il nome significa appunto "pietra azzurra").

COMPRENSIONE

1. **Chi decide di mandare il diluvio? Perché?**

....

....

....

2. **Per quale ragione Utnapishtim viene risparmiato?**

....

3. **Chi avverte Utnapishtim che sta per scatenarsi il diluvio?**

A Enlil B Ea C Ishtar D Gilgamesh

4. **Come riesce a salvarsi il protagonista?**

....

....

5. **Che cosa fa Utnapishtim dopo essersi salvato dal diluvio?**

....

....

ANALISI E RIFLESSIONE

6. **Come si comporta Utnapishtim con la divinità?**

A È arrogante e non ascolta le parole della divinità.
B È devoto e obbediente.
C È indifferente e superficiale.
D È spaventato e non osa reagire.

7. **Il racconto del diluvio nella *Bibbia* e quello mesopotamico presentano delle evidenti somiglianze: indicane almeno tre.**

LESSICO E STILE

8. **Esistono parole che hanno diversi significati, a seconda del contesto in cui sono usate. Cerca sul vocabolario tre significati diversi delle parole *costa* e *ponte*.**

9. **Un sinonimo di *bocca* (riga 11) è:**

....

10. **Completa le similitudini inserendo il termine di confronto, come nell'esempio.**

righe	1° termine di paragone	2° termine di paragone
2-3	il mondo mugghiava	*come un toro selvaggio*
48-49	la bufera infuriando sempre di più si riversava sulla gente	....
53-54	(gli dèi) si rannicchiarono contro le mura, accucciati	....
54-55	Ishtar gridò	....
59-60	Ora nell'Oceano (gli uomini) galleggiano	....
62-63	fiumana, bufera e piena infuriarono insieme	....
68-69	La superficie del mare si estendeva piatta	....
85-86	gli dèi accorsero sopra al sacrificio	....

Audio
Ascolta il brano

3. Deucalione e Pirra, salvati dalle acque

Nelle sue *Metamorfosi*[1] il grande poeta latino Ovidio (43 a.C.-17 d.C.) raccoglie oltre duecento miti della tradizione greca, tra i quali compare il mito del diluvio.
Inorridito dal crescente livello di malvagità al quale sono giunti gli uomini, il sommo Giove raduna il concilio degli dèi e comunica la sua decisione: l'umanità corrotta verrà spazzata via e sostituita da una stirpe di origine prodigiosa.

Empietà e corruzione ormai dilagavano tra gli uomini e Giove era sempre più preoccupato: mai l'ordine del mondo era stato così in pericolo.
Dopo aver verificato la degenerazione morale dell'umanità, Giove decide lo sterminio del genere umano e comunica la sua decisione agli dèi dell'Olimpo. Gli dèi ne sono addolorati e chiedono al loro re che aspetto avrà la terra senza gli uomini e se il mondo rimarrà in balìa delle bestie feroci[2]. Ma Giove li rassicura: penserà lui a tutto e promette una stirpe di uomini diversa da prima, una stirpe di origine prodigiosa. Era ormai sul punto di spargere fulmini su tutta la terra, quando gli venne il timore che il cielo potesse incendiarsi, con tutto quel fuoco. Decide dunque una pena diversa: distruggere il genere umano con l'acqua, rovesciando pioggia da tutto il cielo.
Giove chiude nelle grotte delle isole Eolie[3] l'Aquilone insieme agli altri venti che spazzano via le nubi dal cielo, lasciando libero di infuriare il Noto[4], signore di nembi. Questo, con i lunghi capelli e la folta barba grondanti di pioggia, una nera caligine[5] addensata sul volto, agitando le madide[6] ali, raduna le nubi e le schiaccia spingendole con le mani: rovesci d'acqua scrosciano fragorosi sulla terra abbattendo le messi. I contadini piangono vedendo stese al suolo le loro speranze e distrutta tutta la fatica di una lunga annata.
Ma Giove, irato, non si accontenta di usare il suo potere sul cielo e chiede aiuto a Nettuno, il suo azzurro[7]

Gli dèi sembrano preoccupati per il loro stesso futuro: senza gli uomini, chi onorerà gli dèi e offrirà sacrifici?

Ovidio rappresenta come una persona (è dunque una **personificazione**) la violenza del vento Noto.

prodigiosa
Un **prodigio** è un fenomeno straordinario e miracoloso, che non rientra nell'ordine naturale delle cose e suscita meraviglia.

1. **Metamorfosi:** il termine greco *metamorfosi* significa "trasformazione": il poema di Ovidio raccoglie racconti i cui protagonisti subiscono una trasformazione.
2. **in balìa delle bestie feroci:** senza più uomini il mondo sarebbe dominato dalle bestie feroci.
3. **nelle grotte… Eolie:** secondo la mitologia greca le isole Eolie erano il regno di Eolo, che dominava i venti.
4. **Aquilone… Noto:** sono rispettivamente il vento del Nord e il vento che soffia da Sud, umido e carico di pioggia (signore di nembi).
5. **caligine:** nebbia.
6. **madide:** umide.
7. **azzurro:** il dio Nettuno, fratello di Giove, è definito "azzurro" come le acque su cui regna.

fratello. Nettuno ordina ai fiumi di sprigionare tutta la loro violenza, di rovesciarsi in mare impetuosi; poi a colpi di tridente[8] scuote la terra, che trema spalancando le porte ai marosi. Così i fiumi esondano[9] e si riversano per i campi travolgendo alberi, case, uomini e animali; e se una torre o un palazzo dal tetto più alto riesce ancora ad emergere dalle acque, l'onda prodotta dal maremoto sopraggiunge a cancellare ogni traccia della presenza umana. Non rimane che un'unica, indistinta distesa di acqua.

Solo la vetta eccelsa del monte Parnaso in Focide[10], alta quasi fino alle stelle, emerge ancora dalle acque. Qui, dopo aver navigato per nove giorni e nove notti in mezzo alla tempesta, sono approdati con la loro piccola imbarcazione, un'arca costruita su consiglio di Prométeo[11], un uomo e una donna. Lui è il figlio di Prométeo, Deucalione, il più giusto tra i mortali; lei è sua moglie Pirra, figlia di Epiméteo[12], straordinariamente pia[13].

Anche nel mito raccontato da Ovidio la **salvezza** è riservata a un **uomo giusto e devoto**.

Quando Giove vede tutta la terra sommersa dalle acque e i due sposi – due esseri innocenti e devoti – unici sopravvissuti, con l'aiuto dell'Aquilone sgombra il cielo dai nembi e fa splendere la volta celeste. Nettuno allora, riposto il tridente, ordina al dio Tritone di suonare la ritirata perché arretrino le acque del mare, e fiumi e

8. tridente: è l'arma simbolo del dio Nettuno (Poseidone per i Greci). Nettuno era il signore delle acque e dei terremoti, che provocava colpendo la terra con il tridente.

9. esondano: straripano.

10. Focide: regione della Grecia centrale.

11. Prométeo: Titano figlio di Giápeto. Secondo una tradizione sarebbe stato Prometeo a creare l'uomo dall'argilla. (vedi capitolo **Eroi e mostri**).

12. Epiméteo: fratello di Prometeo.

13. pia: rispettosa della religione.

torrenti si ritirino nei loro letti. I fiumi calano e si vedono rispuntare i colli, il mare riacquista un lido[14]; la terra riemerge col decrescere delle acque e i boschi mostrano le loro cime spoglie, i rami incrostati di fango.

La terra è dunque riemersa dalle acque; ma che disperazione per Deucalione e Pirra constatare che dappertutto è morte e desolazione! Oh se Deucalione avesse il potere di suo padre Prométeo, di plasmare della terra e infondervi la vita, e ripopolare il mondo! Non resta che pregare gli dèi e cercare il loro aiuto interrogando l'oracolo di Delfi, affidato alla dea Temi[15].

Ma la risposta di Temi è strana e inquietante: «Con la testa velata lanciatevi dietro le spalle le ossa della grande madre!».

Pirra è sconvolta, non comprende come si possano profanare le ossa di un defunto, ma Deucalione intuisce il significato profondo del comando divino: la «grande madre» è la Terra, e le ossa non sono altro che le pietre sparse sulla sua superficie. Così i due sposi si velano il capo e cominciano a camminare lanciandosi solide pietre dietro le spalle.

Si verifica una prodigiosa **metamorfosi**: le pietre **si trasformano** in esseri umani.

Ed ecco che la Madre Terra compie il miracolo: le pietre perdono la loro naturale rigidità e, divenute malleabili, assumono forma umana. Quelle scagliate dalla mano di Deucalione si trasformano in uomini, quelle gettate da Pirra in donne, primi esemplari di una nuova umanità.

Il mito spiega l'origine e le caratteristiche dell'umanità.

Per questo siamo una razza dura e resistente alle fatiche e i nostri comportamenti provano di che origine siamo.

Gli altri animali, delle forme più svariate, li generò la terra spontaneamente: quando, tutta fangosa per il recente diluvio, si asciugò al benefico calore del sole, essa partorì un'infinità di specie e in parte riprodusse le forme di una volta, in parte creò specie sconosciute.

(ridotto e adattato da Ovidio, *Metamorfosi*, libro I, versi 177-433, a cura di Piero Bernardini Marzolla, Einaudi, 1979)

14. riacquista un lido: tornano a vedersi le spiagge, che erano state inghiottite dall'acqua del mare.

15. oracolo... Temi: l'oracolo era il luogo in cui si chiedeva alla divinità un responso sul futuro; l'oracolo di Delfi era consacrato al dio Apollo; Temi è la dea della giustizia.

COMPRENSIONE

1. **Perché Giove intende distruggere l'umanità?**

2. **Perché Giove sceglie come mezzo di distruzione il diluvio? A quale altro mezzo aveva pensato inizialmente?**

3. **Perché Deucalione viene salvato dal diluvio?**

4. **Come reagiscono gli altri dèi a questa decisione?**

ANALISI E RIFLESSIONE

5. **Abbina con una freccia ognuna delle sequenze del diluvio (colonna di sinistra) a quella corrispondente della colonna di destra, che descrive il ritorno alla normalità. Segui l'esempio.**

durante il diluvio...
1. Giove rinchiude l'Aquilone e scatena Noto, signore di nembi
2. Nettuno provoca un maremoto a colpi di tridente
3. I fiumi esondano
4. Le alture sono sommerse
5. Gli alberi sono travolti e sommersi

dopo il diluvio...
a. I boschi mostrano le loro cime spoglie
b. Si vedono rispuntare i colli
c. Giove con l'aiuto dell'Aquilone sgombra il cielo dai nembi
d. Nettuno ripone il tridente, il mare si ritira
e. I fiumi rientrano nei loro letti

6. **Se hai letto il racconto del diluvio nella *Bibbia* e nel *Poema di Gilgamesh*, avrai notato molte somiglianze: prova a riassumerle con l'aiuto delle domande che seguono.**

a. Chi decide di mandare il diluvio? Perché?

b. Chi si salva dal diluvio? Perché?

c. In che modo il protagonista si salva dal diluvio?

LESSICO E STILE

7. **Ovidio commenta così la metamorfosi delle pietre in uomini: «Per questo siamo una razza dura e resistente alle fatiche e i nostri comportamenti provano di che origine siamo» (righe 80-82). Che cosa intende dire? Prova a spiegarlo con parole tue, magari confrontandoti con i compagni.**

I MITI DI METAMORFOSI

Paolo Veronese, *Apollo e Dafne*, 1560-1565 circa, Museum of Art, San Diego, California.

Metamorfosi è una parola di origine greca che significa "cambiamento di forma", "trasformazione" e indica in natura il processo per cui alcune piante o animali mutano il loro aspetto anche in modo radicale: esempi sono le piante che trasformano le loro foglie in fiori o, negli animali, le metamorfosi di anfibi e insetti.

Forse fu proprio **l'osservazione delle metamorfosi di piante e animali** a colpire l'immaginazione degli antichi e a **ispirare l'elaborazione di miti** in cui anche personaggi umani, dèi ed eroi, subiscono una metamorfosi, diventando animali, piante, fiori, stelle.

Questi miti sono particolarmente numerosi nella tradizione greca, a partire da Omero (che descrive la trasformazione in porci dei compagni di Odisseo ad opera della maga Circe) fino all'età ellenistica (III-I secolo a.C.), quando si diffonde il gusto per i **miti eziologici**, cioè quei miti che, attraverso una metamorfosi, **spiegano l'origine di un elemento della natura o di un fenomeno oppure di un rito o di una tradizione**.

Un famoso **poeta latino**, **Ovidio**, vissuto **nell'età di Augusto**, ha dedicato ai miti di trasformazione la sua opera più importante, intitolata appunto ***Metamorfosi***: in essa è raccontato, fra gli altri, il mito di Dafne, la ninfa amata da Apollo che si trasforma nella pianta di alloro (in greco *dáphne*), mito che spiega perché l'alloro sia sacro al dio e perché, essendo Apollo dio della poesia, sia tradizione incoronare di alloro i poeti.

Audio
Ascolta il brano

1. L'uomo che divenne il Sole

Questo mito dell'America Centrale descrive l'origine del Sole non come una creazione a partire dalla materia informe delle origini, ma come una **trasformazione**[1]. Protagonisti sono un uomo curioso, un mantello rosso come il fuoco e una strana danza.

L'**albero** è un **simbolo** della **vita che si trasforma** di continuo e, con la sua verticalità, rappresenta l'**ascesa verso il cielo**.

Era un pomeriggio caldissimo, e un uomo che andava per la foresta decise di concedersi un riposo tra i rami di un alto albero. Vi si arrampicò, si accomodò al fresco del fogliame e si addormentò. Mentre dormiva, scese la notte e una banda di briganti si accampò ai piedi dell'albero. I briganti accesero il fuoco, arrostirono della carne, la mangiarono e a loro volta si addormentarono.

Russavano così sonoramente, che l'uomo tra i rami sopra di loro si svegliò e si calò a terra per vedere che succedeva. Si scaldò le mani al fuoco, assaggiò un po' della carne rimasta sulle braci; la trovò buona, ne mangiò altra e poi altra ancora, finché l'ebbe tutta finita. Si guardò attorno per vedere che altro ci fosse di interessante, e scoprì un cofano[2] che i briganti avevano rubato. Lo aprì: dentro c'erano tanti begli abiti, fatti con il miglior cotone, ricamati e tinti di splendidi colori. L'uomo se li provò uno dopo l'altro, camminando impettito[3], ammirandosi alla luce del fuoco, spalancando le braccia per mettere meglio in risalto i colori della stoffa, accarezzandosi compiaciuto[4]. Intanto i briganti continuavano a dormire.

In fondo al cofano, l'uomo trovò uno stupendo mantello rosso che si drappeggiò sontuosamente addosso[5], ed ecco che gli accadde qualcosa di strano: i suoi piedi cominciarono a muoversi per conto loro, accennando a delicati passi di danza che mai l'uomo aveva conosciuto prima. Ed egli danzava, sempre più rapido, girando su se stesso, piroettando, e gridava, faceva grandi balzi, si accucciava a terra, ribalzava in aria.

La **metamorfosi** è accompagnata, anzi, quasi provocata, da una **danza** circolare sempre più **veloce** che trasporta l'uomo **verso l'alto**. In quasi tutte le culture primitive, la danza è un mezzo rituale per stabilire dei rapporti fra Terra e Cielo e per elevare il danzatore alla dimensione divina.

Uno dei briganti, svegliato dal frastuono, aprì un occhio sonnacchioso e subito lo richiuse. "Che sogno spaventoso" pensò. Ma era proprio un sogno? Riaprì gli occhi, e questa volta non c'erano dubbi: un uomo splendidamente vestito di rosso roteava danzando accanto al fuoco. Il ladro cacciò uno strillo acuto, scosse i compagni, li svegliò, sussurrò loro: – È venuto lo spirito delle montagne! Ha intenzione di divorarci! – E allora tutti i briganti in preda al panico balzarono in piedi e corsero a rifugiarsi nella foresta.

1. **trasformazione:** la parola *trasformazione* contiene l'idea del "passaggio-mutamento di forma" (dal prefisso trans- + formazione).
2. **cofano:** grande cassa dotata di coperchio.
3. **impettito:** con il petto in fuori, nell'atteggiamento di chi si pavoneggia.
4. **compiaciuto:** soddisfatto, contento.
5. **si drappeggiò sontuosamente addosso:** si mise addosso il sontuoso mantello, sistemandone accuratamente le pieghe.

La **metamorfosi** è il passaggio da uno stato a un altro: **l'uomo passa dalla terra al cielo** superando il "confine" rappresentato dall'***orlo del precipizio***.

Il danzatore neppure li notò; continuò a turbinare, allontanandosi sempre più dal fuoco, e sempre girando su se stesso passò tra gli alberi, giunse all'orlo di un grande precipizio, quello che separava il cielo dalla terra; e senza la minima esitazione superò l'orlo del precipizio, roteando volò via nell'oscurità senza fine; ma non scomparve nel vuoto: rimase per un istante immobile, quindi, con il mantello che gli svolazzava attorno alle spalle, prese a salire più su, sempre più su, finché non fu più un uomo che indossava un mantello rosso ma un luminoso cerchio rosso nel cielo. E ancora salì e salì, mentre luce si irradiava da lui e l'aria tutt'attorno si scaldava. Il danzatore era diventato il Sole.

(tratto da *Dei e eroi della mitologia dell'America centrale e meridionale*, Mondadori, 1983)

COMPRENSIONE

1. Quello che hai appena letto è un mito di creazione.

A Vero. B Falso.

Motiva la tua risposta.

....

....

2. L'uomo si trasforma in Sole...

A perché è malvagio.
B perché è un ladro.
C perché è curioso.
D perché è un dormiglione.

3. Quando sorprendono l'uomo, i briganti...

A credono che sia un re.
B credono che sia un ladro.
C credono che sia uno di loro.
D credono che sia uno spirito malefico.

ANALISI E RIFLESSIONE

4. La frase *Si guardò attorno per vedere che altro ci fosse di interessante* (righe 12-13) sottolinea una caratteristica del protagonista: quale?

A La curiosità.
B L'astuzia.
C La pericolosità.
D L'ingenuità.

5. Il colore rosso torna più volte nel racconto ed è l'elemento che caratterizza la metamorfosi dell'uomo: prova a spiegare perché, dopo esserti eventualmente confrontato con i compagni.

....

....

....

....

....

....

....

6. Secondo te il mantello rosso rappresenta...

A un mezzo magico.
B il potere del re.
C la ricchezza dei briganti.
D un simbolo della metamorfosi.

7. Secondo te la trasformazione dell'uomo...

A è volontaria.
B lo porta ad un livello inferiore a quello umano.
C lo porta ad un livello superiore a quello umano.
D è una punizione divina.

LESSICO

8. La parola *banda* (riga 5) è sinonimo di...

A fascia di stoffa.
B stendardo militare.
C insieme di suonatori.
D gruppo criminale.

SCRITTURA

9. Inventa un breve racconto di trasformazione seguendo queste indicazioni:

1. il protagonista è un essere umano;
2. scegli tra le 2 opzioni: il protagonista passa ad un livello inferiore a quello umano (si trasforma in animale, pianta, essere inanimato) oppure ad un livello superiore a quello umano (si trasforma in un essere divino o semidivino, con poteri superiori a quelli umani);
3. descrivi le ragioni della trasformazione del protagonista (è una punizione? è un premio?);
4. descrivi i momenti della trasformazione del protagonista, soffermandoti sui particolari più significativi del suo aspetto.

Audio
Ascolta il brano

2. Per amore di una pianta: Apollo e Dafne

Questo famoso mito greco non solo racconta della metamorfosi di una ninfa bellissima, ma spiega anche la causa della tradizione che fa dell'alloro la pianta sacra ad Apollo: siamo di fronte a un mito **eziologico**[1].

Un giorno Apollo, il grande dio arciere[2] dovette sperimentare la potenza di Eros, chiamato anche Cupido[3], quel dio piccolino che muove il mondo.

Eros/Cupido volò sull'Olimpo e trasse dalla sua faretra[4] due frecce dotate di opposti poteri: la prima, tutta d'oro, era in grado di far nascere l'amore nella persona che ne fosse stata trafitta; l'altra, invece, fatta di piombo, faceva sì che chi ne fosse colpito fuggisse l'amore, lo evitasse con tutte le proprie forze. Avrete già capito che Eros scagliò la freccia d'oro contro Apollo; quella di piombo, invece, la diresse su una bellissima ragazza, una ninfa[5] che viveva nei boschi, ed era figlia del fiume Péneo. Il suo nome era Dafne.

A questo punto iniziò una grande corsa attraverso i boschi: Dafne fuggiva, Apollo la inseguiva. Non per farle del male, in verità; ma si sa che il bene di una persona può non coincidere con il bene di un'altra: e questo era proprio quanto stava accadendo. Quello che per Apollo era speranza, per Dafne era paura. La ninfa, infatti, non desiderava l'amore di un uomo, non le interessava neppure sapere se quello che la desiderava fosse un uomo o un dio. Lei voleva essere soltanto una seguace della dea Artemide/Diana[6]: voleva dedicarsi per sempre alla caccia, ma non voleva essere una preda, neppure una preda d'amore.

Il dio Apollo viene dunque **punito per la sua superbia** da un dio apparentemente debole, ma in realtà molto potente.

Intanto Apollo si infiammava dal desiderio di lei: cominciava a capire, quel dio così potente, che le frecce di Eros erano più forti delle sue. A sua volta anche la ninfa Dafne cominciava a comprendere che la sua bellezza, di cui forse era andata orgogliosa, ora stava diventando un ostacolo, probabilmente l'origine stessa della sua rovina. Mentre sentiva ormai che chi la inseguiva era

1. **mito eziologico:** l'aggettivo deriva dal greco *lògos*, "racconto" + *áition*, "che spiega la causa".
2. **arciere:** nell'*Iliade* Apollo è «il dio dall'arco d'argento».
3. **Cupido:** così lo chiamavano i Romani.
4. **faretra:** il contenitore delle frecce.
5. **ninfa:** le ninfe erano divinità minori femminili, venerate come spiriti delle acque e dei boschi.
6. **Artemide/Diana:** Diana per i Romani era sorella di Apollo, la dea dei boschi e della caccia.

Dafne prega di essere **trasformata.**

sempre più vicino, pregò la Terra, come si prega una madre nel momento del bisogno, di spalancarsi per lei e di inghiottirla. E pregò il padre, il fiume Péneo, di trasformare il suo corpo per renderlo meno piacente.

La **metamorfosi** di Dafne.

Ed ecco che avvenne qualcosa di straordinario: Dafne sentì le sue agili membra diventare pesanti, sentì che il suo tenero petto veniva avvolto da una sottile corteccia, che i suoi capelli si allungavano diventando fronde, e le sue braccia diventavano rami; i piedi, prima così mobili e veloci nella fuga, si fissarono dentro la terra diventando radici. E quel viso bellissimo e desiderabile diventò la cima dell'albero. Un albero vivo, perché tutti gli alberi sono creature vive, ma sotto quella corteccia però batteva ancora il cuore di Dafne.

Apollo abbracciò quei rami esclamando: "Se non sei stata la mia sposa, sarai almeno il mio albero!".

Che cosa voleva dire il dio con queste parole? Che quella pianta, la pianta di Dafne, cioè la pianta dell'alloro, perché nella lingua degli antichi Greci "daphne" significa proprio *alloro*, sarebbe stata vicino a lui per sempre: le sue foglie intrecciate avrebbero formato la ghirlanda con la quale si sarebbe incoronato il dio e, da quel momento, anche tutte le persone poste sotto la sua protezione.

Tra gli uomini più cari ad Apollo c'erano i poeti, che a quel tempo componevano i loro versi accompagnandoli con il suono della cetra, uno strumento con cui sempre il dio veniva raffigurato. Vi piacerà sapere che, nella lingua degli antichi Romani, l'alloro si chiamava *laurus*.

Origine di una tradizione...

Pensate che i primi a essere "laureati", cioè incoronati con la ghirlanda di alloro, furono proprio i poeti. Da quel momento, poi, anche tutte le persone che completavano il loro percorso di studio si definirono "laureate".

... che dura ancora oggi!

Ancora oggi capita di vedere che, nel giorno della laurea, molti ragazzi e molte ragazze portano sui capelli proprio una corona di alloro. Forse neppure loro lo sanno, ma ora voi lo sapete: il cuore di Dafne batte ancora tra quei rami.

(ridotto da Donatella Puliga, *Antikoi*, Editrice Campanila, 2011)

COMPRENSIONE

1. Chi è Dafne? Di chi è figlia?

....

....

2. Perché Apollo ama Dafne ma non è corrisposto da lei?

....

....

....

....

....

3. Che cosa desidera Dafne?

- A Un marito bello e invincibile come il dio Apollo.
- B Diventare una divinità più importante, come Artemide/Diana, sorella di Apollo.
- C Dedicarsi alla caccia e seguire la dea Artemide/Diana.
- D Trasformarsi in una ninfa dei fiumi per ritornare da suo padre Péneo.

ANALISI E RIFLESSIONE

4. Da che cosa è provocata la metamorfosi di Dafne?

- A Dalla vendetta del dio Apollo.
- B Dall'intervento di Péneo, che esaudisce la preghiera della figlia.
- C Dall'intervento di Artemide/Diana, che protegge la ninfa.
- D Da un evento casuale, non specificato nel racconto.

5. Descrivi la metamorfosi di Dafne, completando la colonna di destra. Segui l'esempio.

Prima	Dopo
1. il corpo agile si trasforma…	… *in tronco pesante*
2. la pelle si trasforma…	
3. i capelli si trasformano…	
4. le braccia si trasformano…	
5. i piedi mobili si trasformano…	
6. il viso bellissimo si trasforma…	

6. Trasformandosi in una pianta Dafne perde alcune caratteristiche e ne acquista altre: quali?

....

....

....

7. C'è qualcosa che si conserva intatta in Dafne anche dopo la metamorfosi?

....

....

LESSICO E STILE

8. Il nome della ninfa amata da Apollo spiega perché…

- A il potere di Eros sia più grande di quello di Apollo.
- B anche Apollo l'Invincibile sia stato sconfitto da una donna.
- C sia stata inventata da Apollo la pianta dell'alloro.
- D la pianta dell'alloro sia sacra ad Apollo.

Audio
Ascolta il brano

3. Il sorriso delle stelle

Perseo[1] è uno di quegli eroi molto amati dagli antichi Greci perché protagonista di **imprese** che sembrano **impossibili**. Di ritorno dall'uccisione della terribile Medusa, l'eroe si trova a soccorrere una nobile fanciulla, Andrómeda, e a salvarla da morte certa. Il loro amore, nato in una situazione estremamente drammatica, sarà coronato dal matrimonio e durerà per sempre, finché brilleranno le stelle.

Nel mito di Apollo e Dafne abbiamo già visto come la **superbia e l'arroganza** siano **atteggiamenti molto pericolosi**, anche per un dio. Cassiopea verrà sicuramente punita.

Cassiopea, moglie di Cefeo re d'Etiopia, era una donna bellissima; era però, ahimè, tanto bella quanto vanitosa. Passava lunghe ore a guardarsi nello specchio, e diceva: "Nessuna donna è più bella di me, nessuna delle Nereidi[2], anzi: nemmeno Venere[3]!"

Venere la udì, e insieme con le Nereidi, sdegnata e indispettita, si presentò a Nettuno e gli disse: "Dio del mare, quella smorfiosa di Cassiopea osa dire di essere più bella non solo di me, ma anche delle Nereidi, tue protette! Non merita una punizione?"

"Sì, sì!" strillarono le Nereidi, "puniscila, padre!"

La descrizione dell'alluvione ricorda il **mito del diluvio**, anche se non universale!

Nettuno acconsentì; ed ecco, l'intera Etiopia venne colpita da una terribile alluvione; piovve per intere settimane, i fiumi ruppero gli argini, i laghi strariparono, le coste vennero flagellate[4] dalle tempeste. Moltissimi furono gli annegati, moltissimi quelli che morirono travolti dalle montagne che franavano. Intere città vennero distrutte: e a ciò si aggiunse un altro terribile flagello[5]: apparve nel mare un mostro che divorava qualsiasi essere incontrasse, uomo o animale.

Atterriti, Cefeo e Cassiopea chiesero all'oracolo che cosa dovevano fare per placare l'ira di Nettuno, e l'oracolo rispose: "Legate vostra figlia Andromeda a una rupe, e offritela in pasto al mostro. Solo in questo modo Nettuno si placherà!"

Andromeda si dimostra una vera **eroina**, capace di affrontare il suo destino con straordinario coraggio.

Il sacrificio era terribile; ma la stessa Andromeda, bellissima e giovanissima fanciulla, si offrì senza paura; e senza un lamento si lasciò incatenare alla rupe, di fronte al mare in tempesta e sotto il cielo nel quale grandi e nere nubi si rincorrevano tuonando. Là attese, rassegnata, che il mostro giungesse a straziarla e a divorarla. Ma prima che il mostro emergesse dal mare, ecco accanto alla rupe apparve Perseo, che tornava dal suo avventuroso viaggio con la testa di Medusa nella bisaccia[6]. Vide la fanciulla, le si avvicinò e le chiese stupefatto: "Perché sei qui?"

vanitosa
Vanitoso è chi si vanta credendosi migliore degli altri. È sinonimo di "superbo" e "presuntuoso".

alluvione
Sia **alluvione** che **diluvio** derivano dalla stessa radice latina, rispettivamente dal verbo *al-luere*, "scorrere intorno", e *di-luere*, 'liquefare, distruggere con l'acqua".

1. **Perseo:** su Perseo puoi leggere il racconto a pag. 59, nella sezione ***Eroi e mostri***.
2. **Nereidi:** bellissime ninfe, figlie del dio marino Nereo.
3. **Venere:** la dea dell'amore e della bellezza.
4. **flagellate:** colpite.
5. **flagello:** sciagura, disgrazia.
6. **bisaccia:** grossa sacca. Perseo era reduce dall'uccisione di Medusa, alla quale aveva poi tagliato la testa.

Risposte Andromeda: "Devo morire perché la mia gente sia salva," e narrò quanto era accaduto. Perseo, che aveva ai piedi i calzari di Mercurio, coi quali poteva volare, sguainò la spada ed esclamò: "Non permetterò che il mostro ti divori! Resta tranquilla, Andromeda: la tua devozione e la tua bellezza ti salveranno!"

Si nascose dunque dietro la roccia, in attesa; e dopo un po' cominciò a farsi sentire uno scroscio terribile, si levarono alti vapori, e dal mare emerse il mostro; orrendo, aveva fauci rosseggianti, ed ali con le quali si librò nell'aria, guardando con occhi di fuoco la sua vittima. Perseo scattò, allora, volò dritto in avanti, e prima ancora che il mostro potesse alzare un artiglio per difendersi, gli conficcò la spada nel petto. Con un urlo spaventoso, il mostro cercò di liberarsi dalla spada: invano, l'eroe colpì ancora fino a quando, con un ultimo sbuffo di fumo giallastro, la terribile creatura non cadde morta nel mare, in un gran fiotto[7] di sangue nero.

L'**eroismo di Perseo** si esprime soprattutto nello **scontro con esseri mostruosi**.

Il mare immediatamente si placò, il cielo cominciò a liberarsi dalle nubi, i fiumi e i laghi rientrarono nei loro letti; quando riapparve il sole, la vita e la speranza tornarono nel regno d'Etiopia.

Liberata Andromeda, Perseo la condusse alla reggia, dove Cefeo e Cassiopea, che piangevano credendo che si fosse placata l'ira di Nettuno perché il mostro aveva divorato la loro figlia, trasformarono le loro lacrime di dolore in lacrime di gioia: "Chiedici tutto quanto vuoi, e te lo daremo!" dissero a Perseo.

Rispose l'eroe: "Voglio per moglie questa bella e coraggiosa fanciulla!"

Poco dopo si celebrarono le nozze.

Ma non finisce qui questa storia, e non scompaiono qui Perseo e Andromeda. I due sposi, infatti, dopo la loro morte, vennero trasformati in costellazioni, in modo che gli uomini ricordassero le loro avventure; e se a notte alziamo gli occhi al cielo, possiamo vedere lassù Perseo e Andromeda che ci sorridono dall'immensità del firmamento.

La metamorfosi in costellazione è chiaramente **un premio** per le virtù di Perseo e Andromeda, che furono assunti in cielo e resi immortali.

7. **fiotto:** getto.

(adattato da *Racconti mitologici*, Dami Editore, 2006)

COMPRENSIONE

1. Chi è Andromeda?

....

....

2. Perseo vede per la prima volta Andromeda sulla riva del mare. Che cosa sta facendo la fanciulla?

A Sta raccogliendo conchiglie da regalare alla madre.

B Sta piangendo, angosciata per l'alluvione che ha colpito il Paese.

C È incatenata a una roccia e sta per essere divorata da un mostro marino.

D Sta piangendo, perché l'oracolo ha detto che sarà divorata da un mostro marino.

3. Chi è il dio che ha mandato sull'Etiopia due terribili flagelli? In che cosa consistono?

....

....

....

4. A che cosa deve servire il sacrificio di Andromeda?

....

....

5. Che cosa sceglie Perseo come ricompensa della sua impresa?

....

ANALISI E RIFLESSIONE

6. Quali caratteristiche fanno di Andromeda un'eroina?

....

....

7. La frase pronunciata da Perseo «la tua devozione e la tua bellezza ti salveranno!» (righe 41-42) significa...

A «sei la donna che ho sempre desiderato!».

B «devi avere più fiducia in te stessa!».

C «sei troppo nobile e bella per morire!».

D «pensa a salvarti da sola!».

8. La trasformazione di Perseo e Andromeda in costellazioni...

A è un premio per il loro eroismo.

B rappresenta il passaggio a uno stato inferiore a quello umano.

C è momentanea e reversibile.

D è una scelta dei due sposi.

LESSICO E STILE

9. Di Cassiopea viene detto che era «tanto bella quanto vanitosa» (righe 2-3). Ciò significa che...

A era più vanitosa che bella.

B si vantava troppo per essere bella.

C era bellissima.

D era superba.

10. Sottolinea tra le qualità elencate quelle che, a tuo giudizio, non dovrebbero mancare in un eroe (o in un'eroina). Spiega la tua scelta.

arroganza	orgoglio
audacia	parsimonia
avidità	rassegnazione
bellezza	ricchezza
coraggio	rispetto
generosità	superbia
intraprendenza	timidezza
modestia	vanità

EROI E MOSTRI

Antonio Canova, *Teseo e il Minotauro*, 1804, Kunsthistorisches Museum, Vienna.

Le **persone con qualità straordinarie** e sovrumane erano chiamate dai Greci **eroi**. Potevano anche essere creature mortali, ma non erano come tutti gli altri esseri umani: gli eroi avevano **forza eccezionale, coraggio e saggezza** e mettevano a rischio la propria vita per combattere il male, per salvare qualcuno dal pericolo o portare a termine una difficile impresa.
Se in molti miti greci le imprese degli eroi consistono nella **lotta contro un mostro**, cioè **un essere straordinario, 'anormale'**, è proprio perché quella è la situazione più adatta a esaltare le virtù eroiche.
Nella mitologia greca esistono **vari tipi di mostri**:

- mostri formati soltanto da parti umane (come i Ciclopi descritti nell'*Odissea*);
- mostri formati soltanto da parti animali (come la Chimera, un mostro con testa e corpo di leone, una seconda testa di capra sulla schiena e una coda di serpente fornita anch'essa di testa);
- mostri ibridi, che mescolano parti umane e parti animali (come le Gorgoni, le Sirene o il Minotauro).

Queste **creature miste**, i **mostri ibridi**, sembravano essere particolarmente terribili, come se le parti umane sottolineassero le loro caratteristiche bestiali anziché smorzarle.
Alcuni ibridi dovevano il loro corpo mostruoso al fatto di essere figli di creature primitive, appartenenti all'epoca precedente l'instaurazione dell'ordine di Zeus, come dimostrano i miti raccontati da Esiodo nella *Teogonia*.

Audio
Ascolta
il brano

1. Prométeo e il dono del fuoco

Quand'è che l'uomo si distingue dagli animali, iniziando il suo cammino di civiltà attraverso invenzioni e scoperte? Gli antichi Greci risposero a questa domanda dicendo: "Quando riesce a rubare agli dèi i loro segreti".
Prometeo, figlio del Titano[1] Giápeto, fu l'**eroe civilizzatore** che aiutò l'uomo in questo cammino. Prometeo si sacrificò per gli uomini mortali, lottò per loro e sfidò l'ira del potentissimo Zeus.

Sfidando Zeus per amore degli uomini, Prometeo fu estremamente coraggioso perché, pur sapendo che Zeus si sarebbe vendicato infliggendogli una terribile punizione, l'eroe non rinunciò ad agire in favore dell'umanità tutta.

per amore...
Prometeo, pur essendo un essere vicino agli dèi, prova **amore per gli uomini**: con una parola che deriva dal greco si dice **filantropía**.
Un filántropo è un **benefattore**.

Il primo dono che Prometeo, ingannando Zeus, fece agli uomini, non fu certo una cosa di poco conto[2]: fu il cibo.
Gli animali dovevano infatti essere offerti in sacrificio agli dei, ma gli uomini volevano nutrirsene senza suscitare per questo l'ira divina.
Accadde una volta che gli uomini stessero sacrificando a Zeus un bue: come per ogni sacrificio, la parte migliore dell'animale doveva essere offerta al dio e soltanto la rimanente sarebbe stata mangiata dagli uomini.
Zeus, ovviamente, pretendeva la parte migliore del sacrificio e allora intervenne l'astuto Prometeo, che diede agli uomini questo consiglio: "Dividete tutto in due parti e ponetele in due sacche fatte della pancia del bue: da una parte mettete le ossa e ricopritele di grasso, in maniera che sembri la parte più appetitosa, facendo pensare che sotto ci sia la carne. Dall'altra parte infilate la carne più buona e copritela di ossa: sembrerà la parte peggiore, lo scarto. Vedrete cosa sceglierà Zeus!"

Prometeo suggerisce un **inganno a fin di bene**, perché gli uomini possano ricavare dagli animali cibo sufficiente.

astuto Prometeo
L'**astuzia** è l'intelligenza capace di trovare soluzioni anche in situazioni molto difficili. Del resto il nome stesso **Prométeo** significa "colui che riflette prima", quindi "saggio e prudente".

Agli uomini, che lo invitavano a scegliere la parte che preferiva, il dio disse che avrebbe scelto la prima. Lasciò loro l'altra sacca credendola piena di avanzi, mentre davvero conteneva la parte più prelibata.
Per la verità non si sa se Zeus fosse veramente caduto nell'inganno; qualcuno raccontò che fece finta di cadere nel tranello, altrimenti che dio grandissimo sarebbe stato?
Da quel giorno a Zeus, in occasione del sacrificio degli animali, fu lasciata sempre la parte peggiore, ossa e grasso, e gli uomini poterono cibarsi delle carni.
Il nutrimento dei mortali era dunque assicurato.

Il mito dell'inganno suggerito da Prometeo spiega l'origine dei sacrifici di animali: è dunque un **mito eziologico** (vedi a pag. 41)

1. **Titano:** i Titani furono la prima stirpe divina nata da Gaia (la Terra) e da Urano (il Cielo). L'ultimogenito fu Crono, padre di Zeus.
2. **di poco conto:** di scarso valore.

Il secondo e più importante dono che Prometeo fece ai mortali fu il fuoco: non che gli uomini non lo avessero mai visto prima, per esempio nell'albero incendiato dal fulmine o nella lava che scendeva dal vulcano. Ma non lo possedevano nel senso che non sapevano come procurarselo, come conservarlo, come spegnerlo e riaccenderlo.

Ancora una volta Prometeo agisce a favore degli uomini.

Il fuoco era nel fulmine di Zeus; e a Zeus Prometeo lo rubò per darlo agli uomini.

Prese un bastone cavo e vi nascose dentro la scintilla della fiamma.

Gli uomini non solo poterono da quel momento cuocere il cibo, ma con il fuoco si scaldarono, fusero i metalli, costruirono attrezzi per lavorare la terra, per vivere, progredire.

Prometeo è un **eroe civilizzatore**.

Alla base della civiltà umana sta proprio l'uso e il controllo del fuoco, dell'energia che muove le cose.

Grande era stato il dono di Prometeo, che aveva reso possibile con il suo gesto il progresso dell'umanità; gli uomini, da quel momento, non furono più schiavi solo delle forze della natura, ma divennero capaci di costruire il proprio futuro.

Prometeo viene punito da Zeus per il suo amore verso gli uomini.

Zeus andò fuori di sé dalla rabbia: fece legare Prometeo ad una roccia su un'alta montagna con grandi catene e ordinò ad un'aquila di divorargli il fegato, simbolo del suo coraggio. Il fegato divorato di giorno ricresceva di notte, e il supplizio non aveva mai fine.

Prometeo fu infine liberato dall'eroe Eracle, il quale trafisse con una freccia l'aquila che tormentava Prometeo e spezzò le catene che lo tenevano avvinto alla roccia.

(adattato da Donatella Puliga, *Antikoi*, Editrice Campanila, 2011)

COMPRENSIONE

1. Prometeo è un eroe...

- A perché è un essere umano.
- B perché lotta contro un mostro.
- C ✗ perché compie azioni straordinarie.
- D perché è protagonista di un mito.

2. Prometeo fa agli uomini due doni speciali: quali?

....

3. Per la sua impresa Prometeo subisce una punizione. Quale?

Zeus Legò Prometeo a una roccia con le catene e l'aquila ci mangiava il suo fegato

4. Alla fine Prometeo viene liberato da un famoso eroe. Di chi si tratta?

Fu liberato da Eracle

5. Cosa accade agli uomini dopo che Prometeo ha donato loro il fuoco?

- A Vengono puniti da Zeus.
- B Diventano schiavi degli dèi.
- C Nominano Prometeo loro re.
- D ✗ Vedono migliorare la propria vita.

6. Dal giorno in cui Prometeo ingannò Zeus per la prima volta...

- A ✗ gli uomini sacrificarono agli dèi la parte migliore degli animali.
- B gli uomini sacrificarono agli dèi la parte peggiore degli animali.
- C non ci fu più bisogno di offrire sacrifici agli dèi.
- D gli dèi smisero di proteggere gli uomini.

ANALISI E RIFLESSIONE

7. Prima del dono di Prometeo...

- A ✗ gli uomini non avevano mai visto il fuoco.
- B gli uomini usavano il fuoco solo per i sacrifici agli dèi.
- C gli uomini conoscevano solo il fuoco prodotto dai vulcani.
- D gli uomini non sapevano produrre il fuoco.

8. Zeus si adira con Prometeo per il furto del fuoco perché...

- A il dominio del fuoco renderà gli uomini liberi e padroni della loro vita.
- B gli uomini non offriranno più sacrifici agli dèi.
- C ✗ gli uomini potranno consumare cibi cotti come gli dèi.
- D gli uomini saranno corrotti dal progresso.

LESSICO E STILE

9. Per il suo amore verso gli uomini e per i doni che fa loro Prometeo può essere definito...

- A un malfattore.
- B ✗ un benefattore.
- C un traditore.
- D un servitore.

10. L'espressione *avere fegato* significa...

- A avere il fegato ingrossato.
- B avere il fegato gonfio d'ira.
- C ✗ avere grande coraggio.
- D avere catturato un grosso animale.

SCRITTURA

11. Prova a spiegare con parole tue l'importanza che la scoperta del fuoco ebbe per lo sviluppo della civiltà umana.

LETTURA D'OPERA

Secondo una tradizione ricordata dal poeta Ovidio, **Prometeo**, figlio del Titano Giápeto, sarebbe il **creatore degli uomini**, plasmati da lui «a immagine degli dèi che tutto regolano, impastando con acqua piovana la terra che ancora conservava qualche germe del cielo insieme a cui era nata». Ma Prometeo è anche, e soprattutto, l'**eroe civilizzatore** che donò agli uomini il fuoco, cambiando per sempre il corso della civiltà.
Nel quadro di Heinrich Füger (1751-1818) Prometeo ha già creato l'umanità, ma essa è ancora inerte e inconsapevole, immersa in un'oscurità che l'eroe sta per dissipare.

Heinrich Füger, *Prometeo dona il fuoco all'umanità*, 1817, Museo Liechtenstein, Vienna.

Il quadro è giocato sul **contrasto fra le due figure**: Prometeo e un essere umano. Al centro si staglia l'eroe, pieno di vigore e luminoso grazie al fuoco che mostra trionfante.

Il corpo muscoloso di Prometeo è evidenziato dal **mantello, di un colore di fuoco**, vivo e caldo.

Accanto a Prometeo un **corpo umano** plasmato con **grigio** fango, **senza vigore né identità**. Da un momento all'altro, il fuoco darà miracolosamente calore e vita all'umanità.

Audio
Ascolta
il brano

2. Teseo e il Minotauro

La mitologia greca ricorda Teseo per le sue numerose imprese, ma lo celebra soprattutto, al pari di Eracle, come **eroe uccisore di mostri**.
Memorabile la vittoria dell'eroe sul mostruoso Minotauro e la liberazione di Atene da un orribile tributo.

Come figlio di Egeo, Teseo era un **eroe umano**; la tradizione che sosteneva invece che fosse figlio di Poseidone faceva di lui un semidio.

Viene spiegata **l'origine del tributo di Atene** al re di Creta Minosse.

Teseo era un vero eroe, bello e nobilissimo. Sua madre Etra era figlia del saggio Pitteo, re di Trezene, nell'Argolide[1]; suo padre era Egeo, re di Atene, o, secondo una tradizione, addirittura il dio del mare Poseidone. Teseo era cresciuto a Trezene presso il nonno; poco dopo il suo arrivo ad Atene, giunsero in città alcuni messaggeri da Creta, con l'incarico di prelevare sette fanciulli e sette fanciulle: era il tributo dovuto dagli Ateniesi al re Minosse. Teseo chiese la ragione di un simile tributo; gli venne spiegato che il figlio di Minosse, Androgeo, era stato ucciso mentre si trovava ad Atene, non si sapeva né da chi né perché, e il re cretese, non potendo vendicarsi dell'assassino, aveva chiesto agli dèi di punire tutta la regione. Immediatamente l'Attica[2] era stata colpita da una terribile pestilenza, a cui si era aggiunta una tale siccità che nei fiumi non scorreva più una goccia d'acqua. Agli Ateniesi disperati l'oracolo[3] aveva consigliato di tentare di placare l'ira di Minosse, il quale aveva imposto di consegnargli ogni nove anni sette fanciulli e sette fanciulle.

Già due volte era stato pagato il tributo, reso ancora più triste dal mistero che avvolgeva la sorte di quei giovani. Alcuni dicevano che servissero come schiavi, altri che, una volta a Creta, venissero lasciati soli nel Labirinto, un intreccio oscuro di corridoi senza fine, costruito dal grande architetto Dedalo.

In realtà quei poveri giovani venivano sacrificati al mostro che abitava nel Labirinto, il Minotauro, una spaventosa creatura con il corpo di uomo e la testa di toro, figlio di Pasífae, moglie di Minosse, e di un toro mandato da Poseidone.

Ora era giunto per la terza volta il momento di sorteggiare i fanciulli per l'orribile tributo e il popolo, oltre alla tristezza, mostrava chiaramente il suo malcontento: perché il re nella lista dei giovani da sorteggiare non inseriva il nome di Teseo? Anche il re, come il suo popolo, doveva esporsi al dolore di veder andar via un figlio senza speranza di ritorno.

1. Argolide: regione del Peloponneso.
2. Attica: la regione di Atene.
3. oracolo: l'oracolo era il luogo in cui si chiedeva alla divinità un responso sul futuro. La parola ***oracolo*** viene usata anche per indicare il responso stesso.

Teseo non solo riteneva giusto il rimprovero del popolo, ma voleva far qualcosa per liberarlo per sempre da quell'incubo. Senza aspettare il sorteggio, dichiarò che sarebbe andato anche lui a Creta con gli altri. Ma nessuno avrebbe dovuto piangere: questa volta la nave dalla vela nera[4] non sarebbe tornata con il solo nocchiero! La generosità del figlio, oltre ai successi da lui ottenuti in altre imprese, fecero nascere una debole speranza in Egeo, che consegnò al pilota una vela bianca da sostituire a quella nera se la nave, tornando in patria, avesse ricondotto sani e salvi Teseo e gli altri giovani. Un segnale che egli avrebbe potuto vedere dall'alto dell'Acropoli.

Dopo l'arrivo a Creta, la figlia di Minosse, Arianna, vide Teseo e se ne innamorò immediatamente. Teseo le promise che, se lo avesse aiutato, l'avrebbe portata ad Atene come sua sposa.

Il filo di Arianna.

Quando venne il momento in cui le vittime dovevano entrare nel Labirinto, Arianna diede segretamente all'eroe, che aveva chiesto di entrare per primo, un gomitolo di filo; egli legò l'estremità all'ingresso e srotolò il gomitolo man mano che avanzava. Alla fine giunse al centro del Labirinto e si trovò faccia a faccia con il Minotauro, la creatura più terrificante che avesse mai incontrato. Con coraggio Teseo affrontò il mostro, lottando duramente per non essere sopraffatto, e alla fine riuscì a ucciderlo. Esausto ma salvo, con l'aiuto del filo di Arianna l'eroe uscì dal Labirinto, dove era ansiosamente atteso dalla fanciulla. I due riunirono gli altri fanciulli, affondarono le navi cretesi per impedire l'inseguimento e salparono da Creta.

La storia, però non ebbe un lieto fine per i due protagonisti. La nave di Teseo fece scalo per la notte sull'isola di Nasso, ma all'alba Arianna, svegliatasi di soprassalto, scoprì con terrore di essere rimasta sola: la nave greca veleggiava in alto mare portandosi via le sue speranze.

Quanto a Teseo, egli si dimenticò di sostituire la vela nera con quella bianca, che annunciava la sua salvezza. Così Egeo, che scrutava ogni giorno l'orizzonte, vide la vela nera e, credendo che il figlio fosse morto, si uccise gettandosi nel mare, che da lui prese il nome di Mar Egeo.

che da lui prese...
Il mito ha dunque un carattere **eziologico**, in quanto spiega perché il Mar Egeo si chiami così.

(testo di Catia Gusmini)

4. **la nave dalla vela nera:** la nave che portava a Creta i fanciulli e tornava senza di loro, issava una vela nera in segno di lutto.

MESSA A FUOCO

Il mito del Labirinto diventa un simbolo

L'archeologia ha dimostrato che il Labirinto è esistito davvero. Il **Palazzo di Cnosso**, riportato alla luce tra il 1900 e il 1932 dall'inglese Arthur Evans, era conosciuto anche come "Labirinto", il cui nome deriva dalla sacra ***lábrys***, la **doppia ascia** simbolo del potere che vi compare in molti punti. La struttura del palazzo, costituita da numerosissimi ambienti costruiti in fasi diverse, dà l'impressione di una costruzione complessa e intricata, che sembra creata apposta per confondere chi vi entra. Alla base del mito di Teseo e del Minotauro vi è probabilmente il ricordo di eventi storici legati alla civiltà cretese: dietro al tributo di sangue imposto da Minosse agli Ateniesi si può riconoscere la memoria del dominio e della supremazia marittima che i Cretesi esercitarono sul mondo greco durante il II millennio a.C.

Nella mitologia, invece, l'immagine del labirinto ha acquistato nel tempo un **profondo valore simbolico**. Il labirinto **rappresenta la complessità della vita**, che disorienta gli esseri umani; vivere significa, in effetti, districarsi nelle difficoltà dell'esistenza cercando, con fatica, la via d'uscita. Ma il labirinto rappresenta anche **la ricerca**, il cammino verso la realizzazione dei propri desideri, che ciascuno insegue nel corso della vita.

Simile a un labirinto è, ad esempio, il castello del mago Atlante descritto da Ludovico Ariosto nel suo poema *Orlando furioso*: nel palazzo incantato ogni cavaliere è costretto a inseguire l'immagine vana del proprio desiderio.

COMPRENSIONE

1. Teseo era figlio...

- A di Minosse.
- B di Pasifae.
- C di Egeo.
- D di Pitteo.

2. Per quale ragione Atene pagava il tributo a Minosse?

....

....

3. Nella vicenda del Minotauro Arianna...

- A è la vittima del mostro, salvata da Teseo.
- B aiuta Teseo a uccidere il mostro.
- C aiuta Teseo a uscire dal Labirinto.
- D abbandona Teseo su un'isola.

4. Come si conclude l'impresa di Teseo?

....

....

....

ANALISI E RIFLESSIONE

5. L'impresa di Teseo spiega perché fosse l'eroe nazionale di Atene. Infatti...

- A era figlio del re di Atene Egeo.
- B rifiutò di sposare una donna non ateniese.
- C diventò re di Atene.
- D liberò Atene dal dominio cretese sul mare.

6. Perché il Minotauro era un mostro *ibrido*?

- A Perché era figlio di una donna e di un toro.
- B Perché la sua malvagità lo aveva reso anormale.
- C Perché era stato trasformato da Poseidone.
- D Perché era particolarmente feroce.

PRODUZIONE

7. Svolgi una breve ricerca su uno di questi mostri della mitologia greca.

- Mostri formati soltanto da parti umane: i Ciclopi.
- Mostri formati soltanto da parti animali: la Chimera o Cerbero.
- Mostri ibridi: le Sirene.

Audio
Ascolta il brano

3. Perseo e la testa di Medusa

Perseo è un eroe straordinario fin dalla nascita: sua madre Danae, infatti, lo aveva concepito da Zeus, trasformato in pioggia d'oro. Anche Perseo è, come Teseo ed Eracle, un uccisore di mostri: con l'aiuto degli dèi riesce nell'impresa quasi impossibile di vincere la Gorgone Medusa, dallo sguardo pietrificante.

L'eroe Perseo, leggendario fondatore di Micene, non sarebbe mai nato se suo nonno fosse riuscito nel proprio intento.

Acrisio, re di Argo, era il padre di una bella fanciulla, Danae, ma desiderava anche un figlio maschio. Quando consultò un oracolo al riguardo, gli fu detto che non avrebbe generato un figlio, ma che avrebbe avuto un nipote, e che questi lo avrebbe ucciso.

Come abbiamo già visto, **gli oracoli** compaiono **spesso nei miti greci**.

Prese quindi dei provvedimenti per impedire che la profezia si avverasse: chiuse Danae in una torre di bronzo; la fanciulla vi rimase prigioniera finché non fu visitata da Zeus, che si presentò sotto le sembianze di una pioggia d'oro. A tempo debito, la fanciulla diede alla luce Perseo.

Anche le **metamorfosi** sono presenti in molti miti. Quelle degli dèi sono, come in questo caso, trasformazioni volute.

Acrisio, furioso, cercò nuovamente di ostacolare il suo destino. Fece costruire una cassa di legno in cui pose sia la fanciulla sia il bambino, e ordinò che la gettassero in mare. I due però sopravvissero e, dopo un viaggio faticoso, raggiunsero le coste di Serifo, una delle isole Cicladi. Qui essi furono tratti in salvo e accolti da un onesto pescatore, Ditti, fratello del tiranno dell'isola, Polidette.

In seguito Polidette si invaghì[1] di Danae, ma Perseo, ormai cresciuto, faceva buona guardia alla madre[2]. Un giorno, durante un banchetto, il tiranno chiese agli ospiti quali doni volessero offrirgli: tutti risposero che il dono più adatto era un cavallo, ma Perseo promise la testa della Gorgone. Polidette lo prese in parola e l'eroe fu costretto a mantenere la promessa.

Esistevano tre Gorgoni, creature mostruose con serpenti al posto dei capelli; due erano immortali, ma la terza, Medusa, era potenzialmente vulnerabile[3], a parte il fatto che chiunque la guardasse veniva trasformato in pietra.

1. **si invaghì:** fu preso da un ardente desiderio.
2. **faceva buona guardia alla madre:** proteggeva la madre dalle brame di Polidette.
3. **era potenzialmente vulnerabile:** poteva essere ferita e uccisa… ammesso che qualcuno fosse riuscito ad avvicinarla!

La strada per arrivare alla Gorgone Medusa non è né semplice né diretta...

Fortunatamente, venne in aiuto dell'eroe Ermes[4], il quale indicò a Perseo la via per giungere alle Graie, le sorelle che avevano in tre un solo occhio e un solo dente. Istruito dal dio, l'eroe si impadronì dell'occhio e del dente, rifiutandosi di restituirli finché le Graie non gli avessero mostrato la via per recarsi dalle Ninfe, le quali a loro volta gli avrebbero fornito i mezzi per affrontare Medusa. Le Ninfe gli diedero infatti un elmo che lo avrebbe reso invisibile, dei sandali alati che gli avrebbero permesso di fuggire e una bisaccia speciale in cui mettere la testa mozzata di Medusa.

Così Perseo si accinse ad affrontare la Gorgone. Con l'aiuto di Atena, che teneva in alto uno specchio di bronzo in cui egli poteva scorgere l'immagine riflessa di Medusa senza fissarla direttamente, riuscì infine a ucciderla. Tagliatale la testa e postala nella bisaccia, si diresse veloce verso Serifo con i sandali alati.

Mentre sorvolava la costa dell'Etiopia, vide una bella principessa legata a una roccia. Si trattava di Andromeda, la cui madre Cassiopea aveva suscitato l'ira di Poseidone vantandosi di essere più bella delle figlie del dio marino Nereo. Per punirla, Poseidone aveva inviato un mostro marino a devastare la regione: il mostro si sarebbe placato solo se gli fosse stata offerta la figlia del re, Andromeda, legata a uno scoglio in riva al mare. Perseo si innamorò subito di lei, uccise il mostro e la liberò. I genitori, felici, gliela offrirono in moglie, e i due partirono insieme verso Serifo.

Si tratta della stessa fanciulla protagonista del mito "Il sorriso delle stelle" (vedi a pag. 48)

Quanto al re Polidette, egli era convinto che Perseo non sarebbe mai più tornato; l'eroe dovette quindi provare una notevole soddisfazione quando vide che il tiranno, guardando la testa di Medusa che gli aveva portato in dono, si era trasformato in pietra. In seguito l'eroe diede la testa ad Atena, la quale la sistemò al centro della sua egida.

(adattato da Lucilla Burn, *Miti greci*, Mondadori, 1995)

4. Ermes: era il dio delle strade, quindi era il più adatto a dare indicazioni a Perseo.

COMPRENSIONE

1. **L'origine di Perseo è...**

A umana.
B divina.
C semidivina.

Motiva la tua risposta.

....

....

2. **Perché Perseo non sarebbe mai nato se suo nonno fosse riuscito nel proprio intento?**

....

....

....

....

3. **Qual è il compito che l'eroe Perseo deve portare a termine?**

....

....

4. **Perseo riesce a scoprire da solo come arrivare al suo obiettivo?**

A Vero. B Falso.

Motiva la tua risposta.

....

....

....

....

....

ANALISI E RIFLESSIONE

5. **Nel mito di Perseo e Medusa se ne inserisce un altro: quale?**

....

....

....

6. **Che cos'hanno in comune i due miti, oltre al fatto di avere come protagonista Perseo?**

....

....

7. **Considerando entrambi i miti di cui è protagonista, ti sembra che Perseo sia...**

A un eroe intraprendente e coraggioso.
B un uomo che tenta imprese superiori alle sue forze.
C un vile, che ha sempre bisogno dell'aiuto di altri.
D un dio che riesce senza fatica a realizzare i suoi desideri.

SCRITTURA

8. **Prova ora a scrivere un breve racconto intorno all'impresa di un eroe o di un'eroina, seguendo queste indicazioni:**

1. decidi innanzitutto se il protagonista è un essere umano, un dio o un semidio;
2. descrivi i suoi genitori;
3. specifica se la sua nascita era stata accompagnata da oracoli o segni che annunciavano il destino suo o di un membro della sua famiglia;
4. descrivi il suo aspetto fisico, le sue doti, i suoi poteri;
5. immagina un'impresa che richieda proprio le caratteristiche che l'eroe possiede;
6. poni sulla sua strada un ostacolo che sembra insuperabile, come un mostro terribile;
7. decidi eventualmente di affiancare l'eroe con un aiutante o di fornirgli dei mezzi magici;
8. descrivi l'impresa, arricchendola di dettagli (sarà la parte più importante ed emozionante!);
9. descrivi gli effetti dell'azione dell'eroe;
10. concludi il racconto esaltando le virtù e la grandezza dell'eroe, eventualmente immaginando – se non lo è già – una sua trasformazione in divinità.

Miti di ieri e di oggi: Perseo e Medusa

Come abbiamo visto, i miti, attraverso il racconto delle vicende di dèi ed eroi, hanno contribuito nei tempi più antichi a dare risposte alle domande fondamentali dell'esistenza, a illustrare regole di comportamento e valori morali, a ricostruire il lontano passato di una comunità.

In quei racconti l'immaginazione dei popoli ha mescolato personaggi reali e personaggi di fantasia e trasformato oggetti e luoghi storici in metafore e simboli.

Michelangelo Merisi da Caravaggio, *Scudo con testa di Medusa*, 1597 circa, Galleria degli Uffizi, Firenze.

L'eroe che salva la fanciulla: da Perseo a Superman

Alcuni miti, pur con funzione diversa, hanno continuato a suscitare interesse anche nei secoli successivi, quando ormai più nessuno credeva negli dèi e negli eroi del mondo antico. Soprattutto nel Cinquecento, durante il Rinascimento, molti pittori e scultori si sono ispirati a soggetti mitologici.

In questo dipinto, ad esempio, è ripreso un mito molto rappresentato anche nell'antichità, quello dell'**eroe Perseo che salva Andromeda** dal mostro marino (puoi leggere il racconto a pag. 48). La drammaticità della vicenda è resa attraverso la posa di Andromeda, che esprime spavento, e l'azione fulminea dell'eroe, che piomba volando con i suoi calzari alati sul mostro marino.

Nel dipinto contribuiscono a dare un effetto dinamico alla scena gli abiti dei personaggi (in verità piuttosto succinti, nel caso di Andromeda, per sottolinearne la bellezza fisica); soprattutto il mantello di Perseo sottolinea il volo coraggioso dell'eroe, pronto a sottrarre al mostro la sua preda.

Paolo Veronese, *Perseo e Andromeda*, seconda metà del XVI secolo, Musée des Beaux Arts, Rennes.

Superman salva Lois Lane.

Il tema dell'eroe che salva la fanciulla ha attraversato i secoli e gli spunti offerti dai miti continuano a esercitare il loro fascino. Come non cogliere le somiglianze con la rappresentazione del mito in questa immagine di Superman che porta in salvo una bella ragazza?

Come gli eroi dell'antichità, anche i supereroi moderni hanno doti fisiche straordinarie e lottano contro il Male, e talvolta, come Perseo, hanno alle spalle delle vicende personali anche dolorose.

Miti e moda: la metamorfosi di Medusa

Nel linguaggio attuale, la parola **mito** si riferisce a un modello, un **personaggio esemplare** ed eccezionale **al quale ispirarsi**.
Oggi sono ritenuti "miti" i personaggi famosi, attori e cantanti, sportivi e stilisti, persone che nella loro vita sono state in grado di raggiungere uno scopo e che, soprattutto, hanno ottenuto successo, fama, denaro.
Il fascino del mito si è mantenuto vivo fino ai giorni nostri, anche se mutato e "globalizzato", e i mezzi di comunicazione di massa hanno contribuito a diffonderlo, alimentando nel pubblico ammirazione e desiderio. Un esempio potrà chiarire il concetto.
Se Caravaggio ha colto perfettamente l'orrore antico del mito di Medusa, rappresentando il mostro nel momento in cui l'eroe Perseo le ha mozzato la testa, il logo di un noto stilista non mette l'accento sul carattere mostruoso di Medusa, al contrario ne fa un simbolo di potente bellezza.

Scudo con testa di Medusa, simbolo della famosa casa di moda Versace.

VERIFICA FORMATIVA

Audio
Ascolta il brano

Leggi con attenzione il brano, poi svolgi gli esercizi.

Pangu[1] e l'uovo primordiale

Quello che segue è un **mito cosmogonico**, che racconta come nacque l'universo.

In principio, l'universo era un buio caos, una nera massa di nulla. Cielo e Terra non erano separati, né lo erano notte e giorno, e non formati erano il Sole, la Luna e le galassie[2]. Per poter concepire quest'inimmaginabile insieme di tempo e spazio, alcune popolazioni lo pensarono come un grosso uovo, e in questa buia massa ebbe origine Pangu, il primo essere dell'universo.

Pangu crebbe nella totale oscurità e dormì per millenni e millenni. Quando si svegliò, era ormai un gigante e, resosi conto di stare nel caos, decise di creare l'ordine. Afferrata una pesante ascia, sferrò un poderoso colpo al guscio, spaccandolo. Le parti più leggere salirono galleggiando, e divennero il cielo; le più pesanti precipitarono, e divennero la Terra.

Così separati gli elementi, Pangu, per timore che si riunissero, prese a spingere con le mani il cielo, nel frattempo premendo la Terra con i piedi per tenerla lontana, e ogni giorno spingeva il cielo più in su di uno zhang[3]. Pangu diveniva ogni giorno più alto, finché si ritrovò a reggere il firmamento in guisa di pilastro. Stette così per interi eoni[4], fino a quando cielo e Terra si solidificarono e non vi fu più pericolo che si riunissero riformando il caos.

A questo punto, Pangu decise di riposarsi; ma erano passati tanti millenni che era ormai vecchio sia nel corpo che nello spirito, e il suo sonno si fece sempre più profondo finché morì. Allora il suo corpo si trasformò, creando il mondo che conosciamo: il suo respiro divenne vento e nubi, la sua voce tuono, il suo occhio sinistro Sole e l'occhio destro Luna, il corpo e le membra catene montuose, il sangue fiumi. Ogni sua parte divenne una parte della natura. I suoi peli si trasformarono in alberi e fiori, i parassiti della sua pelle in animali e pesci, e le sue ossa diedero origine a diverse specie di pietre preziose e minerali. Persino il suo sudore divenne rugiada.

Così il grande gigante Pangu, il primo essere vivente dell'universo, creò il mondo a noi noto, dando tutto ciò che possedeva a vantaggio della Terra e della gente che ben presto l'avrebbe abitata.

(da Tao Tao Liu Sanders, *Dei, draghi e eroi della mitologia cinese*, Mondadori, 1981)

1. **Pangu:** il nome cinese è più comunemente trascritto come **P'an-ku**.
2. **galassie:** sistemi di stelle, costellazioni.
3. **uno zhang:** unità di misura di lunghezza, pari a 2,3 metri.
4. **eoni:** periodi di migliaia di anni.

1. **Di che cosa parla un mito cosmogonico?**
(1 punto per la risposta corretta)

A Dell'origine dell'uomo.
B Dell'origine degli dèi.
C Dell'origine dell'universo.
D Dell'origine delle stelle.

punti ..../1

2. **Del caos primordiale viene detto che...**
(1 punto per il completamento corretto)

A era immerso nell'oscurità.
B era immerso in una sostanza simile all'albume.
C era sospeso fra le galassie.
D era schiacciato fra Terra e Cielo.

punti ..../1

3. **Pangu è...**
(1 punto per il completamento corretto)

A un mostro come il Minotauro.
B un mostro come la Chimera.
C un mostro come i Ciclopi.
D un mostro come Medusa.

punti ..../1

4. **Pangu dopo la morte...**
(1 punto per il completamento corretto)

A viene trasformato in un dio.
B viene ucciso da un colpo d'ascia.
C subisce una metamorfosi.
D attende che Terra e Cielo si solidifichino.

punti ..../1

5. **L'espressione «una nera massa di nulla» riferita al caos significa che...**
(3 punti per il completamento corretto)

A il caos è vuoto.
B Il caos contiene la materia informe.
C non esiste la materia.
D non esistono il Cielo e la Terra.

Spiega la tua scelta.

....

....

punti ..../3

6. **L'immagine dell'uovo rappresenta in forma comprensibile un concetto difficile da spiegare. Che cos'è dunque l'uovo? A quale concetto si riferisce?**
(3 punti per la risposta corretta)

....

....

punti ..../3

AUTOVALUTAZIONE

Punteggio ottenuto: ..../10 (livello di sufficienza: 6/10)

- Ho trovato difficoltà nella comprensione del testo: ☐ sì ☐ no
- Le difficoltà che ho incontrato si riferiscono:
  ☐ alla comprensione dei fatti narrati ☐ alle caratteristiche del racconto mitico
  ☐ alla stranezza del mito raccontato ☐ alla comprensione del linguaggio usato
- I racconti che ho letto in questa Unità mi hanno interessato:
  ☐ molto ☐ abbastanza ☐ poco ☐ per nulla
- Ritengo che la mia preparazione sia complessivamente:
  ☐ buona ☐ discreta ☐ sufficiente ☐ scarsa

Unità 2
Epica classica

PERCHÉ LEGGERE L'EPICA CLASSICA?

In questo dipinto del pittore francese Nicolas Poussin (1594-1665) incontriamo alcuni fra i **simboli dell'epica classica**: al centro della scena c'è il dio della luce e delle arti, Apollo, seduto fra **la Musa** e **il poeta epico**, che alza lo sguardo al cielo in cerca di ispirazione, mentre un Amorino annuncia la futura gloria della sua opera incoronandolo d'alloro.

Eredi di una tradizione molto più antica di loro, **Omero e Virgilio** hanno dato forma a quel **genere epico** che avrebbe avuto grandissima fortuna nei secoli; espressione rispettivamente della **civiltà greca** e di quella **romana**, essi hanno cantato le **imprese di eroi straordinari** e nello stesso tempo hanno indicato al loro pubblico **valori essenziali** come la forza, il coraggio, la nobiltà d'animo.

La fama che circondò questi due grandissimi poeti non si è spenta con la fine del mondo antico: il valore altissimo delle loro opere li ha resi dei **'classici'**, cioè autori che **possono essere letti** e apprezzati **in ogni tempo**.

Nicolas Poussin,
L'ispirazione del poeta,
1630 circa, Musée du Louvre,
Parigi.

CHE COS'È l'epica?

L'**epica**, in versi o in prosa, è **una finestra aperta sulla vita di un popolo** e permette al lettore di oggi non solo di conoscere usi e costumi di quel popolo, ma anche di capirne idee, sentimenti, valori.

Che cosa significa il termine "epica"?

Il termine "epica" deriva dal greco ***épos***, che in origine significava "parola", "racconto" e aveva dunque un significato simile a quello del termine "mito".
Nell'antichità l'epica era strettamente **collegata con la mitologia**, cioè – come abbiamo visto nell'Unità 1 – il complesso dei miti sugli dèi e sugli eroi: da ciò deriva il fatto che **l'epica è un racconto** (o, meglio, un insieme di racconti) **di gesta eroiche**, di cui sono protagonisti uomini eccezionali per forza fisica e virtù guerriera, gli **eroi**, protetti, e talvolta ostacolati, nelle loro imprese da un dio o da più **dèi**. Molti eroi, anzi, vantavano origini divine, anche se non erano immortali, e dopo la loro morte erano oggetto di un culto particolare, soprattutto nella città d'origine.

L'epica nasce da una lunga tradizione orale

Questi **racconti mitici** furono **tramandati** per lungo tempo **in forma orale** prima di essere messi per iscritto.
Prendiamo ad esempio il più antico poema epico che si conosca, quello mesopotamico, che narra le avventure del re di Uruk Gilgamesh (vedi Unità 1 a pag. 31): i testi scritti più antichi risalgono al II millennio a.C., ma le avventure dell'eroe erano tramandate oralmente già da tempo, anche se non si sa con precisione da quando.
Vedremo più oltre come anche i poemi omerici abbiano alle spalle una **lunga tradizione orale**.

L'EPICA: contenuti e caratteristiche

Una grande varietà di opere...

L'epica rappresenta una **forma molto antica di narrazione** che si ritrova in **epoche diverse** e **differenti aree geografiche**: dal *Poema di Gilgamesh*, di area mesopotamica ai poemi indiani *Mahābhārata* e *Rāmāyaṇa*, dal *Poema di Qadesh*, che narra la vittoria del faraone Ramses II sugli Hittiti, ai poemi omerici (l'***Iliade*** e l'***Odissea***), che **insieme all'*Eneide***, composta da Virgilio nell'età di Augusto (I secolo a.C.), **rappresentano i modelli letterari e culturali fondamentali della nostra civiltà**.
L'epica ha avuto successo anche in epoche successive: al **Medioevo** risalgono, ad esempio, la *Canzone dei Nibelunghi* di area germanica, il *Cantare del Cid Campeador* in Spagna, le canzoni di gesta del nord della Francia (tra le quali la *Chanson de Roland*) e l'epica bretone, con i poemi incentrati sulle avventure dei *Cavalieri della Tavola Rotonda di Artù*.

Nel **Rinascimento** spiccano i poemi degli italiani Ariosto (*Orlando furioso*) e Tasso (*Gerusalemme liberata*), e il *Don Chisciotte* dello spagnolo Cervantes.
E oggi? Esiste ancora l'epica?
Oggi il termine "epica" viene ancora usato per definire opere di narrativa di ampio respiro, come le **saghe**, cioè romanzi o insiemi di racconti che narrano vicende tra loro collegate. Queste saghe possono riguardare vicende di tipo familiare (come nella saga del *Padrino*), ambientate in un mondo 'reale', oppure le imprese di personaggi 'eroici' proiettate su uno sfondo di fantasia, come nel caso delle saghe di *Harry Potter* e del *Signore degli anelli*.

… con alcune caratteristiche comuni

Per limitarci all'epica classica e cavalleresca, di cui parleremo in questo volume, al di là delle notevoli differenze che le opere epiche presentano, possiamo riconoscere in esse alcune caratteristiche comuni.
La struttura dei poemi epici è quasi sempre la stessa: all'inizio c'è un **proemio** in cui si trovano l'indicazione sintetica dell'argomento del poema e l'**invocazione alla Musa**.
I **poemi** sono sempre **di lunghezza rilevante**, **divisi in canti**; **i versi** utilizzati sono **lunghi**, **adatti a una recitazione solenne**.
Nei poemi si fa **ampio uso di figure retoriche**; **il tono** è **elevato**, adatto a composizioni cui si attribuiva spesso la funzione di celebrare valori e personaggi ritenuti esemplari.
Quanto alle **forme del discorso**, il narratore **alterna** l'uso del **discorso indiretto**, tipicamente narrativo, con il **discorso diretto** usato nelle scene dialogate; a volte egli interviene direttamente con brevi commenti su fatti particolarmente significativi o su concetti da sottolineare.

Lawrence Alma-Tadema, *Una lettura di Omero*, 1885, Museum of Art, Philadelphia.

L'EPICA OMERICA

La misteriosa identità di Omero

A partire dal VII secolo a.C. ai Greci erano ben noti due lunghi poemi epici, l'*Iliade* e l'*Odissea*, la cui composizione era attribuita al poeta **Omero**. Lo storico Erodoto (V secolo a.C.) pensava che Omero fosse vissuto non più di quattrocento anni prima di lui (dunque fra IX e VIII secolo a.C.), ma sulla vita del grande poeta **non si avevano notizie precise**: si ignorava dove fosse nato esattamente e dove avesse composto i suoi poemi; la leggenda lo descriveva come un cantore cieco (il nome stesso *Omero* veniva inteso come "*o mè orôn*", ossia «il non vedente») che errava di città in città per recitare i suoi poemi.

Molte città si vantavano di avergli dato i natali, per esempio colonie greche dell'Asia Minore come Smirne e Colofone, l'isola di Chio nell'Egeo, città greche come Argo e Atene.

Oggi si ritiene probabile che la poesia omerica sia nata presso le colonie ioniche dell'Asia Minore, dove fiorì la prima cultura letteraria greca.

L'insieme dei problemi legati all'identità di Omero e alla composizione dei due poemi a lui attribuiti costituisce la cosiddetta **"questione omerica"**.

L'epica omerica e la tradizione orale

Se la storia della letteratura occidentale incomincia con l'epica di Omero, ritenuto dalla tradizione l'autore dell'*Iliade* e dell'*Odissea*, questi due straordinari poemi vengono però da molto più lontano: Omero doveva avere infatti alle spalle una lunga **tradizione orale** risalente all'**età micenea** (1400-1200 a.C. circa), che costituisce lo sfondo storico della vicenda della guerra di Troia. All'interno di questa tradizione orale molti racconti erano collegati fra loro dallo stesso argomento in "cicli" e l'epica omerica nacque probabilmente all'interno di un **ciclo troiano** incentrato sulla guerra di Troia.

Questo ciclo doveva comprendere diversi canti relativi a:

- gli antefatti della guerra di Troia;
- le vicende della guerra stessa (come l'*Iliade*);
- la distruzione della città;
- i ritorni (i *nóstoi*) degli eroi in patria, di cui l'*Odissea* costituisce l'esempio più celebre.

L'EPICA LATINA

La tradizione latina e l'*Eneide* di Virgilio

Nella poesia latina, oltre all'*Eneide* di Virgilio, troviamo vari esempi di epica, a partire dalla traduzione in latino dell'*Odissea* da parte di Livio Andronico (III secolo a.C.) fino ad arrivare alle *Metamorfosi* di Ovidio (43 a.C.-18 d.C.), un poema epico-mitologico che raccoglie moltissimi miti entrati a far parte della cultura latina.

Nell'età augustea **Virgilio riprende l'epica omerica** per comporre un poema, l'***Eneide***, in cui la celebrazione della **storia di Roma si intreccia al mito** della guerra di Troia.
Alle spalle di Virgilio non c'è, però, come nel caso di Omero, una tradizione orale, bensì una **ricca e raffinata cultura scritta**, in cui si fondono la tradizione greca e quella romana.
Per questo le somiglianze che si possono trovare fra l'*Eneide* e i due poemi di Omero, somiglianze cercate da Virgilio, non fanno che sottolineare le profonde differenze, di contenuto e di stile, che distinguono l'epica greca arcaica e la **poesia nuova dell'età di Augusto**.

I TEMI DELL'EPICA CLASSICA

Battaglia intorno al corpo di Patroclo, 530 a.C. circa, Atene, Museo Archeologico Nazionale.

Il racconto dell'***Iliade*** è incentrato su alcuni eventi del decimo anno della guerra di Troia.
L'argomento principale dell'opera è la guerra, rappresentata nei suoi molteplici aspetti; tuttavia, attraverso il racconto di duelli, battaglie, incursioni notturne nel campo nemico, consigli dei capi, assemblee, ecc. vengono rappresentati precisi **modelli di comportamento e un insieme di valori positivi**, nei quali gli ascoltatori possano riconoscersi.
I valori sono quelli della **forza fisica** e del **coraggio**; con essi un guerriero può compiere **gesta degne di essere ricordate** e conquistare così una **gloria immortale**.

L'***Odissea* racconta l'avventuroso ritorno (*nóstos*) di Odisseo**, uno dei principali capi della spedizione achea contro Troia, guerriero coraggioso e astuto inventore di inganni.
A differenza dell'*Iliade*, in cui il motivo dell'ira di Achille serve da filo conduttore per narrare una storia dai molti protagonisti, **nell'*Odissea* dominano le vicende di un solo personaggio**, che assume il ruolo di protagonista assoluto.
Nell'*Odissea* si intrecciano **due motivi narrativi**, presenti nella tradizione di diverse civiltà: il primo motivo è quello del **viaggio in terre lontane e favolose**, abitate da **mostri**, streghe, giganti e mangiatori di uomini, dai quali l'eroe riesce a salvarsi solo grazie al suo coraggio e alla sua astuzia; il secondo motivo è quello del **ritorno in patria dell'eroe**, che, creduto morto a causa della lunga assenza, deve riconquistare la propria casa e la propria sposa, insidiate da altri.

Enea con Anchise e Ascanio, I sec. d.C., Museo Archeologico Nazionale, Napoli.

L'***Eneide*** è suddivisa in due parti, ciascuna di sei libri.
La prima parte del poema, **ispirata all'*Odissea***, contiene il racconto delle avventure di Enea dal momento della caduta di Troia, quando si ritrovò costretto alla fuga con il vecchio padre Anchise e il figlioletto Ascanio, alle innumerevoli peripezie del **lungo viaggio verso l'Italia**, dove era **destino** che fondasse una nuova civiltà, da cui sarebbe nata Roma.

La seconda parte del poema si riallaccia all'*Iliade* e contiene il racconto delle **guerre combattute da Enea contro le popolazioni italiche**, guidate da Turno, che alla fine soccombe in un duello con l'eroe troiano.
Virgilio sceglie di rovesciare l'ordine dei poemi omerici raccontando prima il viaggio dell'esule da Troia distrutta verso una nuova patria, e soltanto in un secondo momento la guerra sostenuta dall'eroe in Italia: il poeta romano vuole infatti **sottolineare in Enea** non le tradizionali virtù guerriere, bensì la fatica e **i dolorosi sacrifici necessari alla fondazione di una nuova civiltà**.

LO STILE DELL'EPICA CLASSICA

Nell'età più antica i poemi venivano trasmessi a memoria dagli **aèdi**, cioè da **cantori** che narravano accompagnandosi con il **suono** di uno strumento a corde, la **cetra**.
La figura dell'aedo è ben **testimoniata nell'*Odissea*** attraverso i personaggi di Femio alla reggia di Itaca e di Demodoco, il cantore cieco (come Omero…) che Odisseo ascolta alla corte dei Feaci.
L'origine e la trasmissione orale dei poemi spiegano alcune **caratteristiche dello stile epico**:

- l'uso di **formule fisse**, ossia di espressioni e frasi "fatte" che ricorrono uguali tutte le volte in cui si ripresenta la stessa situazione oppure lo stesso personaggio od oggetto. Queste formule **facilitano gli aèdi nella memorizzazione** e per gli ascoltatori sono dei **punti di riferimento** che aiutano a riconoscere subito una situazione o a individuare un personaggio.
  Le formule possono essere costituite da:
  - *gruppi di versi*, *versi interi o parti di essi* per descrivere azioni o situazioni comuni: ad esempio per indicare il sorgere dell'aurora viene utilizzata più volte nel corso dell'*Odissea* la formula, che occupa un intero verso, «quando al mattino apparve in cielo Aurora dalle dita di rosa»;
  - un nome proprio o comune accompagnato da *un epiteto fisso*, cioè da un aggettivo o da una specificazione che lo qualifica e ne definisce le caratteristiche fondamentali. Sono epiteti, ad esempio, «il *divino* Odisseo», «Apollo *dall'arco d'argento*», «Zeus *adunatore di nembi*»;
  - *il patronimico*, un particolare tipo di epiteto costituito dal nome che, con l'aggiunta di un suffisso, definisce la discendenza paterna: ad esempio «l'*Atride* Agamennone» (*Atride* significa "figlio di Atreo": quando si parla di *Atridi*, al plurale, si intende parlare di Agamennone e di suo fratello Menelao).
- Un altro aspetto caratteristico dell'epica è l'ampio uso delle **similitudini**.
- All'inizio dei poemi troviamo il **proemio**, con l'**invocazione alla Musa**, a cui l'aèdo chiede l'ispirazione, e la **protasi**, nella quale è esposto l'argomento del poema.

ILIADE

Video Lezione Carte-gioco Bacheca

Charles-Antoine Coypel, *L'ira di Achille*, 1737, Museo dell'Ermitage, San Pietroburgo.

Cantami, o Diva, del Pelide Achille / l'ira funesta che infiniti addusse / lutti agli Achei... Comincia con queste parole la traduzione italiana forse più famosa dell'*Iliade*, quella di Vincenzo Monti; guidate da queste parole solenni, intere generazioni di studenti hanno iniziato il loro viaggio nell'affascinante mondo dell'epica classica.

Affascinante, ma anche inquietante, per via di quell'immagine potente di morte legata all'**ira dell'eroe** greco più forte e famoso, **Achille** figlio di Peleo, che è presentata all'inizio del poema. Anzi, **nell'originale greco la prima parola è** proprio «**ira**», e l'aggettivo che la accompagna – «**rovinosa**», «**funesta**» – arriva solo all'inizio del verso successivo: si crea così uno spazio oscuro, un alone di morte intorno all'eroe, che pure brilla fra gli altri come una stella. Nell'interpretazione del pittore, **Achille, al centro della scena, sembra volare sui corpi dei Troiani uccisi**, trascinato dal suo furore e dal potere sovrumano che gli conferiscono gli dèi: al suo fianco sono gli dèi Atena e Poseidone; dall'alto cala, a incendiare lo scontro, il dio del fuoco Efesto, con in mano una torcia; lontana fra le nubi osserva tutta la scena la regina dell'Olimpo, Era (riconoscibile dall'animale a lei sacro, il pavone), protettrice degli Achei, mentre cercano invano di arginare la furia di Achille i due fiumi di Troia, lo Scamandro (Xanto) e il Simoenta.

LA TRAMA

L'***Iliade*** è un **poema epico in versi** (esametri) diviso **in 24 libri** o canti, dalla tradizione **attribuito a Omero**. **Il titolo** deriva da **Ilio**, altro nome di **Troia**, così chiamata dal nome del suo mitico fondatore, Ilo.
Il poema **narra la guerra tra Achei** (Greci) **e Troiani**, durata **dieci anni** e causata, secondo la tradizione, dal **rapimento di Elena**, moglie del re di Sparta Menelao, da parte del troiano **Paride**, figlio del re di Troia Priamo.
A sua volta, il rapimento di Elena ha il suo **antefatto** nel **giudizio di Paride**: in una gara di bellezza fra le dee **Atena**, **Era** e **Afrodite**, il troiano aveva scelto Afrodite, la quale gli aveva promesso in cambio Elena, la donna più bella del mondo.
L'odio di Atena e di Era contro Paride spiega perché, durante la guerra di Troia, le due dee favoriscano gli Achei.
L'azione dell'*Iliade* si svolge in un arco ristretto di tempo: **cinquantuno giorni dell'ultimo anno di guerra**; essa ruota intorno al **tema dell'ira di Achille**, l'eroe più forte tra gli Achei: l'ira è dapprima rivolta contro il re Agamennone, che lo ha offeso, poi si trasformerà in desiderio di vendetta contro Ettore figlio di Priamo e fratello di Paride, colpevole di aver ucciso il più grande amico di Achille, Patroclo.
Nell'*Iliade*, che si conclude con i funerali di Ettore, non viene narrata la conclusione della guerra, risolta a favore dei Greci con l'inganno del cavallo di legno: questo episodio sarà ricordato nell'*Odissea*, l'altro poema attribuito ad Omero, e verrà ripreso poi da Virgilio nell'*Eneide*.

Libri I-IX - Achille, adirato contro Agamennone, si ritira dalla guerra

Il campo acheo è devastato da una pestilenza, provocata dall'**ira del dio Apollo** contro il **re Agamennone**, capo dell'esercito: il re ha infatti offeso il sacerdote di Apollo Crise, rifiutando con parole arroganti di accettare un ricco riscatto in cambio della restituzione di sua figlia Criseide, assegnata ad Agamennone come schiava.
L'indovino Calcante annuncia che solo la restituzione di Criseide al padre potrà placare Apollo e far cessare la pestilenza; Agamennone accetta, ma pretende, in cambio di Criseide, la schiava di Achille, Briseide.
La pretesa di Agamennone scatena l'**ira dell'eroe Achille**, il quale si rifiuta, insieme ai suoi guerrieri (i Mirmìdoni) e al fedele amico **Patroclo**, di continuare a combattere agli ordini di Agamennone.
Senza Achille, e nonostante il valore di guerrieri come **Odisseo**, Diomede, Aiace e **Menelao**, l'esercito acheo comincia a subire gravi perdite.
Agamennone manda una delegazione di guerrieri per tentare di placare l'ira di Achille con l'offerta di ricchi doni, ma l'eroe mantiene la sua decisione di non combattere, fino a quando **Ettore**, **il più valoroso eroe troiano**, arriva ad incendiare le navi achee.

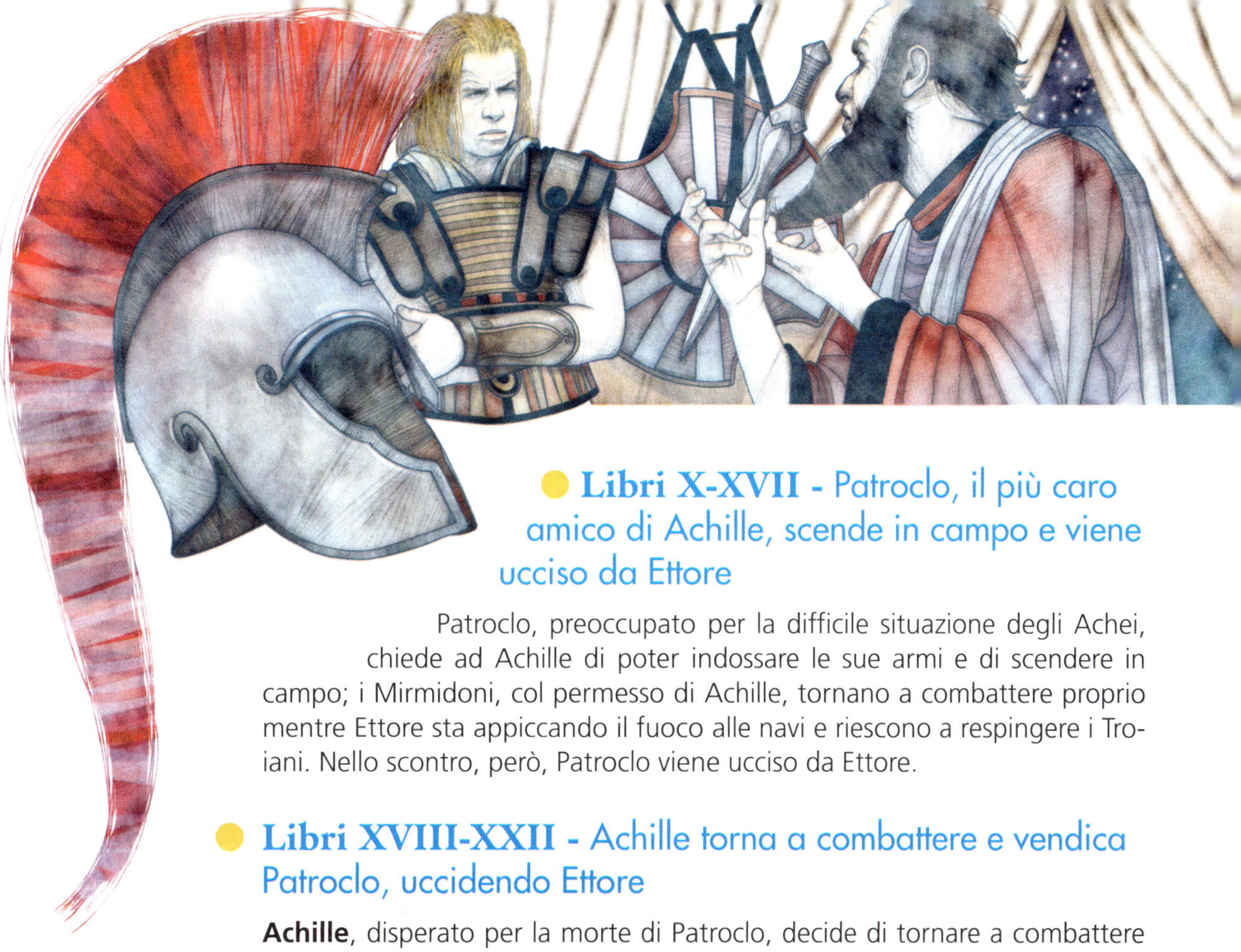

Libri X-XVII - Patroclo, il più caro amico di Achille, scende in campo e viene ucciso da Ettore

Patroclo, preoccupato per la difficile situazione degli Achei, chiede ad Achille di poter indossare le sue armi e di scendere in campo; i Mirmidoni, col permesso di Achille, tornano a combattere proprio mentre Ettore sta appiccando il fuoco alle navi e riescono a respingere i Troiani. Nello scontro, però, Patroclo viene ucciso da Ettore.

Libri XVIII-XXII - Achille torna a combattere e vendica Patroclo, uccidendo Ettore

Achille, disperato per la morte di Patroclo, decide di tornare a combattere per **vendicarsi di Ettore**. Lo fa indossando le **nuove, splendide armi** – aveva prestato le sue a Patroclo ed erano state poi prese come trofeo da Ettore – , che il dio Efesto ha forgiato appositamente per lui. Gli Achei, trascinati dal valore di Achille, riescono a raddrizzare le sorti della guerra.
La lotta prosegue accanita; alla fine **Achille affronta Ettore in duello e lo uccide**.
Lega quindi il suo cadavere al carro da guerra e lo trascina nella polvere intorno alle mura di Troia, sotto gli occhi dei genitori di Ettore, **il re Priamo** e la regina Ecuba.

Libri XXIII-XXIV - Dopo averne fatto scempio, Achille restituisce il corpo di Ettore per la sepoltura

Achille organizza **solenni funerali per Patroclo**, durante i quali si disputano delle gare sportive.
Intanto gli dèi, disgustati dal comportamento di Achille che ha deciso di lasciare insepolto il corpo di Ettore, spingono il re Priamo a recarsi al campo acheo per chiedere la restituzione del cadavere in cambio di un ricco riscatto.
Di fronte al vecchio re, che giunge al punto di baciare la mano di chi gli ha ucciso il figlio, **l'ira di Achille si placa, e l'eroe acheo restituisce il corpo di Ettore**.
Il poema si chiude con i **solenni funerali di Ettore**.

Per tutti

Audio
Ascolta il brano

La trama dell'*Iliade*

PRIMA PARTE
(libri I-XVII)

L'ira di Achille contro Agamennone

- Il poema comincia con **l'ira di Achille**, l'eroe più forte tra gli Achei: Achille è offeso perché Agamennone, re di Micene e capo dell'esercito, gli ha rubato la sua schiava Briseide.

- Achille non vuole più combattere i Troiani agli ordini di un uomo desideroso di ricchezze e prepotente come Agamennone.

- Agamennone manda alcuni guerrieri da Achille per convincerlo a tornare a combattere.
  L'eroe rifiuta, e la guerra prosegue con grandi difficoltà sia per gli Achei sia per i Troiani.

- Preoccupato per i suoi compagni, Patroclo, il migliore amico di Achille, gli chiede di poter indossare le sue armi per spaventare i Troiani. Nonostante il suo valore, Patroclo è ucciso dall'eroe troiano Ettore, figlio del re di Troia Priamo.

La vendetta di Achille contro Ettore

SECONDA PARTE
(libri XVIII-XXIV)

- Achille ritorna a combattere per vendicare Patroclo; indossa le nuove armi che il dio Efesto ha costruito per lui al posto di quelle che Ettore ha rubato a Patroclo dopo averlo ucciso.

- Ettore affronta Achille in duello ed è ucciso dall'eroe acheo.

- Achille lega per i piedi il corpo di Ettore al suo carro da guerra e lo trascina intorno alle mura di Troia.

- Spinto dagli dèi, Achille restituisce il corpo di Ettore al padre Priamo.

- Vengono celebrati i solenni funerali di Ettore. Il poema si chiude con la morte di Ettore, che è simbolo della caduta della città di Troia che sta per avvenire.

I PROTAGONISTI

Achille

È il **più forte eroe acheo**, figlio di Peleo (da cui il patronimico **Pelìde**), re di Ftia in Tessaglia, e della ninfa marina Teti.
Quand'era piccolo, la madre aveva tentato di renderlo immortale purificando il suo corpo nel fuoco e poi immergendolo nelle acque del fiume infernale Stige: poiché lo teneva per il **tallone**, questo rimase **l'unica parte vulnerabile** dell'eroe.
La sua partecipazione alla guerra di Troia era **indispensabile agli Achei per vincere**, ma avrebbe causato la sua morte: di fronte alla scelta tra una **vita breve e gloriosa** e una vita lunga ma senza gloria, Achille aveva scelto senza esitazione la prima.
Dopo essersi vendicato di **Ettore** per l'uccisione di **Patroclo**, Achille muore colpito al tallone da una freccia di **Paride**.

Agamennone

Figlio di Atreo (il suo patronimico è dunque **Atrìde**) e di Erope, Agamennone è fratello di **Menelao**. Alla morte di Atreo si era recato a Sparta dal re Tindaro, di cui **aveva sposato** la figlia **Clitennestra**.
È il **re di Micene** e il capo della spedizione dei Greci – che per questo sono anche detti **Argivi** – organizzata per vendicare il rapimento di **Elena**, moglie di Menelao.
Nell'*Iliade* appare **superbo e arrogante**; l'offesa ad **Achille**, al quale porta via la schiava Briseide, determina il ritiro dalla guerra dell'eroe, con conseguenze disastrose per lo schieramento acheo.

Patroclo

Figlio di Menezio, da ragazzo Patroclo era stato bandito dalla patria in seguito all'uccisione involontaria di un coetaneo; aveva quindi trovato rifugio a Ftia, presso il re Peleo, ed **era cresciuto insieme ad Achille**, il figlio di Peleo.
I due giovani erano **amici inseparabili** e per questo Patroclo **aveva seguito Achille a Troia**, **dove trova la morte** per mano di **Ettore**.

Era

Figlia del dio Crono e di Rea, è **moglie e sorella di Zeus** e **regina degli dèi**.
In quanto moglie del re dell'Olimpo, è la **protettrice dei matrimoni**.
È rappresentata di solito seduta sul trono, bella e maestosa; l'animale a lei sacro è il pavone, mentre i suoi simboli sono il giglio, che rappresenta la purezza femminile, e il frutto del melograno, simbolo della fecondità del matrimonio.
La dea odia i Troiani a causa del **giudizio di Paride**, che aveva valutato la sua bellezza inferiore a quella di **Afrodite**. Per questa ragione, nella guerra di Troia **Era protegge gli Achei**.

Ettore

È il **più valoroso eroe troiano**, figlio del re **Priamo** e di Ecuba. Poiché il padre è molto vecchio, Ettore sostiene il maggior peso della guerra e del governo di Troia: **esercita il potere con** alto senso di responsabilità e **spirito di sacrificio** ed è amato e ammirato da tutto il popolo. Ben diverso da lui è il fratello **Paride**, che non sempre si dimostra all'altezza dei suoi doveri. Ettore è sposato con **Andromaca**, che gli ha dato l'amatissimo figlio **Astianatte**. Muore nel duello fatale con **Achille**.

Paride (Alessandro)

È figlio del re **Priamo** e di Ecuba, e fratello di **Ettore**. Neonato, era stato esposto **sul monte Ida** a causa di un sogno della madre Ecuba che lo indicava come la causa della futura distruzione di Troia; Paride era però sopravvissuto ed era cresciuto **fra i pastori**, dai quali era chiamato **Alessandro**, ovvero «colui che difende» le greggi.
Scelto da Zeus a fare da **giudice nella gara di bellezza fra le tre dee** Era, Afrodite e Atena, Paride indicò **Afrodite** e dalla dea ebbe in premio l'amore di **Elena**, la donna più bella del mondo. Nella guerra scoppiata a causa del rapimento della moglie
di Menelao, Paride si dimostra piuttosto debole, soprattutto al confronto con Ettore.

Andromaca

Figlia di Eezione, re di Tebe in Cilicia, è l'**amata sposa di Ettore**, l'unico suo punto di riferimento da quando **Achille**, dopo aver conquistato la sua città natale, le aveva ucciso il padre e i sette fratelli.
Dall'unione con Ettore aveva generato **Astianatte**, il bambino teneramente amato dall'eroe che sarà ucciso crudelmente dagli Achei.
Dopo la morte di Ettore, Andromaca **sarà assegnata come schiava al figlio di Achille**, Pirro Neottolemo.

Afrodite

Secondo una tradizione molto antica la **dea della bellezza e dell'amore**, figlia del dio Urano, sarebbe nata dalla schiuma del mare nei pressi dell'isola di Cipro, da cui deriva il suo epiteto di **Cìpride**.
Secondo Omero, invece, Afrodite è **figlia di Zeus e della ninfa oceanina Dione**. Sulle vette del monte Ida, non lontano da Troia, Afrodite si unì ad un uomo mortale, **Anchise**: da questo amore nacque **Enea**, l'eroe troiano protagonista dell'*Eneide*.
La dea protegge i Troiani, oltre che per l'amore verso Enea, anche per il fatto che il troiano **Paride**, figlio del re di Troia **Priamo**, aveva scelto lei come la più bella nella gara con le dee **Era** e **Atena**.

I LUOGHI DELL'*ILIADE*, TRA STORIA E LEGGENDA

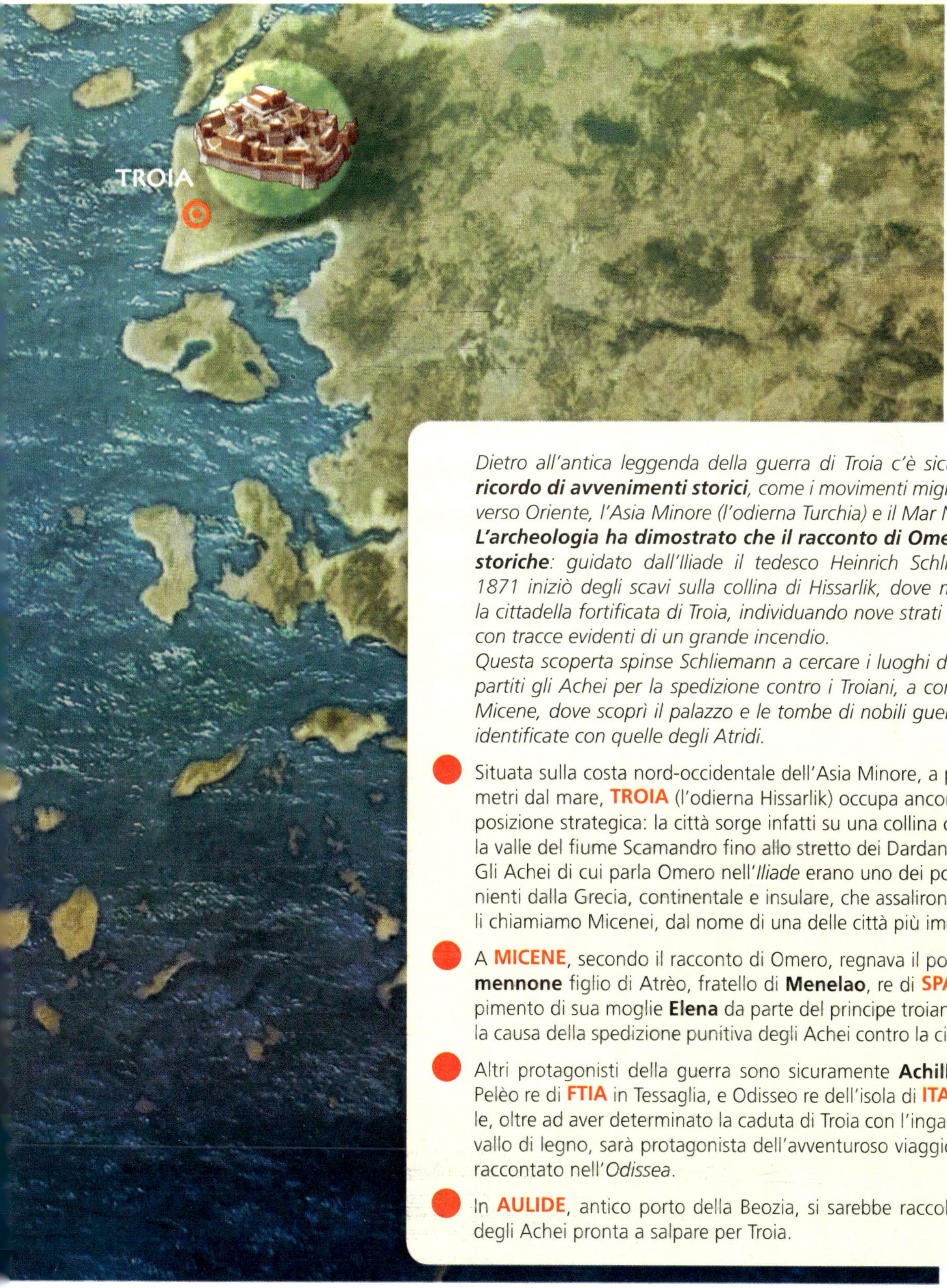

Dietro all'antica leggenda della guerra di Troia c'è sicuramente il ***ricordo di avvenimenti storici****, come i movimenti migratori diretti verso Oriente, l'Asia Minore (l'odierna Turchia) e il Mar Nero.*
L'archeologia ha dimostrato che il racconto di Omero ha basi storiche*: guidato dall'Iliade il tedesco Heinrich Schliemann nel 1871 iniziò degli scavi sulla collina di Hissarlik, dove mise in luce la cittadella fortificata di Troia, individuando nove strati sovrapposti con tracce evidenti di un grande incendio.*
Questa scoperta spinse Schliemann a cercare i luoghi da cui erano partiti gli Achei per la spedizione contro i Troiani, a cominciare da Micene, dove scoprì il palazzo e le tombe di nobili guerrieri, da lui identificate con quelle degli Atridi.

- Situata sulla costa nord-occidentale dell'Asia Minore, a pochi chilometri dal mare, **TROIA** (l'odierna Hissarlik) occupa ancora oggi una posizione strategica: la città sorge infatti su una collina che domina la valle del fiume Scamandro fino allo stretto dei Dardanelli.
  Gli Achei di cui parla Omero nell'*Iliade* erano uno dei popoli provenienti dalla Grecia, continentale e insulare, che assalirono Troia; noi li chiamiamo Micenei, dal nome di una delle città più importanti.
- A **MICENE**, secondo il racconto di Omero, regnava il potente **Agamennone** figlio di Atrèo, fratello di **Menelao**, re di **SPARTA**: il rapimento di sua moglie **Elena** da parte del principe troiano Paride fu la causa della spedizione punitiva degli Achei contro la città di Troia.
- Altri protagonisti della guerra sono sicuramente **Achille**, figlio di Pelèo re di **FTIA** in Tessaglia, e Odisseo re dell'isola di **ITACA**, il quale, oltre ad aver determinato la caduta di Troia con l'inganno del cavallo di legno, sarà protagonista dell'avventuroso viaggio di ritorno raccontato nell'*Odissea*.
- In **AULIDE**, antico porto della Beozia, si sarebbe raccolta la flotta degli Achei pronta a salpare per Troia.

Audio
Ascolta
il brano

1. Il proemio dell'*Iliade*: l'ira di Achille

Il proemio è la parte iniziale di un'opera, che funge da introduzione al racconto. Nel proemio il cantore chiede alla Musa l'ispirazione per poter narrare il tema centrale del poema, **l'ira** di Achille.
L'eroe, scontratosi con il re Agamennone e offeso da lui, deciderà di ritirarsi dalla guerra e di esporre così l'esercito acheo a una rovinosa sconfitta.
L'ira terribile di Achille è però strettamente legata all'ira e alla volontà degli dèi, che si abbattono sugli uomini con improvvisa violenza.

L'aedo chiede alla **Musa Calliope** di *cantare*, cioè di **ispirare il canto**. La dea, che è figlia di Zeus e della **Memoria**, conosce tutte le storie tramandate da secoli e può quindi ricordarle all'aedo.

Canta, o dea, l'ira d'Achille Pelide,
rovinosa, che infiniti dolori inflisse agli Achei,
gettò in preda all'Ade[1] molte vite gagliarde
d'eroi, ne fece il bottino[2] dei cani,
di tutti gli uccelli – consiglio di Zeus si compiva[3] –
da quando prima si divisero contendendo[4]
l'Atride signore d'eroi[5] e Achille glorioso.
Ma chi fra gli dèi li fece lottare in contesa?
Il figlio di Zeus e Latona[6]; egli, irato col re,
mala peste fe' nascer[7] nel campo, la gente moriva,
perché Crise[8] l'Atride trattò malamente,
il sacerdote.

(tratto da *Iliade*, libro I, versi 1-12,
traduzione di Rosa Calzecchi Onesti, Einaudi)

Pelìde
È un **patronimico**, cioè un «nome che indica il padre» (come poi ***Atrìde***, ai versi 7 e 11) e serve a identificare l'eroe: figlio di Peleo.

Atrìde
Patronimico di Agamennone: figlio di Atreo. Rientrano tra le **"formule"** tipiche dello stile epico anche gli **epíteti** come "Atride, ***signore di eroi***" e "Achille, ***glorioso***".

1. **gettò in preda all'Ade:** fece morire. Ade è al tempo stesso il nome del luogo con cui viene indicato il regno dei morti e il nome del dio che regna su di esso.
2. **il bottino:** la preda.
3. **consiglio di Zeus si compiva:** Zeus aveva promesso a Teti, madre di Achille, di dare onore a suo figlio e di punire gli Achei per l'offesa che l'eroe aveva ricevuto da Agamennone.
4. **contendendo:** litigando.
5. **signore d'eroi:** re dei guerrieri achei.
6. **Il figlio di Zeus e Latona:** è il dio Apollo.
7. **mala peste fe' nascer:** scatenò una terribile pestilenza. La parola fe' è troncamento per "fece".
8. **Crise:** nome del sacerdote di Apollo padre di Criseide, prigioniera di Agamennone. Crise era giunto alle navi degli Achei per chiedere la restituzione della figlia in cambio di un ricco riscatto, ma era stato offeso e poi scacciato da Agamennone.

COMPRENSIONE

1. Quello che hai letto è il proemio dell'*Iliade*: che cos'è esattamente il proemio?

- A È la dedica del poema agli dèi.
- B È la parte che precede l'invocazione alla Musa.
- ~~C~~ È la parte iniziale del poema.
- D È una riflessione personale dell'aedo.

2. A chi si rivolge l'aedo per trarre ispirazione?

alla Musa

3. Qual è l'elemento che mette in moto la vicenda?

- A L'ispirazione della Musa.
- B La memoria dell'aedo.
- ~~C~~ L'offesa di Crise ad Agamennone.
- D La lite fra Achille e Agamennone.

4. Chi sono gli "eroi" di cui è signore l'Atride?

Achei

5. Spiega l'espressione "consiglio di Zeus si compiva" (verso 5).

6. Chi è Crise? Che ruolo ha nella vicenda?

Crise è un sacerdote di Apollo Viene offeso da Agamennone pk si era arrabbiato pk gli aveva rubato la figlia

7. In che modo Apollo vendica Crise?

Scatena la pestinenza

ANALISI E RIFLESSIONE

8. Che rapporto c'è fra gli uomini e gli dèi?

- A Nessun rapporto: gli dèi vivono in un mondo separato da quello degli uomini.
- B Nessun rapporto: gli dèi non esistono e non possono quindi influenzare gli uomini.
- C Un rapporto indiretto: gli dèi a volte ispirano i sentimenti e le azioni degli uomini.
- ~~D~~ Un rapporto diretto: gli dèi intervengono nelle vicende umane.

9. Trova l'intruso nel gruppo seguente e spiega la tua risposta.

- A Ade
- ~~B~~ Agamennone
- C Apollo
- D Zeus

Pk non è un dio

LESSICO E STILE

10. L'*ira* di cui si parla al verso 1 è quella di Achille: a chi è riferito, invece, l'aggettivo *irato* (verso 9)?

Con Apollo

11. Che cosa significa il termine *contesa* (verso 8)? Il termine ha la stessa origine di un verbo usato poco prima: quale?

la contesa è il litigio

12. Un sinonimo più comune dell'avverbio *malamente* (verso 11) è:

Male

13. Quali sono le "formule" che accompagnano i nomi di Achille e Agamennone?

Agamennone: Signore di eroi

Achille: Divino, glorioso

14. Trascrivi nelle righe qui sotto i patronimici dell'eroe Achille e del re Agamennone.

Achille: IRA

Agamennone: Atrido

Audio
Ascolta il brano

Il proemio

1. **Di che cosa parla l'*Iliade*?**

....

....

....

2. **Qual è l'origine dell'ira di Achille?**

....

3. **Chi è Crise?**

- ☐ Il capo dell'esercito
- ☐ Il sacerdote di Apollo
- ☐ Il figlio di Zeus
- ☐ Un eroe acheo

4. **Chi fece scoppiare la pestilenza nell'accampamento?**

....

....

....

....

Invocazione alla Musa e presentazione dell'argomento: l'ira di Achille

Canta, o Musa, l'ira di Achille, figlio di Pelèo,
che provocò rovina e infiniti dolori agli Achèi,
che fece morire molti eroi valorosi e forti
e lasciò i loro corpi preda dei cani e degli
uccelli rapaci. Questa era la volontà di Zeus,

Origine dell'ira di Achille: la lite con Agamennone

dal tempo in cui il re Agamènnone, figlio di Atrèo,
e l'eroe Achille ebbero una violenta lite.

Origine della lite: l'ira di Apollo contro Agamennone

Ma quale dio li fece litigare? Fu Apollo, il figlio
di Zeus e di Latòna. Il dio, adirato con il re
Agamennone perché aveva trattato male
il suo sacerdote Crise, fece scoppiare una pestilenza
nell'accampamento e la gente moriva.

(parafrasi di Catia Gusmini)

Traduzione d'autore

Ora che hai letto e analizzato il proemio dell'*Iliade*, ti proponiamo dello stesso testo due traduzioni: la prima, in endecasillabi, è la famosa traduzione ottocentesca di Vincenzo Monti, la seconda è una versione in prosa, molto più recente, di Maria Grazia Ciani. Per facilitare il confronto abbiamo evidenziato in colore i tre 'blocchi' in cui può essere diviso il proemio.

Traduzione in versi di Vincenzo Monti (1825)

Cantami, o Diva, del Pelìde Achille
l'ira funesta che infiniti addusse
lutti agli Achei, molte anzi tempo all'Orco
generose travolse alme d'eroi,
e di cani e d'augelli orrido pasto
lor salme abbandonò (così di Giove
l'alto consiglio s'adempìa), da quando
primamente disgiunse aspra contesa
il re de' prodi Atride e il divo Achille.
E qual de' numi inimicolli? Il figlio
di Latona e di Giove. Irato al Sire
destò quel Dio nel campo un feral morbo,
e la gente perìa: colpa d'Atride
che fece a Crise sacerdote oltraggio.

Traduzione in prosa di Maria Grazia Ciani (2000)

L'ira canta, o dea, l'ira di Achille figlio di Peleo, l'ira funesta che ha inflitto agli Achei infiniti dolori, che tante anime forti ha gettato nell'Ade, tanti corpi di eroi ha dato in pasto ai cani e agli uccelli. Si compiva il piano di Zeus dal giorno in cui la contesa divise fra loro Agamennone, signore di popoli, e il divino Achille.
Chi mai, fra gli dei, li provocò alla contesa? Il figlio di Zeus e di Latona: irato con Agamennone, seminò tra l'esercito un morbo mortale; morivano gli uomini perché il figlio di Atreo aveva offeso il sacerdote Crise.

Adesso proviamo ad accostare alcune espressioni che i due traduttori hanno reso in modo alquanto diverso:

Cantami, o Diva, del Pelìde Achille / l'ira funesta	*L'ira canta, o dea, l'ira di Achille figlio di Peleo, l'ira funesta*
che infiniti addusse / lutti agli Achei	*che ha inflitto agli Achei infiniti dolori*
e di cani e d'augelli orrido pasto / lor salme abbandonò	*tanti corpi di eroi ha dato in pasto ai cani e agli uccelli*
(così di Giove / l'alto consiglio s'adempìa)	*Si compiva il piano di Zeus*
Irato al Sire / destò quel Dio nel campo un feral morbo, / e la gente perìa	*irato con Agamennone, seminò tra l'esercito un morbo mortale; morivano gli uomini*

Rispetto alla versione in prosa della Ciani, nella traduzione di Monti si può osservare che:

- l'ordine delle parole nella frase è molto diverso da quello ordinario della prosa (soggetto - verbo - complemento oggetto); gli aggettivi sono spesso separati dal nome a cui si riferiscono (*infiniti… lutti, generose… alme*);
- vengono usati termini elevati, spesso derivati dal latino (*Diva / divo, Orco, generose, consiglio, numi*);
- vengono aggiunte espressioni, in particolare aggettivi, per dare un effetto più drammatico;
- alcuni termini vengono scelti per creare rime interne (*alme, salme*).

È evidente la ricerca da parte di Monti di un tono solenne, coerente con l'importanza della poesia epica.

La parafrasi

La parafrasi è la «riformulazione» di un testo complesso in una forma più semplice e lineare. Si ricorre alla parafrasi allo scopo di **facilitare la comprensione del testo stesso**, senza però cambiarne né il contenuto né il significato: per questo la parafrasi deve essere il più possibile precisa e completa.

Come si svolge

1. **Suddividi il testo in unità sintattiche** (periodi e frasi) con il segno ||;
2. **semplifica la sintassi delle frasi**, rimettendo le parole nell'ordine abituale (solitamente in italiano: 1) soggetto, 2) predicato, 3) complemento oggetto, 4) complementi indiretti);
3. **sostituisci le parole e le espressioni difficili con parole ed espressioni della lingua d'uso**; per svolgere questa operazione ti sarà di grande aiuto il dizionario, oltre alle note al testo eventualmente già fornite.

Proviamo ora a svolgere la parafrasi di un brano tratto dall'epica omerica, per la precisione dal primo libro dell'*Odissea*.
Ti proponiamo il testo di Omero già suddiviso in unità sintattiche; inoltre abbiamo già evidenziato le parole o le espressioni che è necessario o opportuno chiarire nella parafrasi: tra queste **gli epiteti**, che, come vedremo, sono una caratteristica dello **stile epico**.

Omero, *Odissea*, libro I, versi 44-59	**Elementi complessi**
E gli rispose la dèa Atena **occhio azzurro**: «O nostro **padre Cronide**, sovrano tra i potenti, […] il mio cuore si spezza per Odisseo **cuore ardente**, misero!, che lunghi dolori sopporta lontano dai suoi, nell'isola in mezzo all'onde, dov'è l'ombelico del mare: ||	**versi 44-50** **SINTASSI: ordine delle parole nella frase** **LESSICO: *il mio cuore si spezza, misero, lunghi, ombelico*** **STILE: uso di epiteti (*occhio azzurro, padre Cronide, cuore ardente*)**
isola ricca di boschi, una dea v'ha dimora, la figlia del terribile Atlante, il quale del mare tutto conosce gli abissi, regge le grandi colonne, che terra e cielo sostengono da una parte e dall'altra. || La figlia sua trattiene quel misero, afflitto, e sempre con tenere, maliose parole lo incanta, perché scordi Itaca. || Invece Odisseo,	**versi 51-57** **SINTASSI: ordine delle parole nella frase** **LESSICO: *v'ha dimora, afflitto, maliose, incanta***
nel desiderio di scorgere sia pur solo il fumo, che balza dalla sua terra, vuole morire.	**versi 58-59** **SINTASSI: ordine delle parole nella frase** **LESSICO: *scorgere, balza***

- Proviamo ora a svolgere la parafrasi della prima unità sintattica, corrispondente ai versi 44-50:

E gli rispose la dèa Atena occhio azzurro:
«O nostro padre Cronide, sovrano tra i potenti,
[...] il mio cuore si spezza per Odisseo cuore ardente,
misero!, che lunghi dolori sopporta lontano dai suoi,
nell'isola in mezzo all'onde, dov'è l'ombelico del mare:

- Riordiniamo sintatticamente le parole all'interno delle frasi che costituiscono il periodo:

E la dèa Atena **occhio azzurro** gli rispose:
«O **nostro padre Cronide**, sovrano tra i potenti,
[...] **il mio cuore si spezza** per Odisseo **cuore ardente**,
misero!, che sopporta **lunghi** dolori lontano dai suoi,
nell'isola in mezzo all'onde, dov'è **l'ombelico** del mare:

- Sostituiamo ora le parole e le espressioni difficili (evidenziate in grassetto) con parole ed espressioni più comuni:

E la dèa Atena **dagli occhi azzurri** gli rispose:
«O **Zeus, figlio di Crono, padre di noi dèi**, sovrano tra i potenti,
[...] il mio cuore è **angosciato** per Odisseo, **dal cuore coraggioso**,
infelice!, lui che sopporta **da lungo tempo** dolori lontano dai suoi,
nell'isola in mezzo all'onde, dov'è **il centro** del mare:

- Possiamo ulteriormente chiarire il periodo in questo modo:

E la dèa Atena dagli occhi azzurri gli rispose:
«O Zeus, figlio di Crono, padre di noi dèi, potentissimo sovrano,
[...] io sono angosciata per Odisseo, l'eroe dal cuore coraggioso,
infelice perché soffre da lungo tempo lontano dai suoi cari,
nell'isola in mezzo all'onde, dov'è il centro del mare:

Seguendo l'esempio, puoi completare la parafrasi del brano; per aiutarti, ti forniamo di seguito il significato delle espressioni colorate di rosso.

Omero, *Odissea*, libro I, versi 51-59	
isola ricca di boschi, una dea v'ha dimora,	***v'ha dimora***: vi abita
la figlia del terribile Atlante, il quale del mare	
tutto conosce gli abissi, regge le grandi colonne,	
che terra e cielo sostengono da una parte e dall'altra. ||	
La figlia sua trattiene quel misero, afflitto,	***afflitto***: triste e angosciato
e sempre con tenere, maliose parole	***maliose***: affascinanti
lo incanta, perché scordi Itaca. || Invece Odisseo,	***incanta***: cerca di sedurlo
nel desiderio di scorgere sia pur solo il fumo, che balza	***scorgere***: vedere ***balza***: sale
dalla sua terra, vuole morire.	

Audio
Ascolta
il brano

2. Lo scontro fra Achille e Agamennone

Per capire le ragioni dell'ira divina che ha provocato la pestilenza, Achille convoca l'esercito in assemblea: di fronte a tutti l'indovino Calcante dichiara che responsabile è il re Agamennone, per aver offeso Crise, sacerdote di Apollo, rifiutando di restituirgli la figlia Criseide. Agamennone è furioso con Calcante, ma non può che accettare di restituire la fanciulla al sacerdote di Apollo; pretende però un dono che compensi la perdita della schiava. Solo così il suo onore sarà salvo.
Achille interpreta questa pretesa come l'ennesima dimostrazione di superbia e di egoismo da parte di Agamennone, il quale risponde all'insulto con l'insulto. La rottura fra i due eroi sarà inevitabile.

Agamennone è infuriato contro Calcante e lo accusa di pronunciare sempre dei responsi contro di lui per metterlo in cattiva luce davanti al popolo (cioè all'esercito).

Ciò detto, (Calcante) sedette, e si alzò in mezzo a loro
l'eroe figlio di Atreo, il potente Agamennone,
irato, l'animo pieno di nero furore,
gli occhi simili a fiamme che lampeggiavano,
e subito guardò male Calcante, e gli disse:
«Profeta di mali, mai dici niente che mi sia gradito,
sempre piace al tuo cuore profetizzare sciagure,
una parola buona non l'hai mai detta o compiuta.
E anche ora, vaticinando[1] tra i Greci, racconti
che il dio arciere[2] dà loro pena perché ho rifiutato
di accettare il ricco riscatto per la figlia di Crise;
sì, perché desidero molto averla nella mia casa:
perfino a Clitennestra[3], la mia legittima moglie,
la preferisco: non le è per nulla inferiore
d'aspetto né di statura, d'abilità né di mente.
Ma tuttavia acconsento a ridarla, se questo è il meglio;
voglio che si salvi il mio popolo e non sia perduto:
ma preparate presto per me un altro premio, che non [sia il solo
tra i Greci a restarne privo, non sarebbe giusto.
Lo vedete tutti, che il mio premio se ne va altrove[4]».
E a lui così rispose il nobile, veloce Achille:
«Gloriosissimo figlio di Atreo, fra tutti il più avido,
come faranno a darti un premio i magnanimi[5] Achei?

Proprio Agamennone, che è il capo degli Achei, non può rimanere senza dono.
Il dono rappresenta il valore e il potere di un eroe ed è tanto più grande e prezioso quanto più la persona che lo riceve è importante. Rimanere senza dono è per Agamennone un disonore inaccettabile.

nero
Il furore di Agamennone è ***nero*** come la bile: si tratta di un segno dell'ira, che si manifesta anche nello sguardo acceso (osserva la **similitudine** al verso 104).

la figlia di Crise
Il nome della schiava di Agamennone è **Criséide**, **patronimico** che significa ***figlia di Crise***.

nobile, veloce
Il nome di Achille è accompagnato da due **epiteti**, ***nobile*** e ***veloce***, che si riferiscono il primo alla sua condizione di eroe, il secondo alla sua velocità nella corsa.

Gloriosissimo...
Achille si rivolge ad Agamennone con l'**epiteto *Gloriosissimo*** e il **patronimico *figlio di Atreo***, ma il suo tono è ironico, come si comprende dall'insulto che segue: ***fra tutti il più avido***.

1. **vaticinando:** *vaticinare* ha lo stesso significato di *profetizzare*, cioè di pronunciare responsi.
2. **il dio arciere:** è Apollo, che con le sue frecce avrebbe provocato la pestilenza.
3. **Clitennestra:** moglie di Agamennone e sorella di Elena, che aveva sposato l'altro Atride, Menelao.
4. **il mio premio se ne va altrove:** Criseide, il premio di Agamennone, dovrà essere restituita al padre e dunque Agamennone ne resterà privo.
5. **magnanimi:** nobili.

Non abbiamo da parte molti beni comuni:
la preda delle città devastate è già stata spartita,
e non può essere che i soldati tornino a metterla insieme.
Ma tu questa donna rendila al dio[6], e noi Greci
te la ripagheremo tre o quattro volte, se Zeus
ci concede di saccheggiare Troia dalle belle mura».
E a lui così disse in risposta il potente Agamennone:
«Non cercare così, per quanto grande tu sia, Achille
[pari agli dèi,
di nascondermi il tuo pensiero: non puoi ingannarmi,
e neppure convincermi.
Tu vuoi, mentre ti tieni il tuo premio, che io in questo
[modo
ne resti senza, e mi esorti a restituire la donna?
Ma se mi daranno un premio i magnanimi Achei,
scegliendolo adatto al mio desiderio, e che valga quanto
[quest'altro...
se non me lo danno, allora verrò a prendermi io stesso
il tuo premio, o quello di Aiace, o quello di Odisseo,
lo prenderò e lo porterò via, e si adirerà quello che scelgo!
Ma a questo potremo pensare anche più tardi;
ora mettiamo nel mare divino una nave, e raduniamo
un equipaggio scelto di rematori e un'ecatombe[7],
imbarchiamo la figlia di Crise dal bel viso, ed il capo
della spedizione sia scelto tra i miei consiglieri,
Aiace o Idomeneo, oppure il nobile Odisseo,
oppure tu stesso, figlio di Peleo, il più tremendo fra
[tutti gli uomini:
fa' tu il sacrificio e rendi propizio a noi il dio arciere[8]».
Lo guardò di traverso[9], e gli rispose il veloce Achille:
«Sfrontato, profittatore, come potrebbe
dare volentieri ascolto alle tue parole un Acheo,
affrontare una strada o combattere contro il nemico?

pari agli dèi
Ancora Agamennone utilizza l'ironia nei confronti di Achille.

Agamennone minaccia di prendersi il dono di qualcuno fra gli eroi, per compensare la perdita di Criseide e **affermare il suo potere**.

6. Ma tu questa donna rendila al dio: ma tu restituisci Criseide a suo padre, sacerdote di Apollo.
7. un'ecatombe: animali da sacrificare in un rito solenne al dio Apollo.
8. fa' tu il sacrificio... il dio arciere: Agamennone si rivolge ancora ironicamente ad Achille, insinuando che sia stato proprio lui a suggerire a Calcante di attribuire ad Agamennone la colpa della pestilenza.
9. Lo guardò di traverso: lo guardò 'storto', con ira.

Non sono venuto qui a causa dei guerrieri troiani,
per combatterli; non mi hanno fatto niente di male,
non mi hanno portato via le vacche e neanche i cavalli,
non hanno distrutto i raccolti della fertile Ftia[10],
madre d'eroi - tanti monti ombrosi ci sono in mezzo,
e il mare rumoreggiante. Te abbiamo seguito,
spudorato, per il tuo piacere[11], perché tu e Menelao
riceviate onore da Troia, faccia di cane!
Di questo non ti preoccupi, non ti dai pensiero,
e tu, proprio tu, minacci di portarmi via il premio
per cui tanto soffersi, e me lo diedero i figli dei Greci.
Mai non ho un premio uguale al tuo, quando i Greci
devastano qualche popolosa città dei Troiani:
la più parte della dura battaglia la compiono
le mie mani; però, quando si arriva a spartire,
il tuo premio è molto più grande, ed io me ne vado
alle navi con uno piccolo e caro, dopo aver faticato [a combattere.
Me ne vado a Ftia; molto meglio tornare a casa
con le mie navi; no, non voglio restare
qui senza onore, ad accrescere le tue ricchezze».
E a lui cosi rispose Agamennone, capo d'eserciti:
«Fuggi, se il tuo cuore ti spinge a questo; io non ti [supplico
di rimanere per me. Accanto mi stanno anche altri
che mi onoreranno, e il saggio Zeus soprattutto[12].
Tra i re di stirpe divina tu mi sei il più odioso,
perché sempre ti sono cari i litigi, le battaglie, le guerre:
se sei fortissimo, questo un dio te l'ha dato[13].
Vattene a casa con le tue navi e i tuoi compagni,
regna sui Mirmidoni[14]; io di te non mi curo,
non temo la tua collera. Anzi ti dico:
poiché Febo[15] Apollo mi toglie la figlia di Crise,
io la rimanderò su una delle mie navi e coi miei [compagni;
ma Briseide dal bel viso verrò io stesso
alla tua tenda a portartela via, il tuo premio, così che [tu impari
quanto sono più potente di te, e così anche ogni altro
tema[16] di parlare di fronte a me e di dichiararsi mio [pari».
Così disse, e il dolore colpì il figlio di Peleo.

Pur essendo superiore ad Agamennone per valore, **Achille riceve una parte minore del bottino**, perché è agli ordini del re.

(*Iliade*, libro I, versi 101-188,
traduzione di Guido Paduano, Mondadori, 2007)

10. Ftia: Ftia, in Tessaglia, è la patria di Achille.
11. piacere: interesse.
12. Accanto mi stanno... Zeus soprattutto: ci sono altri eroi che combatteranno per me e il sommo Zeus, che protegge i re, è dalla mia parte.
13. se sei fortissimo... dato: Agamennone dice ad Achille di non vantarsi della sua forza, perché è un dio che gliel'ha data (cioè: è una dote naturale, non un merito).
14. Mirmidoni: il popolo di Achille.
15. Febo: è epiteto di Apollo.
16. tema: abbia timore.

COMPRENSIONE

1. Perché Achille ha convocato l'esercito in assemblea?

Per interrogare l'indovino Calcante dell'Ira degli dei che ha provocato la pestilenza

2. Che cosa provoca l'ira di Agamennone all'inizio del brano?

I è fatto che Calcante accusa lei di aver suscitato l'ira di Apollo

3. Che cosa pretende Agamennone?

Di avere Criseide

4. Che cosa suscita l'ira di Achille?

Suscita che la spudoratezza di Agamennone che pretende Criseide

ANALISI E RIFLESSIONE

5. Agamennone vuole più di ogni altra cosa…

- [X] A la schiava di Achille perché è più bella di Criseide.
- B che Achille se ne vada e torni a Ftia.
- C ritornare da Clitennestra, la sua splendida sposa.
- D salvare il proprio onore.

6. La lite fra Agamennone e Achille…

- A viene risolta con uno scambio fra Criseide e Briseide.
- B viene risolta con un solenne sacrificio in onore di Apollo.
- C viene risolta con l'intervento dell'indovino Calcante.
- [X] D determina l'abbandono della guerra da parte di Achille.

7. In questa lite si scontrano i caratteri di due fra i maggiori eroi Achei. Che cosa rimprovera Achille ad Agamennone? E Che cosa Agamennone ad Achille?

Achille rimprovera Agamennone:

Perchè non esiste solo lui e non può sempre vincere

Agamennone rimprovera Achille:

Perche vuole

8. Quando Agamennone, confrontandola con Clitennestra, dice che Criseide «non le è per nulla inferiore / d'aspetto né di statura, d'abilità né di mente» (versi 114-115), intende dire che…

- A Criseide è meno bella e intelligente di Clitennestra.
- B Criseide è più bella e intelligente di Clitennestra.
- [X] C Criseide è bella e intelligente al pari di Clitennestra.
- D è difficile preferire Criseide a Clitennestra.

SCRITTURA

9. Nella società omerica un'offesa arrecata a un essere potente, sia egli un uomo o un dio, costituisce una diminuzione del suo onore, che deve essere risarcita attraverso la vendetta.
Prova a spiegare brevemente perché, facendo riferimento al brano letto.

Audio
Ascolta
il brano

3. Tersite, l'anti-eroe

Lo stile epico è caratterizzato dall'uso delle "formule", cioè di espressioni, versi o addirittura scene che tornano più volte nel poema con le stesse caratteristiche. La convocazione di un'assemblea è una di quelle scene tipiche di cui abbiamo già visto un esempio nel brano precedente, tratto dal libro I.
Nell'assemblea narrata in questo brano del libro II spicca un personaggio insolito: Tersite è un soldato semplice, non un eroe, anzi, la sua descrizione sembra volerlo indicare proprio come l'opposto di un eroe...

Tersite viene subito presentato negativamente, come un uomo **abituato a criticare i capi**.

Poiché di Achille si dice nell'*Iliade* che "era l'uomo più bello tra i Greci venuti a Troia", l'aspetto fisico di **Tersite** lo indica senz'altro come **l'esatto contrario di un eroe**.

Gli altri sedettero, fermi ai loro posti;
solo Tersite ancora urlava senza ritegno[1],
Tersite che aveva in cuor suo molte parole confuse,
inutili, disordinate, ostili ai sovrani,
ma gli sembrava che avrebbero divertito gli Achei.
Era il più brutto tra i Greci venuti a Troia:
si trascinava zoppo ad un piede, le spalle curve
rientranti sul petto; sopra, la testa
era appuntita e coperta da rada peluria.
Era odioso soprattutto ad Achille ed Odisseo,
perché sparlava[2] di loro, ma in quel momento
schiamazzava[3] con voce acuta contro l'illustre
[Agamennone.
Verso Tersite i Greci avevano forte irritazione e rancore[4],
ma lui, urlando, aggredì Agamennone in questo modo:
«Figlio di Atreo, di che ti lamenti, che cosa ti manca?
Hai piene di bronzo[5] le tende, e nelle tende
ci sono donne scelte, che noi Achei
ti diamo per primo, quando prendiamo una città.
Forse ti manca ancora l'oro che ti porta da Troia
qualcuno dei Troiani abili nel domare i cavalli, per il
[riscatto del figlio[6]
che io ho preso e legato, io o qualche altro Greco,
o una giovane donna per farci l'amore
e godertela solo, in disparte? Ma non è giusto
che il capo porti alla rovina i figli dei Greci.
Vergogna a voi, Achee e non Achei[7], torniamo
a casa sulle nostre navi, e lasciamo costui
a Troia, a digerirsi i suoi premi, che veda
se noi gli siamo d'aiuto, oppure no;
lui che anche adesso ha offeso Achille, un guerriero
molto migliore di lui, gli ha tolto il suo premio, e se lo
[tiene.
Ma Achille è conciliante, non ha rabbia nel cuore[8];
altrimenti, figlio di Atreo, per l'ultima volta avresti
[offeso».

Come Achille aveva annunciato di non voler più combattere per l'avido e superbo Agamennone, così **Tersite esorta** i suoi compagni **ad abbandonare Agamennone e la guerra** e a tornarsene a casa.

Tersite
L'assenza del patronimico indica che Tersite è un uomo comune, del popolo, non un nobile.

abili nel domare...
Domatori di cavalli: è **epiteto** dei Troiani. L'allevamento dei cavalli era fiorente grazie agli estesi pascoli della Troade.

1. senza ritegno: senza vergogna né controllo.
2. sparlava: parlava male di, criticava.
3. schiamazzava: gridava.
4. rancore: sentimento di odio che nasce dall'aver ricevuto un'offesa.
5. piene di bronzo: piene di oggetti di bronzo, preziosi: sono i doni assegnati al re dopo la spartizione del bottino.
6. il riscatto del figlio: i prigionieri potevano essere rilasciati in cambio del pagamento di un ricco riscatto.
7. Vergogna a voi, Achee e non Achei: Tersite esorta i compagni a non essere deboli come delle donne, e a ribellarsi al re.
8. Ma Achille... in cuore: Ma Achille evidentemente ha ceduto di fronte ad Agamennone, ha rinunciato alla sua ira contro il re.

È evidentemente impossibile un rapporto alla pari fra eroi e soldati comuni: la società omerica è costruita su una precisa **gerarchia**, non è una società "democratica".

Tersite si conferma un anti-eroe: non solo è l'uomo più brutto, ma è anche il peggiore tra tutti gli Achei. Per i Greci esisteva un **collegamento evidente tra l'aspetto esteriore e le qualità dell'animo**. Naturalmente si tratta di un pregiudizio!

Diceva così Tersite, insultando Agamennone,
capo d'eserciti: gli fu accanto rapidamente l'illustre
[Odisseo,
lo guardò di traverso e lo investì[9] con dure parole:
«Tersite, disordinato[10], per quanto sonoro, oratore[11],
smetti e non ti azzardare, tu solo, a disputare coi capi.
Io dico che non c'è nessuno peggiore di te, tra tutti
[quanti
venimmo a Troia assieme ai figli di Atreo[12].
Smetti dunque di avere i re sulla bocca,
di ingiuriarli e occuparti del nostro ritorno.
Non sappiamo ancora come andranno queste vicende,
se torneremo vincitori o sconfitti, noi Greci.
Tu stai in ozio[13] e offendi Agamennone, figlio di Atreo,
capo di eserciti, perché gli eroi greci gli offrono
moltissimi doni; per questo chiacchieri e offendi.
Però ti dico quello che deve compiersi:
se ti colgo un'altra volta, come adesso, a impazzare[14],
non voglio che mi resti la testa sopra le spalle[15],
non voglio più essere chiamato padre di Telemaco, se
non ti prendo e ti spoglio delle tue vesti,
del mantello e della tunica che copre le tue vergogne[16],
e non ti rimando in lacrime alle navi veloci,
cacciato dall'assemblea e percosso con disonore!»
Così disse, e lo colpì con lo scettro[17] sul dorso
e sulle spalle - Tersite si piegò e gli cadde una lacrima,
e una piaga si produsse sul dorso al colpo
dello scettro dorato; sedette impaurito e dolorante,
e con uno sguardo attonito si asciugò il pianto.
A ciò gli altri sorrisero, per quanto afflitti[18];
e qualcuno, guardando, diceva al vicino:
«Perdio, molto di buono ha fatto Odisseo,
dando buoni consigli e combattendo;
ma il meglio tra i Greci l'ha fatto oggi,
facendo tacere quel calunniatore arrogante[19].
Possiamo essere certi che il suo cuore superbo non lo
[spingerà più
a insultare i sovrani con parole offensive».

I compagni di Tersite approvano la sua punizione da parte di Odisseo, dimostrando così di ritenere normale che chi è più in basso nella scala sociale debba obbedire senza protestare a chi domina.

(*Iliade*, libro II, versi 211- 277,
traduzione di Guido Paduano, Mondadori, 2007)

illustre
Vediamo intervenire quello che sarà il protagonista dell'*Odissea* accompagnato dall'**epiteto *illustre***.
Poiché Odisseo è un abilissimo oratore, è giusto che sia lui a interrompere il discorso di Tersite.

piaga
La parola **piaga**, sinonimo di «ferita», deriva dal latino ***plaga***, che significa «colpo», «percossa».

9. **lo investì:** lo assalì.
10. **disordinato:** che parla a vanvera.
11. **per quanto sonoro, oratore:** anche se urli (*sonoro*) e sei abile a parlare (*oratore*).
12. **figli di Atreo:** Agamennone e Menelao, capi dell'esercito acheo.
13. **Tu stai in ozio:** hai del tempo da perdere, ti diverti.
14. **a impazzare:** a fare il pazzo, lo stupido.
15. **non voglio che mi resti la testa sopra le spalle:** possa la mia testa staccarsi dalle spalle.
16. **le tue vergogne:** le parti intime del tuo corpo, quelle che è vergognoso mostrare.
17. **lo scettro:** è il bastone rivestito d'oro, simbolo del potere, che impugnavano i capi prendendo la parola in assemblea.
18. **afflitti:** tristi e preoccupati (per la situazione della guerra e per le liti fra i capi, come quella fra Achille e Agamennone).
19. **calunniatore arrogante:** uomo spudorato che rivolge false accuse ai re.

COMPRENSIONE

1. Tersite si fa subito notare tra gli altri soldati per il suo atteggiamento...

A calmo e disciplinato.
B serio e attento.
C triste e preoccupato.
D arrogante e smodato.

2. Contro chi sono rivolte le parole di Tersite?

A Contro Achille.
B Contro Odisseo.
C Contro Agamennone.
D Contro Atreo.

3. Alla fine del suo discorso Tersite esorta gli altri soldati: a fare cosa?

Tornare in casa

4. Chi reagisce prontamente al discorso di Tersite? In che modo?

ANALISI E RIFLESSIONE

5. Il personaggio di Tersite è descritto con precisione tanto nell'aspetto fisico quanto nel comportamento: rileggi la parte iniziale del brano e completa la tabella con le informazioni che hai ricavato.

Aspetto fisico	Comportamento
a. la testa: appuntita e coperta da peluria	modo di parlare: a vanvera
b. le spalle: curve	argomento prevalente dei suoi discorsi: insulti
c. camminava: molle	atteggiamento verso i superiori: arrogante
d. complessivamente: era brutto	complessivamente: aveva un brutto carattere

6. Il carattere di Tersite...

A si manifesta nel suo aspetto fisico.
B è presentato come quello di un eroe.
C è l'opposto del carattere di Agamennone.
D suscita simpatia.

7. Le accuse di Tersite ad Agamennone sono molto simili a quelle mosse al re da Achille nel brano "Lo scontro fra Achille e Agamennone", a pag. 88. Che cosa rimproverava là Achille ad Agamennone?

DI ESSERE UN AVIDO PROFITTATORE

8. Che cosa rimprovera Tersite ad Agamennone?

LO RIMPROVERA SU COME SI È COMPORTATO

9. Perché Tersite viene severamente punito per aver osato criticare Agamennone?

A Perché è un uomo di aspetto sgradevole.
B Perché è un pessimo oratore.
C Perché non sa stare al suo posto.
D Perché non dice la verità.

Audio
Ascolta il brano

4. La passione funesta: Elena e Paride

Paride e Menelao si affrontano in duello per decidere chi debba tenere Elena come sposa; quando Menelao sta per vincere, la dea dell'amore Afrodite interviene a salvare Paride, facendolo sparire avvolto in una fitta nebbia, e lo trasporta quindi al sicuro nella sua stanza nuziale.
Afrodite raggiunge poi Elena, che si trova ancora sulle mura, e la convince a tornare a casa, dove la aspetta, splendente di bellezza, lo sposo.

Afrodite andò poi a chiamare Elena e la raggiunse sull'alta torre: molte troiane le stavano intorno; con la mano la dea toccò il velo profumato, e le parlò somigliando a una vecchia filatrice carica d'anni[1] che, a Lacedemone[2], tesseva per lei lane bellissime, e l'amava di cuore; simile a lei così disse la divina Afrodite:
«Vieni; Alessandro ti invita a tornare a casa; egli è nel talamo[3], sul letto ben lavorato, bello e luminoso nelle sue splendide vesti; non diresti che da un duello ritorni, ma che vada a una festa o, da una festa tornato, riposi».
Disse così, e turbò il cuore di Elena; riconobbe la dea, il collo bellissimo, il seno leggiadro, gli occhi lucenti[4]: attonita[5], si rivolse a lei e le disse:
«Dea, perché vuoi illudermi con le tue parole? Certo tu mi porterai ancor più lontano, in qualche bella città della Frigia o della Meonia[6] dolcissima, se anche lì c'è un uomo a te caro. Poiché oggi Menelao ha sconfitto il glorioso Alessandro e vuole riportare a casa questa moglie odiosa, per questo ora mi vieni vicina, a tramare inganni? Va' da lui dunque, lascia le vie degli dei, non ritornare più sull'Olimpo, datti pena per lui, invece, e su di lui veglia per sempre, fino a che faccia di te la sua sposa o la sua schiava. Io non andrò – sarebbe indegno[7] –, non andrò a preparare il suo letto; parlerebbero male di me tutte le donne di Troia ed io ho un'immensa pena nel cuore».
Le rispose la divina Afrodite, furente:
«Sciagurata[8], non provocarmi, ché io non mi adiri e ti abbandoni; tanto ti posso odiare quanto oggi sopra ogni altra ti amo; fra i due popoli, fra Troiani ed Achei,

Elena **sente il fascino pericoloso** della seduzione di Afrodite, lo **riconosce** e ne **è turbata**. Per questo ha paura che la dea la inganni *(perché vuoi* ***illudermi****...?)*.

Elena accusa Afrodite di essere innamorata di Paride e di 'usare' lei, Elena, per potergli stare vicino.

Come aveva già confessato a Priamo, **Elena prova vergogna** per aver seguito Paride e aver provocato la guerra di Troia.

illudermi...
Il verbo **illudere** contiene l'idea del "prendersi gioco di qualcuno".

tramare inganni
Anche Afrodite "tesse" la sua tela (la sua **"trama"**), che è fatta di seduzione e inganni. Un **epiteto** della dea è proprio *tessitrice di inganni*.

1. **carica d'anni:** molto in là con gli anni.
2. **Lacedemone:** Sparta, la patria di Elena.
3. **talamo:** la stanza nuziale di Elena e Paride.
4. **riconobbe la dea... gli occhi lucenti:** Afrodite ha assunto le sembianze di una donna anziana, ma alcuni particolari del suo aspetto – il collo senza rughe, il seno florido, gli occhi luminosi – sono quelli di una persona giovane e bellissima, come è la dea dell'amore.
5. **attonita:** sbalordita e spaventata dall'aver riconosciuto la dea.
6. **Frigia... Meonia:** regioni dell'Asia Minore.
7. **indegno:** motivo di vergogna.
8. **Sciagurata:** disgraziata.

susciterò un odio funesto, e tu morirai di mala morte». Così disse, tremò Elena figlia di Zeus, e avvolta nel velo bianco splendente se ne andò in silenzio; nessuna delle donne troiane la vide, la dea le faceva da guida.

E quando furono giunte alla bella dimora[9] di Alessandro, le ancelle si volsero[10] subito ai loro lavori, lei invece, la donna divina, si recò nel talamo dall'alto soffitto; per lei la dea dal dolce sorriso prese un sedile e lo pose di fronte ad Alessandro; qui sedette Elena, figlia di Zeus, e, volgendo altrove lo sguardo, rivolse allo sposo parole di biasimo[11]:

dal dolce sorriso L'**epiteto** ***dal dolce sorriso*** si riferisce ancora al fascino della dea.

Elena rimprovera Paride per la sua debolezza. Molto più forte è Menelao, il suo primo marito!

«Sei dunque tornato dalla battaglia[12]; vorrei che tu fossi morto là, per mano di un forte guerriero, di colui che fu il mio primo sposo; ti vantavi, una volta, di essere superiore per la forza, le braccia, la lancia, a Menelao caro ad Ares; va', ora, sfida Menelao caro ad Ares a combattere ancora con te; ma io ti consiglio di smetterla, non batterti col biondo Menelao, non affrontarlo in duello stolidamente[13], se non vuoi che presto ti abbatta con la sua lancia».

Le rispose Paride allora:

Paride risponde alle accuse di Elena **con molta tranquillità, fiducioso** nell'aiuto degli dèi (come Afrodite, che lo ha appunto salvato...).

«No, donna, non straziarmi l'animo con offese crudeli; oggi Menelao ha vinto con l'aiuto di Atena[14], un'altra volta sarò io a vincere lui; anche noi abbiamo i nostri dei. Ma ora, sdraiamoci e facciamo l'amore; mai, fino ad ora il desiderio mi prese il cuore in tal modo, neppure il giorno in cui ti rapii dalla bella Lacedemone, salpai sulle navi che solcano il mare, e nell'isola di Cranae a te mi congiunsi – così oggi sento di amarti e un dolce desiderio mi prende».

Disse, e per primo andò verso il letto; lo seguì la sua sposa.

(*Iliade*, libro III, versi 383- 444, traduzione di Maria Grazia Ciani, Marsilio, 2004)

9. dimora: casa.
10. si volsero: si misero, si dedicarono.
11. biasimo: rimprovero.
12. Sei dunque tornato dalla battaglia: Paride era sparito nella nebbia, e nessuno sapeva che fine avesse fatto.
13. stolidamente: stupidamente.
Se Paride affrontasse di nuovo Menelao – dice Elena – farebbe una sciocchezza, perché Menelao è molto più forte e lo ucciderebbe senz'altro.
14. con l'aiuto di Atena: la dea Atena è schierata dalla parte degli Achei e li aiuta nella guerra.

COMPRENSIONE

1. Chi è Elena? (2 risposte esatte).

A La moglie di Paride.
B La schiava di Menelao.
C La moglie di Menelao.
D La regina di Troia.

2. Chi va a chiamare Elena sulle mura?

A Paride.
B Menelao.
C La dea Afrodite.
D Una vecchia filatrice.

3. Dove si trova Paride?

A Sul campo di battaglia.
B Nella stanza nuziale.
C Sulle mura di Troia insieme a Elena.
D A casa di Ettore.

4. Che cosa pensa Elena di Paride?

Che era meno forte di Menelao

5. Che cosa pensa Elena di Afrodite?

Che secondo lei era la più bella

ANALISI E RIFLESSIONE

6. Da che cosa Elena riconosce Afrodite?

Dalla bellezza

7. Elena ha «un'immensa pena nel cuore» (righe 407-408): indica i motivi (sono 3) del suo turbamento, scegliendoli tra quelli elencati.

A Vorrebbe vivere sull'Olimpo con gli dèi.
B Si sente schiava dell'amore per Paride.
C Sente su di sé il giudizio negativo della gente.
D Passare le giornate in casa la annoia.
E Teme che Afrodite la inganni.
F La sua bellezza non è pari a quella di Afrodite.

8. A parte l'intervento di Afrodite, che cosa riconduce Elena a casa?

A L'insoddisfazione per l'esito del duello.
B Il senso del dovere.
C La nostalgia del suo primo marito.
D Il desiderio di Paride.

9. Elena si ribella ad Afrodite e rifiuta di tornare da Paride. Come reagisce la dea?

La dea reagisce malamente

10. Che cosa fa Elena a quel punto?

Va a letto con Paride

LESSICO E STILE

11. Trova nel testo e ricopia qui di seguito gli epiteti riferiti a:

Afrodite: la dea più bella
Elena: moglie di Paride
Alessandro (Paride): marito di Elena
Menelao: Ex marito di Elena
Lacedemone: Era un Dio
il talamo: Stanza nuziale
il letto: ben lavorat luminoso e bello

Audio
Ascolta
il brano

5. Ettore e Andromaca

Ettore si reca a chiamare il fratello Paride, che indugia nel suo palazzo, e lo trova intento a lucidare le armi; Ettore gli rimprovera di affrontare con leggerezza, se non addirittura con vigliaccheria, la guerra da lui stesso provocata, quindi lo richiama al dovere.
Prima di tornare sul campo di battaglia, Ettore vuole, però, salutare la moglie e il figlio: non sa se tornerà ancora da loro, o se gli dèi, di lì a poco, lo faranno soccombere sotto i colpi degli Achei.

E quando, attraversata la gran città[1], giunse alle porte
Scee, da cui doveva uscir nella piana[2],
qui la sposa ricchi doni gli venne incontro correndo,
Andromaca, figliuola d'Eezìone magnanimo[3], [...]
signore di genti cilice; [...] e con lei andava l'ancella[4],
portando in braccio il bimbo, cuore ingenuo, piccino,
il figlio d'Ettore amato, simile a vaga[5] stella.
Ettore lo chiamava Scamandrio, ma gli altri
Astianatte, perché Ettore salvava Ilio lui solo.
Egli, guardando il bambino, sorrise in silenzio:
ma Andromaca gli si fece vicino piangendo,
e gli prese la mano, disse parole, parlò così:
«Misero[6], il tuo coraggio t'ucciderà, tu non hai [compassione
del figlio così piccino, di me sciagurata[7], che vedova [presto
sarò, presto t'uccideranno gli Achei,
balzandoti contro tutti: oh, meglio per me
scendere sotto terra, priva di te; perché nessun'altra
dolcezza, se tu soccombi al destino[8], avrò mai,
solo pene! il padre non l'ho, non ho la nobile madre.
Il padre mio Achille glorioso l'ha ucciso,
ma non lo spogliò[9], ché n'ebbe tema in cuore[10];
e lo fece bruciare con le sue armi belle. [...]
Erano sette i miei fratelli dentro il palazzo:
ed essi tutti in un giorno scesero all'Ade di freccia[11],
tutti li uccise Achille glorioso rapido piede. [...]

la sposa...
L'**epiteto *ricchi doni*** (= "dalla ricca dote") sottolinea l'origine nobile di Andromaca, che era figlia del re Eezione.

Scamandrio...
Il figlio di Ettore ha **due nomi**: il primo, ***Scamandrio*** (cioè «nato sul fiume Scamandro»), sottolinea l'amore di Ettore per la patria, l'altro, ***Astianatte*** (cioè «re difensore della città»), testimonia l'ammirazione dei Troiani per Ettore.

1. **la gran città:** si tratta della città di Troia.
2. **piana:** la pianura davanti a Troia.
3. **magnanimo:** nobile.
4. **l'ancella:** la schiava di Andromaca, che accudiva il piccolo Astianatte.
5. **vaga:** bella.
6. **Misero:** Infelice.
7. **sciagurata:** disgraziata, infelice.
8. **se tu soccombi al destino:** se tu vieni ucciso. Il "destino" (Omero lo chiama "Moira") indica la morte.
9. **non lo spogliò:** non lo privò delle armi (che il vincitore aveva il diritto di strappare al nemico ucciso e di tenere per sé).
10. **ché n'ebbe tema in cuore:** perché ebbe rispetto per lui.
11. **di freccia:** colpiti da una freccia.

La madre, poi che qui la condusse con tutte le ricchezze[12],
la liberò, accettando infinito[13] riscatto,
ma là in casa del padre, la colpì Artemide arciera[14].
Ettore, tu sei per me padre e nobile madre
e fratello, tu sei il mio sposo fiorente[15];
ah, dunque, abbi pietà, rimani qui sulla torre,
non fare orfano il figlio, vedova la sposa;
ferma l'esercito presso il caprifico[16], là dove è molto
facile assalir la città, più accessibile il muro; [...]
E allora Ettore grande, elmo abbagliante, le disse:
«Donna, anch'io, sì, penso a tutto questo; ma ho troppo
rossore[17] dei Teucri, delle Troiane lungo peplo,
se resto come un vile lontano dalla guerra.
Né lo vuole il mio cuore, perché ho appreso[18] a esser [forte
sempre, a combattere in mezzo ai primi Troiani,
al padre procurando grande gloria e a me stesso.
Io lo so bene questo dentro l'anima e il cuore:
giorno verrà che Ilio sacra perisca[19],
e Priamo, e la gente di Priamo buona lancia:
ma non tanto dolore io ne avrò per i Teucri,
non per la stessa Ecuba, non per il sire[20] Priamo,
e non per i fratelli, che molti e gagliardi[21]
cadranno nella polvere per mano dei nemici,
quanto per te, che qualche acheo chitone di bronzo,
trascinerà via piangente, libero giorno togliendoti[22]. [...]
Morto, però, m'imprigioni la terra su me riversata[23],
prima ch'io le tue grida, il tuo rapimento conosca!»
E dicendo così, tese al figlio le braccia Ettore illustre:
ma indietro il bambino, sul petto della balia bella [cintura
si piegò con un grido, atterrito all'aspetto del padre,
spaventato dal bronzo e dal cimiero chiomato[24],
che vedeva ondeggiare terribile in cima all'elmo.
Sorrise il caro padre, e la nobile madre,
e subito Ettore illustre si tolse l'elmo di testa,

Ettore, pur comprendendo le ragioni di Andromaca, gli risponde che non può comportarsi da vile: **per un eroe l'onore è tutto**, ed è più importante della vita stessa. **Essere un eroe** è un ideale di vita che **si impara attraverso** l'educazione e **il rispetto**, rispetto per la città, per la famiglia e per se stessi.

Astianatte, che non ha riconosciuto il padre rivestito dell'armatura, **reagisce con paura al gesto d'affetto di Ettore**.

Artemide arciera
Epiteto di Artemide, dea della caccia, è ***arciera***; l'arco è un simbolo anche di suo fratello Apollo, il dio ***dall'arco d'argento***.

Troiane lungo peplo
L'**epiteto** ***lungo peplo*** si riferisce all'abbigliamento delle Troiane: il peplo era infatti l'abito lungo indossato dalle donne.

chitone di bronzo
I guerrieri sono rivestiti dell'armatura: l'**epiteto** significa infatti «che ha una veste di bronzo»; il *chitone* era una tunica.

12. **poi che qui... ricchezze:** dopo aver ucciso Eezione e i suoi figli, Achille aveva fatto prigioniera la madre di Andromaca e l'aveva portata via con sé, insieme alle sue ricchezze.
13. **infinito:** molto ingente, ricchissimo.
14. **in casa del padre... arciera:** la regina, non avendo più il marito, era ritornata nella casa paterna, dove era morta improvvisamente. Si riteneva che la morte improvvisa della donna fosse provocata dalle frecce della dea Artemide.
15. **fiorente:** giovane, nel pieno delle forze.
16. **caprifico:** una pianta di fico selvatico.
17. **rossore:** vergogna.
18. **ho appreso:** ho imparato.
19. **giorno verrà che Ilio sacra perisca:** verrà un giorno in cui la sacra città di Troia sarà distrutta, e morirà con essa il popolo dei Troiani, forte in guerra *("(dalla) buona lancia")*.
20. **il sire:** il re.
21. **gagliardi:** giovani e forti.
22. **libero giorno togliendoti:** togliendoti la libertà, facendoti schiava.
23. **morto...riversata:** possa io essere già morto e sepolto.
24. **cimiero chiomato:** il pennacchio, fatto di crini di cavallo, che ornava la sommità dell'elmo.

e lo posò scintillante per terra;
e poi baciò il caro figlio, lo sollevò fra le braccia,
e disse, supplicando a Zeus e agli altri numi[25]:
«Zeus, e voi numi tutti, fate che cresca questo
mio figlio, così come io sono, distinto fra i Teucri,
così gagliardo di forze, e regni su Ilio sovrano[26];
e un giorno dica qualcuno: "È molto più forte del padre!",
quando verrà dalla lotta. Porti egli le spoglie cruente[27]
del nemico abbattuto, goda in cuore la madre!»
Dopo che disse così, mise in braccio alla sposa
il figlio suo; ed ella lo strinse al seno odoroso[28],
sorridendo fra il pianto; s'intenerì lo sposo a guardarla,
l'accarezzò con la mano, le disse parole, parlò così:
«Misera, non t'affliggere[29] troppo nel cuore!
nessuno contro il destino potrà gettarmi nell'Ade[30];
ma la Moira, ti dico, non c'è uomo che possa evitarla,
sia valoroso o vile, dal momento ch'è nato.
Su, torna a casa, e pensa all'opere tue,
telaio, e fuso; e alle ancelle comanda
di badare al lavoro; alla guerra penseran gli uomini
tutti e io sopra tutti, quanti nacquero ad Ilio».
Parlando così, Ettore illustre riprese l'elmo
chiomato; si mosse la sposa sua verso casa,
ma voltandosi indietro, versando molte lacrime.

(tratto da *Iliade*, libro VI, versi 392-496,
traduzione di Rosa Calzecchi Onesti, Einaudi, 1977)

25. numi: dèi.
26. regni su Ilio sovrano: possa diventare re di Troia.
27. quando verrà... cruente: quando tornerà dalla battaglia, portando con sé le armi insanguinate del nemico ucciso.
28. odoroso: profumato.
29. non t'affliggere: non ti angosciare.
30. gettarmi nell'Ade: farmi morire.

Ade... Moira

Il termine ***Ade*** indica sia il dio dell'Oltretomba, fratello di Zeus, sia il regno dei morti sia la morte stessa.
La ***Moira*** è la «parte» che tocca a ogni uomo, cioè il destino di morte.

MESSA A FUOCO

Doveri degli uomini e delle donne

Nel dialogo tra Ettore e Andromaca presso le porte Scee emerge la **profonda differenza** che esiste **tra l'universo maschile e quello femminile** nella società omerica. La vita degli uomini si svolge per la maggior parte all'esterno della casa, in battaglia o nelle assemblee, mentre quella delle donne si concentra all'interno delle mura domestiche e ben diversi sono i doveri che spettano agli uni e alle altre.
Ettore, come tutti gli uomini, ha il preciso compito di combattere per la difesa della patria: dimostrarsi valoroso è per l'eroe un dovere sia nei confronti della propria comunità sia nei confronti di se stesso. Se Ettore si sottraesse ai suoi doveri, infatti, non solo proverebbe vergogna nei confronti dei Troiani, ma verrebbe meno anche a quell'ideale di vita che ha ormai appreso e fatto proprio e che pone l'onore al di sopra di ogni altro principio. L'eroe è consapevole che il suo coraggio comporta il rischio della vita, ma l'alto senso del dovere gli impone di accettarlo.
Ad Andromaca, e con lei a tutte le donne, spetta invece il compito di badare alla casa, di tessere al telaio e di sovrintendere al lavoro delle ancelle, come le ricorda Ettore a conclusione del colloquio.
I due sposi sono soggetti allo stesso destino: **essere fedeli al proprio ruolo e adempiere ai propri compiti**, ponendo il dovere al di sopra dei sentimenti personali.

COMPRENSIONE

1. **Dove si svolge l'incontro fra Ettore e Andromaca?**

2. **Come si chiama il figlio di Ettore?**

3. **Che cosa chiede Andromaca al marito?**

4. **Che cosa risponde Ettore?**

ANALISI E RIFLESSIONE

5. **Andromaca accusa Ettore…**

- A di non avere pietà di lei e del figlio.
- B di essere troppo debole con i nemici.
- C di pensare solo alla gloria.
- D di non essere degno della sua fama.

6. **Ettore risponde ad Andromaca…**

- A che seguirà i suoi consigli.
- B che la morte è preferibile alla vita.
- C che ama la patria più di ogni altra cosa.
- D che l'amore per la famiglia e quello per la patria sono la stessa cosa.

7. **Con le parole «Su, torna a casa, e pensa all'opere tue… alla guerra penseran gli uomini tutti e io sopra tutti» (versi 490-493), Ettore intende dire che…**

- A egli teme per la sicurezza di Andromaca e per questo la invita a tornare subito a casa.
- B ognuno deve accettare il proprio ruolo e compiere fino in fondo il proprio dovere.
- C le donne non possono capire le ragioni degli uomini.
- D gli uomini sono più importanti delle donne.

8. **Quando Andromaca dice ad Ettore «Misero, il tuo coraggio t'ucciderà» (verso 407), intende dire che…**

- A Ettore non si rende conto del pericolo che corre.
- B Ettore vuole segnalarsi tra tutti i guerrieri, ma è solo uno sbruffone.
- C Ettore è troppo egoista e non pensa alla sua famiglia.
- D Ettore è troppo coraggioso e per questo corre un rischio mortale.

LESSICO E STILE

9. **Trova nel testo e ricopia qui di seguito tutti gli epiteti (compresi i patronimici) riferiti a:**

Ettore:

Andromaca:

Achille:

le Troiane:

SCRITTURA

10. **Nel suo discorso ad Andromaca, Ettore parla del comportamento che deve tenere un vero eroe. Prova a spiegare con parole tue a quali valori debba ispirarsi questo comportamento.**

11. **Leggi la scheda "Messa a fuoco" a pag. 100 e rifletti: quale immagine del ruolo della donna ti sembra che emerga dal brano che hai letto? Esprimi in un breve testo le tue riflessioni e confrontale con quelle dei tuoi compagni.**

Audio
Ascolta
il brano

Ettore e Andromaca

Ettore attraversò la grande città finché giunse alle porte
Scee, da cui doveva uscire nella pianura.

Presentazione di Andromaca e di Astianatte

Qui gli corse incontro Andromaca, la sposa
dalla ricca dote, figlia del nobile Eezione,
che regnava sulle genti della Cilicia; e con lei c'era
l'ancella, che teneva in braccio il bambino, tenero, piccolo,
l'amato figlio di Ettore, bello come una stella.
Ettore lo chiamava Scamandrio, ma gli altri lo chiamavano
Astianatte perché Ettore difendeva la città da solo.
Ettore, guardando il figlio, sorrise in silenzio;
ma Andromaca gli si avvicinò piangendo,
gli prese la mano e gli disse così:

Andromaca si rivolge ad Ettore, scongiurandolo di non combattere contro Achille

«O infelice, il tuo coraggio ti porterà alla morte!
Tu non hai pietà di nostro figlio, così piccolo,
né di me, sventurata, che presto resterò vedova,
perché gli Achei ti uccideranno presto,
assalendoti in massa. Oh, senza di te, per me
è meglio morire; se tu muori, infatti, non avrò più nessuna
gioia, ma solo dolore. Non ho più né il padre né la
nobile madre; mio padre fu ucciso da Achille glorioso,
che però ne ebbe rispetto e non gli tolse le sue belle armi,
lo fece bruciare sul rogo con esse,
Avevo sette fratelli, a palazzo, e morirono tutti
in un giorno colpiti da frecce; furono tutti uccisi
dal divino Achille dai piedi veloci.
Mia madre, dopo essere stata condotta qui
con tutti i suoi beni, fu liberata da Achille
a prezzo di ingente riscatto, ma Artemide,

signora dell'arco, la uccise nella casa paterna.
Ettore, tu sei per me padre e nobile
madre e fratello e sei anche il mio giovane sposo:
abbi pietà di me, resta qui sulla torre,
non fare del figlio un orfano, di me una vedova;
ferma l'esercito vicino al fico selvatico, dove è più
facile attaccare la città e salire sulle mura.»

Ettore risponde ad Andromaca

Le rispose allora il grande Ettore dall'elmo splendente:
«Moglie mia, anch'io penso a tutto questo; ma avrei troppa
vergogna di fronte ai Troiani e alle Troiane dalle lunghe vesti
se restassi come un vigliacco lontano dalla battaglia.
Me lo impedisce anche il mio cuore, perché ho imparato
ad essere sempre coraggioso, a combattere con i Troiani
in prima fila, per la gloria di mio padre e per la mia.
Dentro di me, nel mio cuore, so bene questo:
verrà il giorno in cui cadrà la sacra città di Troia e con essa
Priamo e il popolo di Priamo forte in guerra.
Ma non penso tanto al dolore che avrò per i Troiani,
o per la mia stessa madre Ecuba, o per il re Priamo,
o per i miei molti fratelli che, benché forti, cadranno
nella polvere, uccisi dai nemici: penso piuttosto al dolore
per te, quando un nemico dall'armatura di bronzo
ti trascinerà via in lacrime, facendoti schiava.
Ma spero di essere morto e che la terra ricopra
il mio corpo, prima di sentire le tue grida
e di sapere che ti portano via schiava!»

Ettore e la preghiera per il figlio Astianatte

Dicendo così, il nobile Ettore tese le braccia al figlio,
ma il bambino si piegò contro il petto della balia
dalla bella cintura, gridando impaurito alla vista del padre,
spaventato dall'armatura di bronzo e dal pennacchio,

che vedeva ondeggiare in cima all'elmo, tremendo.
Sorrisero entrambi, il padre e la madre; e subito
il nobile Ettore si tolse l'elmo dal capo
e lo posò scintillante per terra.
Poi prese tra le braccia suo figlio, lo baciò
e rivolse a Zeus e agli altri dèi questa preghiera:
«Zeus, e voi tutti, o dèi, fate che questo mio figlio
cresca e si distingua fra i Troiani, forte come sono io,
fate che regni su Troia. E, vedendolo tornare dalla
battaglia, possano un giorno dire di lui: "È molto più [forte
di suo padre!" Fate, o dèi, che torni vittorioso
sui nemici, e che sua madre sia orgogliosa di lui!».

1. **Chi è Andromaca?**

....

....

....

2. **Chi è Astianatte? E Scamandrio?**

....

....

....

....

3. **Perché Ettore prega gli dèi?**
   - ☐ Perché gli concedano la vittoria in battaglia.
   - ☐ Perché Astianatte cresca e diventi un eroe.
   - ☐ Perché proteggano Andromaca.
   - ☐ Perché vuole vendicare i fratelli.

Ettore consola Andromaca

Dopo aver detto così, mise il figlio tra le braccia
della sua sposa ed ella se lo strinse al petto
profumato, sorridendo fra le lacrime. Lo sposo a [guardarla
provò tenerezza per lei, l'accarezzò e le disse:
«O infelice, non angosciarti troppo nel cuore!
Nessuno potrà farmi morire se non è il mio momento.
Ma ti dico anche questo: nessun uomo, né valoroso [né vile,
può sfuggire alla Morte, dal momento che è nato.
Su, torna a casa ora, bada alle tue faccende,
al telaio e al fuso, e ordina alle ancelle
di badare al lavoro; alla guerra penseranno gli uomini,
tutti i Troiani, ed io più di ogni altro».
Dicendo così, il nobile Ettore riprese l'elmo
chiomato; la sua sposa si avviò verso casa,
piangendo e voltandosi indietro.

(parafrasi di Catia Gusmini)

LETTURA D'OPERA

Nel libro VI dell'*Iliade* l'eroe troiano **Ettore** appare in tutta la sua umanità nel commovente addio alla moglie Andromaca e al figlioletto Astianatte. In questo dipinto appare **forte e saldo** nel suo ruolo di **guerriero**, sottolineato dall'armatura, ma anche **protettivo nei confronti dei suoi cari**, mentre cinge le spalle di Andromaca e cerca di rassicurarla.
Andromaca appare inconsolabile, mentre sorregge Astianatte che volge la testa indietro, spaventato dalle armi del padre.
In questo quadro la scelta dei colori è particolarmente espressiva.

Sergey Petrovich Postnikov, *L'addio di Ettore ad Andromaca*, 1863, Musée du Louvre, Parigi.

Per Ettore sono usati colori vivaci e luminosi, come il bronzo delle armi e il rosso del mantello e del pennacchio sull'elmo.

Nella figura di Andromaca dominano l'azzurro e il bianco, colori ripetuti negli abiti dell'ancella che osserva pensosa la scena.

Il colore bianco, esaltato dalla luce, assume diverse sfumature, per sottolineare il candore della pelle di Andromaca e, soprattutto, il corpo del bambino.

Audio
Ascolta
il brano

6. La morte di Patroclo

Da quando Achille, offeso da Agamennone, si è ritirato dalla guerra, le sorti dell'esercito greco, dopo alterne vicende, sembrano volgere al peggio: Zeus favorisce Ettore e i Troiani, come aveva promesso alla madre di Achille, Teti. Achille non intende per nessun motivo tornare a combattere per gli Achei, la sua ira – come dice l'eroe Aiace – gli ha reso «selvaggio» il cuore: così fallisce anche il tentativo di Agamennone di placare l'eroe offrendogli splendidi doni. Patroclo, però, il fedele amico di Achille, è angosciato per la sorte degli Achei, e come estremo tentativo di aiutare i compagni, chiede le armi di Achille: tornerà a combattere con quelle indosso perché, se i Troiani lo scambieranno per Achille, ne avranno terrore e fuggiranno.
Achille acconsente, ma, come per un presentimento, raccomanda a Patroclo di non lasciarsi trascinare dalla foga, di non spingersi fino alle mura di Troia: potrebbe incontrare sulla sua strada un dio nemico, magari Apollo, che molto ama i Troiani.

Patroclo, rivestito delle armi di Achille, è simile a un dio, la sua furia sembra inarrestabile.

E Patroclo si slanciò sui Troiani meditando rovina[1],
si slanciò per tre volte, simile ad Ares ardente,
paurosamente gridando: tre volte ammazzò nove [uomini.
Ma quando alla quarta balzò, che un nume pareva[2],
allora, Patroclo, apparve la fine della tua vita:
Febo gli mosse incontro nella mischia selvaggia,
tremendo, ed egli non lo vide venire in mezzo al tumulto;
gli venne incontro nascosto da molta nebbia.
E dietro gli si fermò, colpì la schiena e le larghe spalle
con la mano distesa: a Patroclo girarono gli occhi[3].
E Febo Apollo gli fece cadere l'elmo giù dalla testa:
sonò[4] rotolando sotto gli zoccoli dei cavalli
l'elmo a visiera abbassata, si sporcarono i pennacchi[5]
di sangue e polvere: mai prima era stato possibile
che il casco chiomato si sporcasse di polvere,
ché[6] d'un uomo divino la bella fronte e la testa
proteggeva, d'Achille: ma allora Zeus lo donò a Ettore,
da portare sul capo: e gli era vicina la morte.
Tutta in mano di Patroclo si spezzò l'asta ombra lunga,
greve[7], solida, grossa, armata di punta; e dalle spalle
con la sua cinghia di cuoio cadde per terra lo scudo,
gli slacciò la corazza il sire[8] Apollo, figlio di Zeus.

Il cantore si rivolge direttamente all'eroe, sottolineando così il momento cruciale della vicenda: Patroclo sta per essere ucciso.

L'armatura, invincibile finché indossata da Achille, **non può proteggere Patroclo**, il quale finge di essere l'amico. Ma Patroclo non è Achille!

simile ad Ares...
La **similitudine** con Ares sembra esaltare la figura dell'eroe, che però incontra la morte proprio nel momento in cui sembra un dio invincibile.

Febo
Febo **è epiteto** del dio Apollo.

l'asta ombra lunga
L'**epiteto *ombra lunga*** deriva dal fatto che la lancia, volando, proietta una lunga ombra sul terreno.

1. **meditando rovina:** desideroso di uccidere.
2. **che un nume pareva:** sembrava un dio, tanto era potente.
3. **a Patroclo girarono gli occhi:** Patroclo rimase stordito per il violento colpo.
4. **sonò:** risuonò.
5. **i pennacchi:** sono i crini di cavallo che ornano l'elmo di Achille. Anche l'elmo di Ettore era ornato in modo simile (vedi brano 5).
6. **ché:** perché.
7. **greve:** pesante.
8. **sire:** dio.

Una vertigine gli tolse la mente, le membra belle si
[sciolsero[9],
si fermò esterrefatto: e dietro la schiena con l'asta aguzza
in mezzo alle spalle, dappresso[10], un eroe dardano[11]
[lo colpì,
Euforbo di Pantoo che sui coetanei brillava[12]
per l'asta, per i cavalli e per i piedi veloci;
venti guerrieri gettò giù dai cavalli
appena giunse col cocchio a imparare la guerra[13].
Questi per primo a te lanciò l'asta, Patroclo cavaliere,
ma non t'uccise, e corse indietro e si mischiò tra la folla,
strappata l'asta di faggio: non seppe affrontare
Patroclo, benché nudo, nella carneficina[14].
Ma Patroclo, vinto dal colpo del dio e dall'asta,
fra i compagni si trasse evitando la Chera[15].
Ettore, come vide il magnanimo[16] Patroclo
tirarsi indietro, ferito dal bronzo puntuto[17],
gli balzò addosso in mezzo alle file, lo colpì d'asta
al basso ventre: lo trapassò col bronzo.
Rimbombò stramazzando, e straziò il cuore all'esercito
[acheo.
Come quando un leone vince in battaglia un cinghiale
[indomabile,
– essi superbamente han combattuto sui monti
per una piccola polla[18]: volevano bere entrambi –
e infine con la sua forza il leone vince l'altro che rantola[19];
così il Meneziade, che già molti ammazzò,
Ettore figlio di Priamo[20] privò della vita con l'asta,
e gli disse vantandosi parole fuggenti:
«Patroclo, tu speravi d'abbattere la nostra città,
e alle donne troiane togliendo libero giorno[21],
condurle sopra le navi alla tua terra patria,
stolto! Per esse i veloci cavalli d'Ettore
si tendono sopra i garretti[22] a combattere: io con l'asta
eccello fra i Teucri amanti di guerra: e così li difendo
dal giorno fatale[23]; ma te qui gli avvoltoi mangeranno.

Di nuovo il cantore si rivolge direttamente all'eroe: siamo ormai vicinissimi alla morte di Patroclo.

La morte di Patroclo sconvolge gli Achei e, come sappiamo, sarà determinante per le sorti della guerra.

Le parole di Ettore suonano superbe e crudeli: ma si può comprendere l'orgoglio del troiano, che lottava per difendere la patria e la libertà del suo popolo. Inoltre, la morte di Patroclo sarà senz'altro un duro colpo per il crudele Achille, il più forte tra gli Achei!

Euforbo di Pantoo
Il nome del troiano Euforbo è accompagnato, come al solito, dal **patronimico**.

Chera
La **Chera** (anche le Chere, al plurale) è una **personificazione della morte**.

Come quando...
La **similitudine, tratta dal mondo della natura**, sottolinea la forza di entrambi i guerrieri.

Meneziade
È il **patronimico** di Patroclo («figlio di Menezio»).

parole fuggenti
Le parole, che escono rapide dalla bocca e attraversano invisibili l'aria, sono definite con l'**epiteto** di ***fuggenti***, ***alate***.

9. **le membra belle si sciolsero:** perse il controllo del suo corpo, stette per crollare.
10. **dappresso:** da vicino.
11. **dardano:** troiano.
12. **brillava:** si distingueva, era superiore.
13. **appena giunse col cocchio a imparare la guerra:** appena entrato in battaglia con il suo carro.
14. **non seppe affrontare Patroclo, benché nudo, nella carneficina:** non ebbe il coraggio di affrontare Patroclo, che pure era inerme, nella mischia.
15. **fra i compagni si trasse evitando la Chera:** si ritirò fra i compagni, evitando la morte.
16. **magnanimo:** nobile.
17. **dal bronzo puntuto:** dalla punta di bronzo della lancia.
18. **polla:** vena d'acqua, fonte.
19. **rantola:** agonizza, sta per morire.
20. **Ettore figlio di Priamo:** è il soggetto della frase; complemento oggetto è Patroclo. Ricostruisci la sintassi della frase in questo modo: "Ettore figlio di Priamo privò della vita con l'asta il Meneziade, che già molti ammazzò".
21. **libero giorno:** la libertà.
22. **si tendono sopra i garretti:** corrono veloci.
23. **giorno fatale:** la morte.

Pazzo! Achille, per forte che sia, non ti potrà
[proteggere,
egli che, forse, restando, a te che partivi raccomandò
[molte cose:
"O Patroclo cavaliere, non mi tornare davanti,
alle concave navi, prima che d'Ettore massacratore
l'insanguinata tunica intorno al petto tu stracci[24]".
Così, certo, ti disse, stolto, e persuase il tuo cuore».
E tu rispondesti, sfinito, Patroclo cavaliere:
«Sì, Ettore, adesso vàntati: a te hanno dato vittoria
Zeus Cronide e Apollo, che m'abbatterono
facilmente: essi l'armi dalle spalle mi tolsero.
Se anche venti guerrieri come te m'assalivano,
tutti perivano[25] qui, vinti dalla mia lancia;
me uccise destino fatale e il figliuolo di Latona[26],
e tra gli uomini Euforbo: tu m'uccidi per terzo.
Altro ti voglio dire e tientelo in mente:
davvero tu non andrai molto lontano, ma ecco
ti s'appressa[27] la morte e il destino invincibile:
cadrai per mano d'Achille, dell'Eacide perfetto».
Mentre parlava così la morte l'avvolse,
la vita volò via dalle membra e scese nell'Ade,
piangendo il suo destino, lasciando la giovinezza
[e il vigore.
Al morto Ettore luminoso rispose:
«Patroclo, perché mi predici[28] abisso di morte?
Chi sa se Achille figlio di Teti chioma bella
non mi preceda nel perder la vita, colto dalla mia lancia?»
Dicendo così, l'asta di bronzo dalla ferita
strappò, premendo col piede, lo rovesciò supino.

(*Iliade*, libro XVI, versi 783-863, traduzione di Rosa Calzecchi Onesti, cit.)

Patroclo invita Ettore a non vantarsi di una vittoria che è merito suo.

La profezia di Patroclo

Ettore risponde a Patroclo che nessuno conosce il destino in anticipo, e può darsi che sia Achille ad essere ucciso da Ettore e non viceversa. Tuttavia per gli antichi **le parole pronunciate in punto di morte erano** veramente **profetiche**.

Zeus Cronide
Cronìde, ossia «figlio di Crono», è il **patronimico** del sommo dio Zeus.

Eacide perfetto
Achille è definito attraverso l'**epiteto *perfetto*** e il **patronimico *Eacide***, che in questo caso significa «discendente di Eaco»: Eaco, padre di Peleo, era il nonno di Achille.

24. prima che... tu stracci: prima di aver ucciso Ettore, squarciandogli il petto attraverso la tunica.
25. perivano: morivano, sarebbero morti.
26. il figliuolo di Latona: Apollo, figlio di Zeus e, appunto, di Latona.
27. ti s'appressa: ti si avvicina.
28. predici: annunci.

MESSA A FUOCO

L'amicizia tra eroi

Achille e Patroclo sono intensamente legati dall'**amicizia eroica**, un vincolo profondo e indissolubile che nella società arcaica si stabilisce tra due valorosi guerrieri. Patroclo era giunto alla reggia di Peleo, a Ftia, dopo aver ucciso involontariamente un compagno di giochi e lì era stato accolto come ospite: lui e Achille erano dunque cresciuti insieme e fin da ragazzi avevano coltivato un intenso legame.
L'amicizia eroica si basa su una totale condivisione di ideali e di vita: Achille e Patroclo condividono l'esperienza della guerra e i valori del mondo eroico quali la lealtà, l'onore e il coraggio in battaglia. I due non sono semplicemente amici, ma anche fidati consiglieri.
Il carattere di Patroclo è, sotto alcuni aspetti, opposto e complementare a quello di Achille: se il figlio di Peleo è irremovibile nella sua ira e insensibile alle perdite subite dai Greci in battaglia, Patroclo ha compassione dei compagni e sceglie di indossare le armi dell'amico proprio per portare un valido aiuto all'esercito greco. La morte di Patroclo è l'evento che causa il rientro in battaglia di Achille: nell'eroe si uniscono il profondo dolore per la scomparsa dell'amico e l'implacabile desiderio di vendicarne l'uccisione.

COMPRENSIONE

1. A chi viene paragonato Patroclo all'inizio del brano?

Ares ardente

2. A chi viene paragonato Patroclo nel momento in cui Ettore lo colpisce?

A Ettore

3. Chi uccide Patroclo?

Febo

4. Che cosa annuncia Patroclo in punto di morte?

....

ANALISI E RIFLESSIONE

5. Patroclo indossa le armi di Achille…

- A perché aveva perso le sue.
- B perché glielo aveva chiesto Achille.
- C per ingannare i Troiani.
- D per illudersi di essere come Achille. (X)

6. A proposito dell'elmo di Achille che rotola nella polvere, viene detto che «allora Zeus lo donò a Ettore, da portare sul capo: e gli era vicina la morte» (versi 799-800). Questa affermazione è…

- A un'anticipazione di quanto accadrà.
- B un *flashback*, con cui si ricorda un avvenimento passato. (X)
- C un giudizio personale espresso dal cantore.
- D una profezia di Zeus.

LESSICO E STILE

7. Rileggi la similitudine dei vv. 823-828, poi completa la tabella, che suggerisce le somiglianze.

IL DUELLO FRA ETTORE E PATROCLO
Rimbombò sbaragliando, e straziò il cuore all'eroico acheo
Ettore privò della vita Patroclo
Patroclo, che già molti ammazzò

COME

LA LOTTA FRA UN LEONE E UN CINGHIALE
essi superbamente hanno combattuto sui monti per una polla d'acqua
Ettore figlio di Priamo privò della vita
il cinghiale indomabile

8. Nello stile epico le similitudini servono…

- A ad abbellire il racconto.
- B a distrarre gli ascoltatori.
- C a illustrare una scena.
- D a memorizzare i fatti. (X)

9. *Cronìde* significa «figlio di Crono», e è il patronimico di:

- A Zeus
- B Patroclo (X)
- C Eaco
- D Teti

SCRITTURA

10. Le armi di Achille erano un dono degli dèi fatto a suo padre Peleo, in occasione del matrimonio con Teti: erano dunque armi speciali, divine, un po' magiche, e non potevano "funzionare" indosso a chiunque. Pensi che questo abbia a che vedere con la morte di Patroclo? Rispondi con un breve testo e, se possibile, confronta la tua risposta con quella dei compagni.

La morte di Patroclo

Automedonte era pronto. Patroclo salì sul carro.
«Mio caro cugino», dissi posandogli una mano sul braccio, «accontentati di scacciare Ettore dal campo. Qualunque cosa tu faccia, non inseguirlo nella pianura. È chiaro quest'ordine?»
«Perfettamente», rispose scuotendosi di dosso il mio braccio.
Automedonte schioccò la lingua, i cavalli avanzarono verso la porta tra la nostra palizzata e l'area principale dell'accampamento, intanto io salivo sul tetto delle caserme per osservare.

Adesso il combattimento infuriava davanti alla prima fila di navi. Ettore sembrava invincibile. La situazione cambiò di colpo quando un contingente di truppe fresche si scagliò sui Troiani dal lato dello Scamandro, guidate da una figura in armatura dorata su un carro anch'esso dorato tirato da tre cavalli bianchi.
«Achille! Achille!»
Udii entrambe le fazioni gridare il mio nome, e la sensazione che provai fu strana e sconsolante. Però il mio nome bastò. I Troiani, appena videro la figura sul carro e sentirono il mio nome, si trasformarono da vincitori in vinti. Fuggirono. I miei Mirmidoni erano assetati di sangue e si lanciarono con le unghie e coi denti sugli sbandati, abbattendoli senza misericordia, mentre io – cioè Patroclo – lanciavo il mio grido di guerra e li esortavo ad attaccare.
L'esercito di Ettore si riversò sulla rampa dalla parte del Simoenta. Giurai che mai più un troiano avrebbe messo piede nel nostro campo. Non mi avrebbe dissuaso nemmeno il più ingegnoso artificio escogitato da Ulisse. Mi accorsi di piangere, senza sapere per chi: per me, per Patroclo, per tutti i soldati greci caduti. Ulisse era riuscito a fare uscire Ettore dalle mura, ma il prezzo era stato tremendo. Potevo solo pregare che Ettore avesse perso almeno altrettanti uomini.
Ahi! Patroclo stava inseguendo i Troiani nella pianura.
Quando me ne accorsi, sentii sprofondare il mio cuore. Durante la battaglia, la mischia aveva impedito a chiunque di avvicinarsi a lui quanto bastava per scoprire l'inganno ma fuori, nella pianura, tutto era possibile!

Ettore avrebbe riunito i suoi uomini, ed Enea era ancora in campo. Enea mi conosceva. Conosceva me, non la mia armatura.
Di colpo mi sembrò preferibile non sapere. Scesi dal tetto e sedetti sulla panca davanti alla casa, ad attendere che arrivasse qualcuno. Il sole stava per tramontare e le ostilità sarebbero cessate. Sì, Patroclo ne sarebbe uscito bene. Sarebbe sopravvissuto. Doveva sopravvivere.
Udii un suono di passi: il figlio minore di Nestore, Antiloco. Piangeva e si torceva le mani: un gesto rivelatore. Tentai di parlare, ma sentii la lingua incollata al palato e dovetti fare uno sforzo per formulare la domanda.
«Patroclo è morto?»
Antiloco rispose singhiozzando. «Achille, il suo povero corpo nudo giace là fuori in mezzo a una banda di Troiani; Ettore indossa la sua armatura e la sfoggia sotto i nostri occhi. I Mirmidoni hanno il cuore a pezzi, ma non permetteranno a Ettore di avvicinarsi al cadavere, anche se ha urlato il giuramento di dare Patroclo in pasto ai cani di Troia.
Mi alzai in piedi, ma le ginocchia cedettero e caddi nella polvere, proprio dove Patroclo si era inginocchiato per fare la sua richiesta. Impossibile, impossibile. Ma purtroppo doveva essere vero. Sapevo che sarebbe successo. Guardammo verso la pianura brulicante di uomini. Individuai con facilità Aiace, e vidi che teneva testa alle truppe troiane appena arrivate mentre Menelao e un altro guerriero, forse Merione, portavano via dal campo un corpo nudo posato sopra uno scudo all'altezza delle spalle. Portavano a casa Patroclo. I cani di Troia non avrebbero banchettato con le sue carni.
«Patroclo!», gridai. «Patroclo!»
Qualcuno di loro mi udì, guardò dalla mia parte e puntò un dito. Urlai più e più volte il suo nome. Tutta l'armata tacque. Poi il corno della sera lanciò la sua nota lunga e squillante attraverso il campo di battaglia. Ettore, con la mia armatura che mandava un bagliore rossastro nella luce del tramonto, si voltò per riportare il suo esercito a Troia.
Deposero Patroclo su una bara improvvisata nel mezzo del grande piazzale delle assemblee, davanti alla casa di Agamennone. Menelao e Merione, coperti di fango e di sangue, erano così stanchi che stentavano a tenersi in piedi. Poi Aiace inciampò. Quando l'elmo gli cadde dalle dita snervante non ebbe la forza di chinarsi a raccoglierlo. Lo feci io, dandolo ad Antiloco, e presi mio cugino tra le braccia: un modo di sostenerlo con onore, perché era esausto.

I re si disposero in cerchio e guardarono Patroclo morto. Le sue ferite erano prodotte da colpi sleali: uno sotto l'ascella, dove la corazza era aperta, uno nella schiena e un altro nel ventre, dove la lancia era penetrata così profondamente che le viscere pendevano fuori. Sapevo che quella ferita era opera di Ettore, ma ero sicuro che Patroclo era stato ucciso dal colpo nella schiena, chiunque fosse stato a infliggerlo.
Una delle sue mani penzolava di lato della bara. Io la presi tra le mie e mi lasciai cadere al suolo accanto a lui.
«Achille, vieni via», disse Automedonte.
«No, il mio posto è qui. Occupati di Aiace al posto mio e fai venire delle donne a lavare Patroclo e coprirlo con un sudario. Resterà qui finché non avrò ucciso Ettore, e faccio questo giuramento: io deporrò i cadaveri di Ettore e di dodici nobili giovani troiani ai piedi di Patroclo nella tomba. Il loro sangue pagherà il guardiano del Fiume quando Patroclo chiederà di attraversarlo.»
Dopo un po' di tempo le donne vennero a ripulire Patroclo. Lavarono i capelli impiastricciati, chiusero le ferite con balsami e unguenti dal dolce profumo, asportarono gentilmente con la spugna le tracce arrossate delle lacrime intorno ai suoi occhi strettamente chiusi. Di questo potevo essere grato: le sue palpebre erano già abbassate quando l'avevano portato qui. Per tutta la durata della notte io rimasi a tenergli la mano, la mia unica emozione consapevole era la disperazione di un uomo in cui l'ultimo ricordo di una persona amata era accompagnata dall'odio. Ora due ombre avevano sete del m io sangue: Ifigenia e Patroclo.
Ulisse venne con il sorgere del sole portando due coppe di vino diluito e un piatto di pane d'orzo.
«Mangia e bevi, Achille.»
«No, finché non avrò adempiuto la mia promessa a Patroclo.»
«Lui non sa che cosa fai e non gliene importa nemmeno un poco. Se hai giurato di uccidere Ettore, hai bisogno di tutte le tue forze.»

(Colleen McCullough, *Il canto di Troia*, Rizzoli, 1999)

Audio
Ascolta il brano

7. Il duello fra Ettore e Achille

La morte di Patroclo ha spostato l'ira di Achille da Agamennone su Ettore, e spinge l'eroe acheo a vendicare la morte dell'amico.
Instancabile, Achille insegue Ettore con l'accanimento del cane da caccia; nello scintillio delle sue armi divine l'eroe acheo avanza come la stella Espero nel cuore della notte. Ettore fugge, nella sua umana paura, e cerca un sostegno nel fratello Deìfobo, che la crudele Atena gli ha fatto credere vicino.
Quando si accorge dell'inganno, Ettore decide di affrontare con coraggio il suo destino: va quindi incontro alla morte, accettandola nella sua ineluttabilità, come aveva detto ad Andromaca nell'addio del libro VI.

Achille veloce seguiva Ettore, senza riposo incalzandolo;
come un cane sui monti insegue un nato di cerva[1]
per valli e per gole dopo averlo snidato[2]:
e se quello s'appiatta[3] smarrito sotto un cespuglio,
corre pur sempre cercando le tracce finché lo trova;
così non sfuggiva Ettore al piede rapido Achille.
Quante volte[4] pensava di balzare in avanti
verso le porte dei Dardani[5], verso le solide torri,
se mai con l'aste dall'alto potessero dargli soccorso;
tante Achille gli si parava incontro e lo faceva voltare
verso la piana; volava lui sempre dritto alla rocca.
Come uno nel sogno non può arrivare[6] un fuggiasco,
questi non può sfuggire, l'altro non può arrivarlo;
così non poteva correndo Achille afferrarlo, né l'altro [salvarsi.
E come Ettore avrebbe potuto sfuggire le Chere [di morte
se Apollo non gli veniva vicino per l'ultima volta
a stimolargli le forze e le ginocchia veloci?
Intanto ai soldati il rapido Achille accennava di no,
non voleva che i dardi amari[7] scagliassero ad Ettore,
non gli rubasse qualcuno la gloria, colpendolo, e lui [fosse secondo.
Ma quando arrivarono la quarta volta alle fonti,
allora Zeus, agganciò la bilancia d'oro,
le due Chere di morte lunghi strazi vi pose,
quella d'Achille e quella d'Ettore domatore di cavalli,
la tenne sospesa pel mezzo: d'Ettore precipitò [il giorno fatale
e finì giù nell'Ade; l'abbandonò allora Apollo. [...]

come un cane...
Per descrivere l'inseguimento vengono usate ben **due similitudini**, l'una tratta dal mondo della natura, l'altra da un'esperienza 'psicologica' come è il sogno.

piede rapido
L'**epiteto** di Achille, ***piede rapido***, è particolarmente adatto a questa scena di inseguimento!

L'intervento del dio Apollo spiega la straordinaria forza e agilità con cui Ettore riesce a sfuggire all'inseguimento di Achille. Nello stesso tempo si dice che il dio interviene *"per l'ultima volta"*, anticipando così la prossima fine dell'eroe.

le Chere di morte
Le Chere (anche la Chera, al singolare) sono una **personificazione della morte**.

Zeus, la massima autorità fra gli dèi, **pesa i destini dei due eroi**: quello di Ettore pesa di più perché è il più vicino alla morte.

lunghi strazi...
L'epiteto ***lunghi strazi*** attribuito alle **Chere** allude al dolore e al pianto che accompagnano la morte.

1. **un nato di cerva:** un cerbiatto.
2. **snidato:** stanato, fatto uscire dalla sua tana.
3. **s'appiatta:** si nasconde, si acquatta.
4. **Quante volte:** tutte le volte che.
5. **le porte dei Dardani:** le porte dei Troiani, cioè di Troia.
6. **arrivare:** raggiungere.
7. **amari:** crudeli, mortali.

Nei versi 214-247 Atena interviene a portare aiuto ad Achille e, nello stesso tempo, costringe Ettore ad accettare lo scontro diretto. Assume, quindi, le sembianze di Deìfobo, fratello di Ettore, il quale crede di averlo come aiutante al suo fianco.

E quando furon vicini marciando uno sull'altro,
il grande Ettore elmo lucente parlò per primo ad Achille:
«Non fuggo più davanti a te, figlio di Peleo, come or ora
corsi tre volte intorno alla grande rocca di Priamo, [e non seppi
sostenere il tuo assalto; adesso il cuore mi spinge
a starti a fronte, debba io vincere o essere vinto.
Su invochiamo gli dèi: essi i migliori
testimoni saranno e custodi dei patti;
io non intendo sconciarti[8] orrendamente, se Zeus
mi darà forza e riesco a strapparti la vita;
ma quando, o Achille, t'abbia spogliato l'inclite[9] armi,
renderò il corpo agli Achei: e anche tu fa' così».
E guardandolo bieco[10], Achille piede rapido disse:
«Ettore, non mi parlare, maledetto, di patti:
come non v'è fida alleanza fra uomo e leone,
e lupo e agnello non han mai cuori concordi,
ma s'odiano senza riposo uno con l'altro,
così mai potrà darsi che ci amiamo[11] io e te; fra di noi
non saran patti, se prima uno, caduto,
non sazierà col sangue Ares, il guerriero indomabile[12].
Ogni bravura ricorda; ora sì che tu devi
esser perfetto con l'asta e audace a lottare.
Tu non hai via di scampo, ma Pallade Atena
t'uccide con la mia lancia: pagherai tutte insieme
le sofferenze dei miei, che uccidesti infuriando con [l'asta».
Comprese allora Ettore in cuore e gridò:
«Ahi! Davvero gli dèi mi chiamano a morte.
Credevo d'aver accanto il forte Deìfobo:
ma è fra le mura, Atena m'ha teso un inganno.
M'è accanto la mala morte, non è più lontana,
non è evitabile ormai, e questo da tempo era caro[13]
a Zeus e al figlio arciero di Zeus, che tante volte
m'han salvato benigni. Ormai m'ha raggiunto la Moira.

Infierire sul corpo del vinto era un'azione considerata disonorevole; inoltre, senza gli onori funebri l'anima non poteva trovare pace nell'Ade.

come non v'è...
La **similitudine** sottolinea l'impossibile convivenza «leale» (***fida***) fra specie nemiche. Se non è possibile la lealtà, non ha senso stringere patti.

Pallade Atena
L'**epiteto *Pallade*** significa «che scuote la lancia»: la dea Atena è infatti rappresentata come una guerriera e protegge gli Achei, quindi anche Achille.

Non vedendo il fratello Deifobo vicino a sé **Ettore comprende l'inganno di Atena**, la dea guerriera nemica dei Troiani.

Moira
La ***Moira*** è la «parte» che tocca a ogni uomo, cioè il **destino di ombra**.

8. **sconciarti:** straziare il tuo cadavere.
9. **inclite:** famose.
10. **bieco:** storto, con odio.
11. **che ci amiamo:** che siamo amici.
12. **fra di noi non saran patti... il guerriero indomabile:** fra di noi non ci saranno patti, finché uno di noi due non muoia, pagando il suo tributo di sangue all'indomabile dio della guerra, Ares.
13. **era caro a:** era la volontà di.

Di fronte alla morte, a cui nessun uomo può sfuggire, Ettore sa che **la gloria** è la sola cosa **che può dare l'immortalità**.

Ebbene, non senza lotta, non senza gloria morrò,
ma avendo compiuto qualcosa di grande, che anche [i futuri[14] lo sappiano».
Parlando così, sguainò la spada affilata,
che dietro il fianco pendeva, grande e pesante,
e si raccolse e scattò all'assalto, com'aquila alto volo,
che piomba sulla pianura traverso alle nuvole buie,
a rapir tenero agnello o lepre appiattato:
così all'assalto scattò Ettore, la spada acuta agitando.
Ma Achille pure balzò, di furia empì[15] il cuore
selvaggio: parò davanti al[16] petto lo scudo
bello, adorno, e squassava l'elmo lucente
a quattro ripari[17]; volava intorno la bella chioma
d'oro, che fitta Efesto lasciò cadere in giro al cimiero.
Come la stella avanza[18] fra gli astri nel cuor della notte,
Espero, l'astro più bello ch'è in cielo,
così lampeggiava[19] la punta acuta, che Achille scuoteva
nella sua destra, meditando la morte d'Ettore luminoso,
cercando con gli occhi la bella pelle, dove fosse più [pervia[20].
Tutta coprivan la pelle l'armi bronzee, bellissime,
ch'Ettore aveva rapito, uccisa la forza di Patroclo[21];
là solo appariva, dove le clavicole dividon le spalle
dalla gola e dal collo, e là è rapidissimo uccider la vita.
Qui Achille glorioso lo colse con l'asta mentre infuriava,
dritta corse la punta traverso al morbido collo;
però il faggio greve[22] non gli tagliò la strozza[23],
così che poteva parlare, scambiando parole.
Stramazzò nella polvere: si vantò Achille glorioso:
«Ettore, credesti forse, mentre spogliavi Patroclo,
di restare impunito: di me lontano non ti curavi,
bestia! ma difensore di lui, e molto più forte,
io rimanevo sopra le concave navi,
io che ti ho sciolto i ginocchi[24]. Te ora cani e uccelli
sconceranno[25] sbranandoti: ma lui seppelliranno [gli Achei».
Gli rispose senza più forza, Ettore elmo lucente:
«Ti prego per la tua vita, per i ginocchi[26], per i tuoi [genitori,
non lasciare che presso le navi mi sbranino i cani
degli Achei, ma accetta oro e bronzo infinito,
i doni che ti daranno il padre e la nobile madre:
rendi il mio corpo alla patria, perché del fuoco
diano parte a me morto[27] i Teucri e le spose dei [Teucri...»

Dopo che Ettore aveva strappato al corpo di Patroclo le armi di Achille, l'eroe acheo aveva ricevuto delle nuove **armi, forgiate dal dio Efesto**. La costruzione delle armi è descritta nel libro XVIII.

La similitudine con Espero, la stella della sera, che brilla più luminosa delle altre, rappresenta **la superiorità di Achille**, oltre che lo scintillio delle sue armi divine.

Achille si vanta di aver vinto il nemico: le sue **parole** sono **crudeli e piene di disprezzo**, come quelle pronunciate da Ettore nel duello con Patroclo.

14. i futuri: i posteri, gli uomini delle generazioni future.
15. empì: riempì.
16. parò davanti al: mise a protezione del.
17. a quattro ripari: a quattro difese; è un'indicazione relativa alla forma dell'elmo.
18. avanza: sale.
19. lampeggiava: scintillava, brillava.
20. più pervia: più facile da trafiggere.
21. uccisa la forza di Patroclo: dopo aver ucciso il forte Patroclo.
22. il faggio greve: la pesante lancia, fatta di legno di faggio.
23. non gli tagliò la strozza: non gli spezzò la trachea, non danneggiò le corde vocali.
24. io che ti ho sciolto i ginocchi: io che ti ho ucciso.
25. sconceranno: strazieranno.
26. Ti prego... per i ginocchi: ti scongiuro. Il gesto del supplice era quello di abbracciare le ginocchia della persona a cui era destinata la preghiera.
27. perché del fuoco diano parte a me morto: perché il mio corpo possa essere posto sul rogo e bruciato nel rito funebre.

Ma bieco guardandolo, Achille piede rapido disse:
«No, cane, non mi pregare, né pei ginocchi né pei [genitori;
ah! che la rabbia e il furore dovrebbero spingere me
a tagliuzzar le tue carni e a divorarle così, per quel che [m'hai fatto:
nessuno potrà dal tuo corpo tener lontane le cagne,
nemmeno se dieci volte, venti volte infinito riscatto
pesassero qui, altro promettessero ancora;
nemmeno se a peso d'oro vorrà riscattarti
Priamo Dardanide, neanche così la nobile madre
piangerà steso sul letto il figlio che ha partorito,
ma cani e uccelli tutto ti sbraneranno».
Rispose morendo Ettore elmo lucente:
«Va', ti conosco guardandoti! Io non potevo
persuaderti, no certo, ché in petto hai un cuore di ferro.
Bada però, ch'io non ti sia causa dell'ira dei numi,
quel giorno che Paride e Febo Apollo con lui
t'uccideranno, quantunque gagliardo[28], sopra le Scee[29]».
Mentre diceva così, l'avvolse la morte:
la vita volò via dalle membra e scese nell'Ade,
piangendo il suo destino, lasciando la giovinezza e [il vigore.

(*Iliade*, libro XXII, versi 188-213; 248-272; 297-363, traduzione di Rosa Calzecchi Onesti, cit.)

Nelle ultime parole di Ettore è contenuto l'annuncio della morte di Achille. Come abbiamo visto nell'episodio della morte di Patroclo, **le parole pronunciate in punto di morte erano ritenute profetiche**.

Priamo Dardanide
Il **patronimico *Dardanide***, in questo caso significa «discendente di Dardano».
Dardano, figlio di Zeus e della ninfa Elettra, era il fondatore della città di Troia.

28. quantunque gagliardo: anche se sei giovane e forte.
29. sopra le Scee: presso le porte Scee.

COMPRENSIONE

1. **Che cosa accade prima del duello fra Ettore e Achille?**

....

....

2. **Che cosa fanno rispettivamente gli dèi Apollo e Zeus?**

....

....

....

....

....

3. **Di chi sono le armi che Ettore indossa?**

....

....

....

4. **Che cosa annuncia Ettore in punto di morte?**

....

ANALISI E RIFLESSIONE

5. **Le armi che Ettore indossa...**

- A gliele ha prestate il fratello Deifobo.
- B non sono le armi di Achille.
- C sono la causa della sua morte.
- D sono armi comuni.

6. **Ettore dice che la sua morte potrebbe suscitare l'ira degli dèi contro Achille: per quale motivo?**

- A Perché Achille ha minacciato di straziare il corpo di Ettore.
- B Perché Achille si crede più forte degli dèi.
- C Perché gli dèi si adirano facilmente.
- D Perché Ettore vuole intimorire Achille.

LESSICO E STILE

7. **In questo brano sono particolarmente frequenti e significative le similitudini. Seguendo l'esempio, per ognuna delle similitudini riportate indica qual è l'elemento di somiglianza, cioè l'elemento in comune, tra la scena del combattimento e quella tratta dalla natura.**

come un cane sui monti insegue un nato di cerva
per valli e per gole dopo averlo snidato:
e se quello s'appiatta smarrito sotto un cespuglio,
corre pur sempre cercando le tracce finché lo trova;
così non sfuggiva Ettore al piede rapido Achille

Elemento in comune: sono due scene di inseguimento, c'è un predatore e c'è una preda.

Come uno nel sogno non può arrivare un fuggiasco,
questi non può sfuggire, l'altro non può arrivarlo;
così non poteva correndo Achille afferrarlo, né l'altro
salvarsi

Elemento in comune: ....

come non v'è fida alleanza fra uomo e leone,
e lupo e agnello non han mai cuori concordi,
ma s'odiano senza riposo uno con l'altro,
così mai potrà darsi che ci amiamo io e te;

Elemento in comune: ....

si raccolse e scattò all'assalto, **com'**aquila alto volo,
che piomba sulla pianura traverso alle nuvole buie,
a rapir tenero agnello o lepre appiattato:
così all'assalto scattò Ettore, la spada acuta agitando.

Elemento in comune: ....

8. **La conclusione del duello tra Ettore e Achille presenta uno schema molto simile a quello usato per il duello fra Ettore e Patroclo (vedi pag. 106). Completa la tabella che segue, in cui sono già inserite le parti relative all'episodio di Patroclo, ricopiando i brani simili della morte di Ettore.**

	MORTE DI PATROCLO	MORTE DI ETTORE
Il vincitore si vanta dicendo...	«Patroclo, tu speravi d'abbattere la nostra città, stolto! Io con l'asta eccello fra i Teucri amanti di guerra: e così li difendo dal giorno fatale; ma te qui gli avvoltoi mangeranno».	Ettore, credesti forse, mentre spogliavi Patroclo, di restare impunito di me lontano non ti curavi bestia! ma difensore di lui era quello più forte io rimanevo sopra le concave navi, io che ti ho sciolto i ginocchi
L'eroe che muore risponde e preannuncia il futuro...	«Sì, Ettore, adesso vàntati: a te hanno dato vittoria Zeus Cronide e Apollo, che m'abbatterono facilmente: essi l'armi dalle spalle mi tolsero. Altro ti voglio dire e tientelo in mente: davvero tu non andrai molto lontano, ma ecco ti s'appressa la morte e il destino invincibile: cadrai per mano d'Achille, dell'Eacide perfetto».	
Viene descritto il momento della morte...	Mentre parlava così la morte l'avvolse, la vita volò via dalle membra e scese nell'Ade, piangendo il suo destino, lasciando la giovinezza e il vigore.	

SCRITTURA

9. **Il rispetto per i morti e il rendere loro gli onori funebri appare un valore fondamentale nel mondo descritto da Omero, anche se Achille ha deciso di non riconoscere questo valore nel caso di Ettore. Come giudichi il comportamento dell'eroe acheo? Ritieni giusto che la sua ira continui anche dopo la morte del suo nemico? Rispondi con un breve testo e, se possibile, confronta la tua risposta con quella dei compagni.**

Il duello tra Ettore e Achille

(Ettore) in cuor suo rimpiangeva i tanti eroi morti in quel giorno di guerra, e sapeva di averli uccisi lui quando si era rifiutato di ritirare l'esercito davanti al ritorno di Achille. Li aveva traditi, e adesso l'unica cosa da fare era riconquistare l'amore del suo popolo sfidando quell'uomo. Forse pensò per un attimo di posare le armi e mettere fine alla guerra, restituendo Elena e tutte le sue ricchezze, e altre ancora. Ma sapeva che ormai nulla avrebbe fermato Achille, se non la vendetta. Lo vide arrivare di corsa, splendente nelle sue armi come un sole che sorge.
Lo vide fermarsi, di fronte a lui, la lancia sollevata sulla spalla destra, terribile come mai un uomo potrebbe apparire, ma solo un dio, il dio della guerra. E il terrore gli prese il cuore. Si mise a scappare, Ettore, correndo lungo le mura, più veloce che poteva. Come un falco, Achille gli si lanciò dietro, furente. Per tre volte girarono intorno a Troia, come cavalli scatenati in una corsa: ma quella volta, in palio, non c'erano oro, o schiavi, o ricchezze: la vita di Ettore era il premio. E quando ripassavano davanti alle porte Scee, ogni volta Achille si faceva sotto e tagliava la strada a Ettore, spingendolo verso la pianura, per impedirgli di scappare in città.
E così ricominciavano a correre: era come nei sogni, quando inseguiamo qualcuno e non riusciamo a raggiungerlo, ma neppure lui riesce a fuggire davvero, e può durare tutta la notte. Durò fino a quando, dalle porte Scee, uscì Deìfobo e veloce corse al fianco di Ettore dicendogli "Fratello mio, in questo modo Achille ti sfinirà, fermati, e lo affronteremo insieme". Ettore lo guardò e gli si spalancò il cuore. Smise di fuggire, Ettore. Si fermò, Achille. Lentamente andarono uno incontro all'altro. Il primo a parlare fu Ettore: "Non scapperò più davanti a te, Achille. Adesso ho ritrovato il coraggio di starti di fronte. Tu però giurami che se vincerai prenderai le mie armi ma non il mio corpo. Lo stesso io farò con te". Achille lo guardò con odio. "Ettore, dannato, non farò patti con te. Non fanno patti uomini e leoni, lupi e agnelli: la loro discordia è per sempre. Pensa piuttosto a combattere. È arrivato il momento di dimostrare se davvero sei il guerriero che credi." Poi alzò la lancia, facendola oscillare nell'aria, e la scagliò con forza terribile. Ettore la vide arrivare, veloce si piegò da un lato, la punta di bronzo volò oltre le sue spalle, e andò a piantarsi nella terra.
Allora non era vero che gli dèi avevano già deciso tutto, e che già era

scritto il nome del vincitore! Ettore strinse la lancia, la alzò sul capo, e la scagliò. La punta di bronzo centrò in pieno lo scudo di Achille, ma quello era uno scudo divino, nulla avrebbe potuto schiantarlo, la punta di bronzo si conficcò proprio nel centro, ma lì si fermò. Ettore la guardò smarrito, e si voltò per chiedere a Deìfobo un'altra lancia, con cui continuare a combattere. Si voltò, ma Deìfobo non era più lì. Allora Ettore capì che il suo destino l'aveva alla fine raggiunto. E poiché era un eroe, estrasse la spada, per morire combattendo, per morire in un modo che tutti gli uomini a venire avrebbero per sempre raccontato. Prese lo slancio, come un'aquila avida di piombare sulla preda. Di fronte a lui Achille si raccolse nello splendore delle sue armi. Si balzarono addosso, come due leoni. La punta di bronzo della lancia di Achille
avanzava come avanza brillando la stella della sera nel cielo notturno. Cercava un punto scoperto tra le armi di Ettore, le armi che un giorno erano state di Achille, e poi di Patroclo. Cercava tra il bronzo la fessura per arrivare alla carne e alla vita. La trovò nel punto in cui il collo si appoggiava alla spalla, il tenero collo del mio amato: penetrò nella gola e la trapassò da parte a parte. Cadde nella polvere, Ettore. Guardò Achille e con l'ultimo soffio di vita gli disse: "Ti supplico, non abbandonarmi ai cani, restituisci il mio corpo a mio padre". Ma duro oltre ogni speranza era il cuore di Achille. "Non supplicarmi, Ettore. Troppo è il male che mi hai fatto, è già tanto che non ti faccia a pezzi e non ti sbrani io stesso. Patroclo, lui sì, avrà tutti gli onori funebri che merita. Tu meriti che i cani e gli uccelli ti divorino, lontano dal tuo letto, e dalle lacrime di chi ti ha amato." Ettore chiuse gli occhi, e la morte lo avvolse. Volò via, l'anima, verso l'Ade, piangendo il suo destino, e la forza e la giovinezza perdute. Achille estrasse la lancia dal corpo di Ettore. Poi si chinò a sfilargli le armi. Tutti gli Achei corsero a guardare, da vicino. Per la prima volta vedevano quel corpo nudo, senza armi. Erano ammirati per la sua bellezza, eppure non uno resistette alla tentazione di colpirlo, con la spada, con la lancia. Ridevano. "Certo è molto più morbido adesso, Ettore, di quando dava fuoco alle nostre navi." Ridevano e lo colpivano. Finché Achille non li fece smettere. Si chinò su Ettore, e con un coltello forò le sue caviglie, proprio sotto il malleolo. Dal foro fece passare delle cinghie di cuoio e le annodò saldamente al suo carro. Fece in modo che il corpo penzolasse, con la testa tra la polvere. Poi prese con sé le armi di Ettore, il suo trofeo e salì sul carro. Frustò i cavalli e quelli presero il

volo. Trascinato nella terra, il corpo di Ettore sollevava una nuvola nera di polvere e sangue.
Era così bello il tuo volto. E adesso striscia nella terra, coi bei capelli bruni che, strappati, volano nella polvere. Eravamo nati lontani, noi due, tu a Troia io a Tebe, ma un solo destino ci aspettava. Ed è stato un destino infelice. Adesso mi lasci vedova nella tua casa, immersa nel più tremendo dolore. Il figlio che abbiamo avuto insieme è ancora così piccolo: non potrai più aiutarlo, e lui non potrà aiutare te. Se mai sopravviverà a questa guerra, per sempre gli saranno accanto pena e dolore, perché chi non ha un padre perde gli amici, e con fatica difende i suoi averi. A occhi bassi, il volto rigato di lacrime, andrà a tirare il mantello di altri padri, per avere protezione, e qualcuno magari avrà uno sguardo di pietà per lui, ma sarà come bagnare le labbra di un assetato. E sì che i Troiani lo chiamavano "il signore della città", questo bambino, perché era figlio tuo, e tu eri colui che, quella città, da solo difendeva. Ettore… Il destino ti ha fatto morire lontano da me, e questo sarà per sempre il mio dolore più grande: perché non ho avuto per me le tue ultime parole: le avrei tenute strette e le avrei ricordate per tutta la vita: ogni giorno e ogni notte della mia vita. Sotto le navi nere, adesso, sei preda di vermi e il tuo corpo nudo, che tanto amavo, fa da pasto ai cani. Tuniche bellissime e ricche, tessute da mano di donna, ti aspettavano qui. Andrò nella reggia, le prenderò e le getterò nel fuoco. Se questa è l'unica pira che posso fare in tuo onore, la farò. Per la tua gloria, davanti a tutti gli uomini e le donne di Troia.

(Alessandro Baricco, *Omero, Iliade*, Feltrinelli, 2004)

Audio
Ascolta il brano

Il duello fra Ettore e Achille

Achille insegue Ettore. Si avvicina il momento fatale

Achille veloce inseguiva Ettore, incalzandolo senza tregua.
Come quando un cane sui monti, dopo avere stanato
un cerbiatto, lo insegue per valli e per gole;
il cerbiatto, impaurito, si nasconde sotto un cespuglio,
ma il cane continua a cercare le sue tracce finché lo trova;
allo stesso modo Ettore non riusciva a sfuggire al veloce
Achille. Quando tentava di gettarsi in avanti, verso
le porte di Troia e le sue solide torri, sperando
che i Troiani dall'alto potessero dargli aiuto con le frecce,
ogni volta Achille gli tagliava la strada, lo faceva voltare
verso la pianura, mentre lui correva velocissimo
sempre verso la rocca della città.
Come quando si sogna di inseguire qualcuno
e non si riesce a raggiungerlo; chi fugge
non riesce a sfuggire né chi insegue a raggiungere,
allo stesso modo Achille non riusciva a raggiungere
Ettore, né Ettore a salvarsi da Achille.
Ed Ettore non avrebbe di certo avuto scampo,
se Apollo non lo avesse aiutato per l'ultima volta,
mettendogli forza e agilità nelle gambe.
Intanto il veloce Achille faceva cenno di no
ai suoi uomini: non voleva che scagliassero
contro Ettore le frecce mortali, per timore che
qualcuno gli rubasse la gloria di colpire per primo Ettore.
Ma quando per la quarta volta, correndo, giunsero alle fonti,
allora Zeus agganciò la bilancia d'oro,
sui due piatti mise i due destini di morte,
quello di Achille su un piatto, sull'altro il destino

di Ettore, abile a domare i cavalli; Zeus tenne la
bilancia sospesa al centro e il destino di Ettore precipitò
verso il basso, verso l'Ade. Allora Apollo lo abbandonò.

Ettore propone ad Achille un patto

I due eroi marciarono uno contro l'altro e, quando
furono vicini, per primo il grande Ettore dall'elmo
splendente parlò ad Achille: «Non fuggirò più
davanti a te, figlio di Peleo, come ho fatto prima,
correndo per tre volte intorno alla città di Priamo,
senza riuscire a sostenere il tuo assalto.
Adesso il mio cuore mi spinge ad affrontarti,
comunque vadano le cose, che io vinca o sia vinto.
Ora però, invochiamo gli dèi, che siano
testimoni di questo patto: io giuro che non
strazierò il tuo corpo, se Zeus mi concederà
di vincere e di ucciderti; ma, dopo averti strappato
le armi famose, restituirò ai Greci il tuo corpo.
Giura che anche tu farai lo stesso».

Achille rifiuta qualunque accordo con Ettore

Lo guardò con odio e gli rispose il veloce Achille:
«Ettore, maledetto, non parlarmi di accordi:
come non può esserci accordo leale tra uomo e leone,
come non vanno d'accordo il lupo e l'agnello,
ma sono sempre nemici gli uni degli altri,
così tra me e te non ci potrà mai essere accordo;
non ci saranno mai patti, prima che uno di noi muoia
e plachi la sete di sangue di Ares, l'invincibile dio della [guerra.
Chiama in aiuto tutto il tuo valore: ora sì che tu devi
essere un guerriero davvero abile e audace.
Tu non hai via di scampo: presto la dea Pallade Atena

ti ucciderà con la mia lancia e tu pagherai tutte quante
le morti dei miei compagni, che hai ucciso con la tua
[lancia».

Ettore si accorge dell'inganno di Atena. Achille si accinge a colpirlo

Allora Ettore capì nel suo cuore ed esclamò:
«Ahimè, certo gli dèi mi chiamano alla morte.
Credevo di avere vicino il forte Deifobo, ma
Pallade Atena mi ha ingannato: Deifobo è dentro le mura.
La morte è accanto a me, ormai è vicina,
non la posso evitare; questa era da tempo la volontà di
Zeus e di suo figlio Apollo, che tante volte in passato
mi hanno protetto. Ormai mi ha raggiunto il destino.
Però, non voglio morire senza lottare né senza
gloria: voglio fare qualcosa di grande, che anche i posteri
[ricorderanno».
Dicendo così, Ettore sguainò la sua spada affilata,
lunga e pesante, che portava appesa al fianco;
si raccolse e prese lo slancio, come l'aquila dall'alto volo,
che piomba sulla pianura attraverso le nuvole oscure
per rapire un tenero agnello o una timida lepre:
così si scagliò Ettore, agitando la spada acuta.
Anche Achille si lanciò, con l'animo pieno di furia
selvaggia; teneva davanti al petto lo scudo
bellissimo, e oscillava l'elmo splendente
e robusto, facendo ondeggiare la folta criniera d'oro
con cui il dio Efesto aveva ornato il cimiero.
Come la stella della sera sale fra le altre stelle
nel cuore della notte, Espero, l'astro più bello del cielo,
così risplendeva la punta acuta della lancia che Achille
impugnava nella destra, meditando la morte del nobile
Ettore. Scrutava la superficie del suo bel corpo,
per trovare il punto più vulnerabile.

Ettore era tutto coperto dalle bellissime armi di bronzo
che aveva tolto al forte Patroclo, dopo averlo ucciso;
si vedeva solo il punto in cui la clavicola divide il collo
e la gola dalla spalla, il punto dove la morte è più rapida.

Ettore viene colpito a morte e preannuncia ad Achille la sua prossima fine

In quel punto lo colpì con furia il nobile Achille:
la punta della lancia trapassò il tenero collo di Ettore,
però l'asta pesante non gli recise la trachea,
così che egli poteva ancora parlare.
Ettore cadde nella polvere e il nobile Achille disse
vantandosi: «Ettore, quando hai spogliato Patroclo
delle armi, forse credevi di essere al sicuro, non
ti preoccupavi di me, perché ero lontano. Sciocco!
A difendere Patroclo, e molto più forte di lui, ero
rimasto io, sopra le concave navi, io che ora ti
ho ucciso. Il tuo corpo ora sarà straziato da cani
e uccelli, mentre il suo sarà seppellito dagli Achei».
Gli rispose senza più forze Ettore, l'eroe dall'elmo
splendente: «Ti supplico in ginocchio per la tua vita
e per i tuoi genitori: non lasciare che mi sbranino
i cani presso le navi degli Achei, ma accetta
un ricco riscatto, i doni - oro e bronzo - che mio padre
e la mia nobile madre ti daranno. Restituisci il mio corpo
alla patria, perché i Troiani e le Troiane lo affidino
alle fiamme del rogo». Ma il veloce Achille lo guardò
con odio e disse: «No, cane, non mi supplicare in
ginocchio per i miei genitori; la mia ira furiosa
mi spingerebbe a fare a pezzi il tuo corpo
e divorare la tua carne cruda, tanto è il male
che mi hai fatto. Nessuno potrà tenere lontani
i cani dal tuo cadavere, nemmeno se mi portassero
un riscatto di dieci o venti volte più grande

e ne promettessero ancora, nemmeno se Priamo, discendente
di Dardano, volesse riscattarti
a peso d'oro; neanche così la nobile madre
che ti ha partorito potrà stenderti sopra un letto
funebre e piangerti. Ti sbraneranno tutto
i cani e gli uccelli». Mentre moriva, Ettore
dall'elmo splendente rispose ad Achille:
«Basta guardarti per capire che non potevo
convincerti; hai un cuore di ferro nel petto.
Bada però che la mia morte non attiri su di te
l'ira degli dèi, il giorno in cui Paride e Febo Apollo
ti uccideranno presso le porte Scee, per quanto tu sia
valoroso». Mentre diceva così, la morte lo avvolse,
la vita abbandonò il corpo e scese nell'Ade,
piangendo il suo destino, senza più forza e giovinezza.

(parafrasi di Catia Gusmini)

1. **Chi, tra Ettore e Achille, è protetto da Atena?**

....

2. **Come capisce Zeus che la fine di Ettore è vicina?**

....

3. **Che cosa chiede Ettore ad Achille? Come risponde Achille?**

....

....

LETTURA D'OPERA

In questo gruppo in terracotta **lo scultore ha rappresentato un passo del libro XXII dell'*Iliade*** (versi 395-410): dopo aver ucciso Ettore (vedi il brano a pag. 112), **Achille**, ancora dominato dalla sua ira feroce, **strazia il corpo del Troiano**.

«Disse così, e intanto preparava per Ettore un oltraggio indegno. Nella parte posteriore dei piedi forò i tendini, tra caviglia e tallone, vi passò delle corregge e le legò al carro, lasciando che la testa fosse trascinata per terra. Poi salì sul carro portando le armi famose e con un colpo di frusta stimolò i cavalli che di slancio presero il volo.»

Bartolomeo Pinelli, *Achille trascina il corpo di Ettore*, 1833, Museo Nazionale di Palazzo Venezia, Roma.

I cavalli si lanciano al galoppo, con tutta la potenza dei loro muscoli tesi; *«una nuvola nera si leva intorno al corpo trascinato».*

Achille, in piedi sul carro da guerra, domina la scena, con la spada in pugno e lo sguardo sprezzante rivolto alle mura di Troia, dove i genitori di Ettore stanno osservando il corpo straziato del figlio.

«La testa di Ettore era tutta coperta di polvere. E la madre quando vide il figlio, diede un alto grido, gettò lontano il velo splendente e si strappava i capelli; scoppiò in singhiozzi dolorosi il padre, e tutti intorno, per la città, si abbandonavano al pianto e ai lamenti.»

Per la figura di **Ettore** lo scultore si è ispirato alle immagini del Cristo deposto.

VERIFICA FORMATIVA

Leggi con attenzione il brano, poi svolgi gli esercizi.

Audio Ascolta il brano

Priamo alla tenda di Achille

(*Iliade*, libro XXIV)

Il re Priamo si reca nel campo degli Achei per riscattare il corpo del figlio Ettore con doni preziosi. L'impresa dell'anziano padre si annuncia davvero difficile: egli, vecchio e inerme, tenterà di placare l'ira di Achille con le sole armi della pietà.

Entrò Priamo simile a un dio, senza essere visto, e quando fu accanto ad Achille gli abbracciò le ginocchia e gli baciò le mani e si volse a lui con parole di supplica:

«Ricordati di tuo padre, divino Achille, tuo padre che ha la mia stessa età ed è alle soglie della triste vecchiaia; ma lui, almeno, si rallegra in cuor suo sentendo che tu sei vivo, e di giorno in giorno spera di rivedere suo figlio di ritorno da Troia. Ma la mia sventura è immensa: ho messo al mondo valorosi figli nella grande città di Troia e di loro non me n'è rimasto nessuno; l'unico che mi restava, colui che proteggeva la città e i cittadini – Ettore – tu l'hai ucciso mentre difendeva la patria; è per lui che io vengo ora alle navi dei Danai, per riscattarlo, e porto doni infiniti».

Così parlò Priamo, e in Achille fece sorgere il desiderio di piangere per suo padre; tutti e due ricordavano: Priamo, ai piedi di Achille, piangeva per Ettore uccisore di uomini, e Achille piangeva per suo padre e piangeva anche per Patroclo: alto si levava, dentro la tenda, il lamento.

Ma quando Achille glorioso fu sazio di lacrime, allora si levò dal seggio, prese il vecchio per mano e lo fece alzare; e compiangendo i capelli bianchi e la bianca barba del vecchio, si rivolse a lui con queste parole:

«Infelice, chiudiamo nell'animo, per quanto sia grande, la nostra angoscia; a nulla servono pianti e lamenti: hanno stabilito gli dei che gli infelici mortali vivano nel dolore, mentre loro non conoscono affanni. Nella dimora di Zeus vi sono due grandi orci che ci dispensano l'uno i mali, l'altro i beni; li mescola il dio delle folgori, e colui a cui ne fa dono riceve ora un male ora un bene; e chi riceve dolori diventa un miserabile. Ecco: gli dei diedero a Peleo splendidi doni fin dalla nascita; ma poi gli inflissero anche una sventura, perché nel suo palazzo un solo figlio è nato, dal breve destino; e io non sono lì per aver cura di lui nella sua vecchiaia, sono qui a Troia, molto lontano dalla mia patria, sono qui per la rovina tua e dei tuoi figli. E anche tu, vecchio, lo sappiamo, eri felice un tempo; ma poi gli dei celesti ti hanno inflitto questo dolore, di vedere intorno alla tua città battaglie e carneficine. Fatti forza e non tormentarti senza tregua nell'animo; a nulla ti servirà piangere su tuo figlio, non lo farai rivivere e forse dovrai patire qualche altra sciagura».

Gli disse allora il vecchio re Priamo simile a un dio: «Non farmi sedere, prediletto da Zeus, fino a che Ettore giace nella tenda, insepolto, ridammelo presto, che io lo veda con i miei occhi; e tu accetta i doni che ti ho portato in gran quantità; che tu possa goderne e possa tornare nella tua terra, tu che mi hai lasciato vivere e vedere la luce del sole».

(da *Iliade*, a cura di Maria Grazia Ciani, Marsilio, Venezia, 2004)

1. Il libro XXIV dell'*Iliade*, da cui è tratto il brano che hai appena letto, ...
(1 punto per la risposta corretta)

A si trova esattamente a metà del poema.
B si trova nella prima parte del poema.
C anticipa gli sviluppi futuri della vicenda.
X D si trova nella parte conclusiva del poema.

punti ..../1

2. Metti in ordine cronologico i seguenti episodi dell'*Iliade*.
(1 punto per ogni indicazione corretta)

5 La morte di Ettore
1 Lo scontro fra Achille e Agamennone
6 Il duello fra Paride e Menelao
3 Il colloquio fra Ettore e Andromaca
2 Tersite
4 La morte di Patroclo

punti ..../6

3. Nel brano vengono ricordati due episodi fondamentali nella vicenda narrata nell'*Iliade*: quali sono questi episodi?
(1 punto per la risposta corretta)

A Il matrimonio fra Peleo e Teti e la nascita di Achille
B La morte di Patroclo e quella di Ettore
C La morte di Peleo e quella di Patroclo
X D La guerra di Troia e la morte di Priamo

punti ..../1

4. Quale epiteto, presente nel brano, indica Zeus?
(1 punto per la risposta corretta)

Grandi arci

punti ..../1

5. Quale epiteto viene usato per accompagnare il nome di Priamo?
(1 punto per la risposta corretta)

A uno Dio

punti ..../1

6. L'epiteto riferito a Priamo...
(1 punto per la risposta corretta)

A si riferisce al suo aspetto ancora giovane.
X B si riferisce al suo aspetto da giovane.
C si riferisce alla sua nobiltà di re.
D è usato ironicamente, visto che Priamo è vecchio e brutto.

punti ..../1

7. Descrivi in un testo di 20 righe le caratteristiche di Achille, facendo riferimento agli episodi che fanno emergere più chiaramente le qualità dell'eroe.
(10 punti per l'elaborato adeguatamente svolto)

punti ..../10

VERIFICA FORMATIVA

8. **Perché Priamo abbraccia le ginocchia di Achille? (2 punti per la risposta corretta)**

....

....

....

punti ..../2

9. **Perché Achille piange? Si commuove per il gesto di Priamo?**
(1 punto per la risposta corretta)

....

....

punti ..../1

10. **Con la parabola dei due grandi orci (righe 21-24) il giovane Achille ricorda al vecchio Priamo che:**
(5 punti per il completamento corretto)

....

....

....

....

....

....

punti ..../5

11. **Quali esempi porta Achille a sostegno della sua visione della vita?**
(2 punti per la risposta corretta)

....

....

....

punti ..../2

12. **Vinti e vincitori sembrano alla fine condividere un destino comune, segnato dal dolore. Come giudichi questa conclusione dell'*Iliade*? Esprimi in un breve testo (15 righe) il tuo pensiero.**
(10 punti per l'elaborato adeguatamente svolto)

punti ..../10

AUTOVALUTAZIONE

Punteggio ottenuto: ..../41 (livello di sufficienza: 24/41)

- Ho trovato difficoltà nella comprensione del testo: ☐ sì ☐ no
- Le difficoltà che ho incontrato si riferiscono:
  ☐ alla comprensione dei fatti narrati ☐ alla comprensione del linguaggio
  ☐ alla conoscenza della trama dell'*Iliade* ☐ alla conoscenza del genere epico
- Il brano dell'*Iliade* che mi è piaciuto di più è:
  ....
- I brani dell'*Iliade* che ho letto in questa Unità mi hanno interessato:
  ☐ molto ☐ abbastanza ☐ poco ☐ per nulla
- Ritengo che la mia preparazione sia complessivamente:
  ☐ buona ☐ discreta ☐ sufficiente ☐ scarsa

ODISSEA

Video Lezione Carte-gioco Bacheca

Arnold Böcklin, *Odisseo e Calipso*, 1882-1883, Kunstmuseum, Basilea.

Siamo **nel V libro dell'*Odissea***, e **Omero fa entrare in scena** solo adesso **il protagonista**, **bloccato da sette anni sull'isola della ninfa Calipso**; a lei il dio Ermes deve riferire l'ordine di Zeus di lasciar finalmente partire l'eroe. Quando il messaggero degli dèi raggiunge la grotta di Calipso, non vi trova Odisseo: l'eroe «sul promontorio piangeva, seduto, là dove sempre, / con lacrime, gemiti e pene straziandosi il cuore, / e al mare mai stanco guardava, lasciando scorrere lacrime».

Il pittore ha rappresentato **un momento fondamentale della vicenda di Odisseo**, narrata nel poema che da lui prende il nome: la guerra di Troia è finita da anni, ma l'eroe che ha reso possibile la conquista della città (**suo è l'inganno del cavallo**) non è ancora riuscito a **tornare a Itaca**, dall'amata Penelope, ed è tormentato dalla nostalgia.

La figura di Odisseo, ammantata di blu, appare chiusa in un dolore che non trova conforto; egli volta le spalle alla bella ninfa, che lo tiene prigioniero per desiderio di farne il suo sposo, e guarda verso il mare, che lo separa dal ritorno, dalla patria, dalla vita stessa. **Odisseo non dimentica, e per questo il desiderio del ritorno fa così male**.

La parola **nostalgia** significa proprio questo: desiderare a tal punto il **ritorno** (in greco ***nóstos***) da provarne **dolore** (in greco ***álgos***); ma è proprio il desiderio di ritornare che consente a Odisseo di affrontare tante avventure, di superare tanti ostacoli e di raggiungere, alla fine, la sua meta.

LA TRAMA

L'*Odissea* narra il ritorno di Odisseo a Itaca, dopo la conquista di Troia. L'azione si sviluppa intorno **a due trame parallele**, le avventure di Telemaco alla ricerca del padre e il racconto delle peregrinazioni di Odisseo, **che si ricongiungono** quando entrambi ritornano in patria e insieme compiono la vendetta sui Proci, i pretendenti alla mano di Penelope.

Libri I-IV - Il viaggio di Telemaco alla ricerca del padre

Mentre Odisseo è trattenuto a Ogigia dalla ninfa Calipso, gli dèi discutono sulla sorte dell'eroe, da lungo tempo perseguitato da Poseidone. Zeus concede che Odisseo possa riprendere il suo viaggio verso casa; intanto **Atena**, assunte le sembianze di Mente, re dei Tafi, rivelerà a **Telemaco**, figlio di Odisseo, che il padre è vivo ed esorterà il giovane a mettersi in viaggio per raccogliere notizie su di lui. Telemaco si reca a Pilo, alla corte di Nestore, e a Sparta, da Menelao; tuttavia non riesce ad avere notizie certe sul ritorno di Odisseo.

Libri V-VIII - Il viaggio di Odisseo dall'isola di Calipso alla terra dei Feaci

La ninfa **Calipso** obbedisce agli dèi e lascia che Odisseo costruisca una zattera con la quale prendere il largo. Dopo diciotto giorni di navigazione Odisseo viene travolto da una tempesta, scatenata da Poseidone, che lo fa naufragare sull'isola di Scheria, la terra dei Feaci. Odisseo incontra sulla spiaggia **Nausicaa**, figlia del re Alcinoo, la quale lo invita a recarsi a palazzo. Qui l'eroe viene accolto generosamente, ma non rivela subito la propria identità.

Libri IX-XII - Odisseo racconta ai Feaci le sue avventure

Odisseo finalmente rivela il suo nome e comincia a narrare le vicende del suo tormentato ritorno in patria, dopo i dieci anni della guerra di Troia.
Sfuggito agli attacchi dei **Ciconi**, Odisseo e i suoi compagni erano giunti presso i **Lotofagi**; successivamente avevano raggiunto la terra dei mostruosi **Ciclopi**. Fatto prigioniero da **Polifemo**, Odisseo aveva perduto alcuni compagni, divorati dal mostro, ma era poi riuscito con l'astuzia a liberare sé e i compagni superstiti. L'accecamento di Polifemo aveva però attirato su Odisseo l'ira del padre **Poseidone**.
In seguito Odisseo era giunto nell'isola di **Eolo**, re dei venti, il quale gli aveva donato un otre di cuoio con dentro tutti i venti, eccetto Zefiro, per assicurargli un ritorno felice. I compagni però, pensando che nell'otre vi fosse un tesoro, lo avevano aperto, provocando una terribile tempesta. Erano quindi approdati sull'isola dei **Lestrigoni**; scampato a stento a quel popolo di cannibali, l'eroe, con una sola nave e pochi uomini, era giunto a Eea, l'isola di **Circe**.

La maga aveva trasformato in porci alcuni compagni di Odisseo, il quale, aiutato da Ermes, era poi riuscito a liberarli; aveva quindi accettato di rimanere con Circe per un anno. Prima di tornare in patria, la maga lo aveva esortato a compiere un viaggio nella terra dei morti, per conoscere il proprio futuro dall'indovino Tiresia, e lo aveva avvisato dei pericoli che avrebbe incontrato: il mortifero canto delle **Sirene**, **Scilla**, mostro a sei teste, e i gorghi terribili di **Cariddi**.
Odisseo era infine sbarcato sull'isola Trinachía, dove i compagni, tormentati dalla fame, avevano divorano le carni di alcune giovenche della mandria del Sole. Per questo essi erano stati puniti dal dio con la morte, mentre Odisseo, unico superstite, era approdato all'isola Ogigia, dove era rimasto per sette anni presso la ninfa Calipso.
Qui termina il racconto di Odisseo ai Feaci.

Libri XIII-XXIV - Odisseo ritorna a Itaca, si vendica dei Proci e riconquista il suo regno

I Feaci riconducono Odisseo a Itaca, dove i **Proci** spadroneggiano in attesa che **Penelope** scelga tra loro il suo nuovo sposo.
L'eroe riabbraccia il figlio Telemaco e con lui organizza un piano per sgominare i Proci; si reca quindi a palazzo travestito da mendicante. Accolto come un ospite da Penelope, Odisseo le racconta di aver conosciuto il marito e di sapere che è vivo; la regina, commossa, gli narra della sua triste condizione e dell'inganno della tela e gli rivela l'intenzione di organizzare una gara: chi dei pretendenti riuscirà a tendere l'arco di Odisseo e a far passare una freccia attraverso gli anelli di dodici scuri allineate, sarà degno di diventare suo sposo.
I Proci tentano invano di tendere l'arco; invece Odisseo, senza alcuno sforzo, riesce a scoccare una freccia che attraversa l'anello di tutte e dodici le scuri.
Rivelata la propria identità, Odisseo dà inizio alla strage dei pretendenti.
Dopo il riconoscimento con Penelope, i due sposi ritrovano l'amore e si raccontano le passate sventure; successivamente, con l'aiuto di Atena che placa l'ira dei parenti dei Proci, vengono stabiliti patti tra Odisseo e il suo popolo e sul regno di Itaca ritorna finalmente la pace.

Per tutti

Audio Ascolta il brano

La trama dell'*Odissea*

PRIMA PARTE
(libri I-XII)

Il viaggio di Odisseo

- Odisseo, re di Itaca, inzia il viaggio per tornare in patria dopo aver combattuto per dieci anni e aver conquistato la città di Troia con l'inganno del gigantesco cavallo di legno.

- Intanto il figlio di Odisseo, Telemaco, parte alla ricerca di notizie del padre.

- Il viaggio di Odisseo è reso difficile dal dio Nettuno: Nettuno è arrabbiato con Odisseo perché egli ha accecato suo figlio, il ciclope Polifemo.

- Durante il suo lungo e difficile viaggio attraverso il Mediterraneo, Odisseo incontra molti altri personaggi magici o mostruosi: la ninfa Calipso, la maga Circe, i Ciclopi, i Lestrìgoni cannibali, le Sirene, i gorghi di Scilla e Cariddi. L'eroe supera tutte queste prove con intelligenza e coraggio.

L'approdo a Itaca e la vendetta sui Proci

SECONDA PARTE
(libri XIII-XXIV)

- La dea Atena, che protegge Odisseo, lo avvisa del pericolo dei Proci, degli uomini che vogliono sposare Penelope.

- Odisseo riabbraccia Telemaco e progetta con lui la vendetta. D'accordo con il figlio, Odisseo si traveste da mendicante e si presenta alla reggia; i Proci lo insultano e lo deridono.

- Ispirata da Atena, Penelope organizza una gara: diventerà suo sposo chi riuscirà a tendere l'arco di Odisseo e a scagliare una freccia attraverso dodici scuri messe in fila l'una dietro l'altra. Gli sforzi dei Proci sono inutili: solo il mendicante, tra lo stupore generale, riesce nell'impresa.

- Odisseo svela la sua identità e, con l'aiuto di Telemaco, uccide i Proci.

- Odisseo può riprendere il suo posto nella reggia a fianco dell'amata Penelope.

I PROTAGONISTI

Odisseo.

Odisseo

Re di Itaca, figlio di Laerte e di Anticlea, è un **eroe della guerra di Troia**, coraggioso e **astuto**. **L'ira del dio Poseidone** ostacola il suo ritorno in patria e **costringe l'eroe a vagare per dieci anni** e ad affrontare pericoli di ogni genere. Tuttavia, grazie alla sua tenacia e al favore della **dea Atena**, Odisseo alla fine riesce a raggiungere Itaca, dove **lotta contro i Proci e riconquista il suo trono** con l'aiuto del figlio **Telemaco**.

Telemaco

Figlio di Odisseo e di Penelope, durante la lunga assenza del padre si trova a dover affrontare i Proci, che spadroneggiano nella sua casa e pretendono la mano di sua madre. Guidato da **Atena**, il giovane **parte da Itaca alla ricerca di notizie del padre** e giunge a Pilo, dal re Nestore, e a Sparta, dove incontra Menelao ed Elena. Non avendo ottenuto risposte certe, Telemaco torna a Itaca, dove sfugge alle insidie dei Proci. Dopo il ritorno di Odisseo, **aiuta il padre a vendicarsi dei Proci**.

Penelope.

Penelope

È la **fedele sposa di Odisseo**. Rimasta sola col figlio **Telemaco** a custodire i beni di Odisseo dopo la partenza dell'eroe per la guerra di Troia, Penelope attende per vent'anni il ritorno dello sposo, tenendo a bada gli arroganti **Proci** con l'**inganno della tela**: aveva infatti promesso ai pretendenti che si sarebbe sposata con uno di loro quando avesse finito di tessere la veste funebre di Laerte, padre di Odisseo, però disfaceva di notte il lavoro compiuto di giorno. Ispirata da Atena, Penelope organizza **la gara con l'arco**, che porterà Odisseo a rivelarsi. Il **riconoscimento dello sposo** avverrà **attraverso il segreto del letto** nuziale.

Nausicaa.

Atena

Il mito racconta che Atena, **figlia di Zeus**, nacque armata di tutto punto dalla testa del padre, che aveva inghiottito Metis incinta. È la **dea della sapienza, delle arti e della guerra** combattuta con **l'astuzia** (in greco ***métis***). Come la dea Era, Atena, sconfitta da Afrodite nel giudizio di Paride, **è nemica dei Troiani** e **protegge gli Achei**, in particolare l'astuto **Odisseo**.

Nausicaa

Figlia di Alcinoo, **re dei Feaci**, e di Arete. Ispirata da **Atena**, si reca con le proprie ancelle a lavare i panni al fiume, nel punto in cui esso sfocia nel mare, e lì incontra **Odisseo** naufrago. Nausicaa accoglie con amabile gentilezza lo sconosciuto che implora il suo aiuto, gli regala dei panni e gli suggerisce la via per raggiungere il palazzo del padre.

Poseidone

Divinità greca, identificata dai **Romani** con **Nettuno**. È il **signore del mare**, ma la sua potenza si manifesta anche negli sconvolgimenti della terra (è considerato il **dio dei terremoti**). Simboli del suo **potere sulle forze della natura** sono il **toro** e il **cavallo**; Poseidone è anche ritenuto **padre dei mostruosi Ciclopi**, personificazioni della violenza della natura. L'**accecamento di Polifemo** scatena l'ira del dio contro **Odisseo**.

Poseidone.

Circe

Dèa figlia del Sole, **esperta di filtri e magie**, abita nell'**isola Eéa**, collocata dalla tradizione antica **nei pressi del promontorio** del Lazio che da Circe avrebbe preso il nome di **Circeo**. La maga **trasforma in porci i compagni di Odisseo** mandati a esplorare l'isola. **L'eroe**, protetto da un'erba magica datagli dal dio Ermes, dopo aver ottenuto la restituzione dei compagni a sembianze umane, **si trattiene con Circe per un anno**; poi si separa dalla maga, accompagnato dai consigli di lei.

Circe.

Polifemo

Il ciclope Polifemo, **figlio di Poseidone** e della ninfa Toosa, è rappresentato come un **gigantesco mostro cannibale con un solo occhio in mezzo alla fronte**; vive come un **selvaggio**, disprezzando le leggi umane e divine. Dopo aver bloccato nella sua caverna **Odisseo** e i suoi uomini e dopo aver divorato alcuni di essi, Polifemo **viene accecato dall'eroe**, che riesce a fuggire con i compagni superstiti. L'accecamento di Polifemo suscita l'**ira di Poseidone**.

Polifemo.

Calipso

Calipso, **figlia di Atlante**, **è una ninfa marina** e vive sull'**isola di Ogigia**, generalmente collocata nell'estremo Occidente, vicino alle Colonne d'Ercole (= stretto di Gibilterra). **Odisseo**, scampato al vortice di **Cariddi**, approda sull'isola e **Calipso se ne innamora**, **tenendolo con sé per sette anni**. L'eroe, dominato dal desiderio di tornare ad Itaca e di riabbracciare Penelope, rifiuta di rimanere per sempre con la ninfa, nonostante la promessa di lei di renderlo immortale. Quando **Atena** ottiene da Zeus che Odisseo finalmente riprenda il viaggio verso casa, **Calipso obbedisce al volere divino e lascia partire l'eroe**.

I Proci

Sono 109 giovani **nobili di Itaca e dei territori vicini**; essi **aspirano al trono di Odisseo**, che credono morto, e per questo **pretendono** che **Penelope** scelga tra loro un nuovo sposo. I modi arroganti e violenti con cui **spadroneggiano nella casa di Odisseo per anni** sono tollerati da Penelope in nome del rispetto per il **valore sacro** dell'**ospitalità**. Ritornato a Itaca, **Odisseo si vendica sui Proci**, facendo **strage** di essi con l'aiuto di **Telemaco**.

I LUOGHI DELL'*ODISSEA*

Il viaggio di ritorno a Itaca di Odisseo comincia a **TROIA** ①; dopo aver fatto una prima tappa nella **TERRA DEI CÍCONI** ②, Odisseo e i compagni giungono alla **TERRA DEI LOTOFAGI** ③, dove chi mangia il fiore del loto dimentica ogni cosa.
Odisseo e i compagni approdano quindi alla **TERRA DEI CICLOPI** ④ e sfuggono a Polifemo. Un altro pericolo li attende nella **TERRA DEI LESTRÍGONI** ⑤, giganti cannibali che divorano gran parte dei compagni di Odisseo.
Con una sola nave Odisseo approda poi nel **REGNO DI CIRCE** ⑥ dove la maga trasforma i compagni di Odisseo in porci.
Odisseo si reca quindi alle **PORTE DELL'ADE** ⑦ per interrogare sul suo futuro l'anima dell'indovino Tiresia. Riesce poi a sfuggire alle Sirene e in seguito a sopravvivere a **SCILLA**, un mostro a sei teste, e al terribile gorgo di **CARIDDI** ⑧.
Sull'**ISOLA DEL SOLE** ⑨ (Trinacria) i compagni di Odisseo divorano le carni dei buoi sacri al dio Sole e per questo sono puniti tutti con la morte.
L'eroe giunge, solo, sull'**ISOLA DI OGIGIA** ⑩, dove vive la ninfa Calipso, che trattiene con sé l'eroe per sette anni, ma poi riceve dagli dèi l'ordine di lasciarlo partire per Itaca e lo aiuta.
Travolto da una tempesta scatenata da Poseidone, l'eroe giunge naufrago all'**ISOLA DEI FEACI** ⑪, che lo riaccompagnano in patria.
Finalmente Odisseo approda a **ITACA** ⑫, dove lo attende la lotta contro i Proci.

Audio
Ascolta
il brano

1. Il proemio dell'*Odissea*: l'uomo ricco d'astuzie

Il cantore chiede alla Musa l'ispirazione, per poter narrare l'argomento del poema, ossia il difficile ritorno a Itaca di Odisseo, l'eroe «ricco d'astuzie».
Fra i tanti eroi della guerra di Troia, infatti, solo lui non era ancora tornato in patria e da tempo era perseguitato sul mare dall'ira del potente dio Poseidone.

L'aedo chiede alla Musa di raccontare, cioè di ispirare il racconto: l'invocazione alla Musa è una delle "formule" tipiche dell'epica.

Il cantore cita un episodio importante, sia perché anticipa la drammatica morte di tutti i compagni di Odisseo, sia perché suggerisce una spiegazione morale (la punizione divina) per quella morte.

L'uomo ricco d'astuzie, raccontami, o Musa, che a lungo
errò dopo ch'ebbe distrutto la rocca[1] sacra di Troia;
di molti uomini le città vide e conobbe la mente[2],
molti dolori patì in cuore sul mare,
lottando per la sua vita e pel ritorno dei suoi.
Ma non li salvò, benché tanto volesse,
per la loro propria follia si perdettero[3], pazzi!,
che mangiarono i bovi del Sole Iperione,
e il Sole distrusse il giorno del loro ritorno[4].
Anche a noi di' qualcosa di queste avventure, o dea,
[figlia di Zeus[5].
Allora tutti gli altri, quanti evitarono l'abisso di morte,
erano a casa, scampati[6] dalla guerra e dal mare;
lui solo, che sospirava il ritorno e la sposa,
la veneranda ninfa[7] Calipso, la splendida dea, tratteneva
negli antri profondi, volendo che le fosse marito.
E quando anche l'anno arrivò, nel girare del tempo[8],
in cui filarono i numi[9] che in patria tornasse,
in Itaca neppure là doveva sfuggire alle prove,
neppure tra i suoi. Tutti gli dèi ne avevan pietà,
ma non Poseidone; questi serbava rancore violento
contro il divino Odisseo, prima che in patria arrivasse

(tratto da *Odissea*, libro I, versi 1-21,
traduzione di Rosa Calzecchi Onesti, Einaudi, 1977)

ricco d'astuzie
Nell'originale greco la parola che apre il poema è ***Andra*** che significa «uomo» nel senso di «eroe»; l'**epiteto *ricco d'astuzie*** sottolinea la capacità di trovare soluzioni intelligenti ai problemi.

Iperione
Iperione è un **epiteto** che indica una caratteristica del Sole: significa infatti «Colui che sta in alto».

abisso
La morte è immaginata come un burrone in cui si precipita: ***abisso*** è una **metafora**.

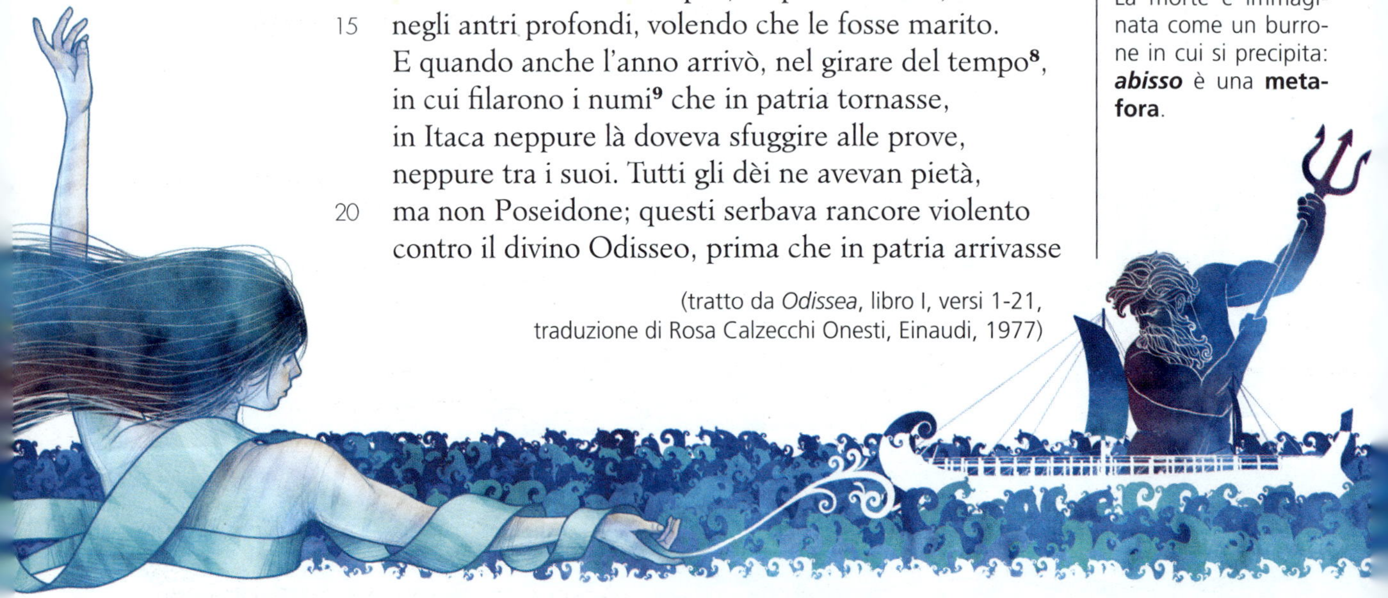

1. **rocca:** la rocca è la acròpoli, cioè la parte alta di una città fortificata.
2. **la mente:** il carattere, il modo di comportarsi, quindi gli usi e i costumi.
3. **si perdettero:** morirono.
4. **distrusse... ritorno:** il dio Sole impedì che tornassero, facendoli morirei.
5. **o dea, figlia di Zeus:** la dea è la Musa, che ispira il canto del poeta.
6. **l'abisso di morte... scampati:** che erano riusciti a sfuggire alla morte.
7. **veneranda ninfa:** ninfa divina. Le ninfe erano divinità minori legate alla natura, che rappresentavano lo spirito di monti, boschi, fonti e corsi d'acqua.
8. **nel girare del tempo:** nel volgere degli anni, dopo lungo tempo.
9. **filarono i numi:** gli dèi (*i numi*) decisero.

COMPRENSIONE

1. Dai primi tre versi del proemio si può comprendere che l'*Odissea*...

- A ha come tema la Guerra di Troia.
- B ha per protagonista l'eroe Achille.
- C è ambientata nella Troade.
- D è incentrata su un viaggio pieno di avventure.

2. Qual è l'argomento del poema?

- A La celebrazione della Musa.
- B L'esaltazione della memoria dell'aedo.
- C Il viaggio di ritorno di Odisseo.
- D Le vicende della guerra di Troia.

3. Chi è Poseidone? Che ruolo ha nella vicenda?

Poseidone è il dio della navigazione
di comandare

4. Chi è la ninfa Calipso?

- A La sposa del protagonista.
- B La sposa di Poseidone.
- C Una dea innamorata del protagonista.
- D La regina degli dèi.

ANALISI E RIFLESSIONE

5. Tutti gli dèi, tranne Poseidone,...

- A volevano che Odisseo tornasse a Itaca.
- B non volevano che Odisseo tornasse a Itaca.
- C erano stanchi di sentir parlare di Odisseo.
- D non erano interessati alla vicenda di Odisseo.

6. Odisseo, a differenza degli altri eroi della guerra di Troia...

- A era già tornato in patria.
- B era rimasto sotto le mura di Ilio.
- C desiderava ardentemente nuove avventure.
- D era ancora lontano dalla patria.

7. Da quello che viene detto nel proemio è possibile comprendere che...

- A Poseidone è l'antagonista di Odisseo.
- B Telemaco è figlio di Penelope.
- C Odisseo è protetto da Atena.
- D Penelope non è la moglie di Odisseo.

8. Nel proemio si dice che...

- A la Musa protegge Odisseo.
- B la Musa è figlia di Zeus.
- C il Sole impedisce il ritorno di Odisseo.
- D Odisseo è partito per Troia da solo.

LESSICO E STILE

9. La voce verbale *errò* (verso 2) significa «vagò»: quale altro significato potrebbe avere, in un altro contesto?

- A Tornò.
- B Portò.
- C Sbagliò.
- D Cercò.

10. Un sinonimo del termine *scampati* (verso 12) può essere...

Sfuggire

11. Spiega con parole tue il significato della parola *rancore* (verso 20).

12. Un sinonimo per l'aggettivo *veneranda* (verso 14) può essere:

- A anziana.
- B ninfa.
- C misteriosa.
- D venerabile.

13. Che cosa significa l'espressione «neppure là doveva sfuggire alle prove, / neppure tra i suoi» (versi 18-19)? Prova a riformularla con parole tue.

Anche lo sfuggiva delle prove (NON DICEVA LA VERITÀ ANCHE SE C'ERANO LE PROVE

O il rancore è quando il nostro cuore si rattristisce e non riusciamo più a ridere avanti

DIDATTICA INCLUSIVA

Per tutti

Audio
Ascolta
il brano

Il proemio

Raccontami, o Musa, dell'uomo astuto
e pieno di risorse, che viaggiò a lungo
dopo aver distrutto la potente città di Troia.

Egli vide molte città e conobbe popoli diversi;
nei suoi viaggi sul mare soffrì molti dolori,
mentre lottava per la sua vita
e per riportare a casa i compagni.
Ma non riuscì a salvarli, anche se lo voleva,
perché morirono tutti per la loro stupida follia:
osarono infatti mangiare le carni dei buoi
sacri al Sole Iperione, e il dio fece in modo
che non tornassero mai più a casa loro.
O Musa figlia di Zeus, narra anche a noi
qualcuna di queste avventure.

Ormai tutti gli altri eroi sfuggiti alla morte
erano a casa, lontani dai pericoli
della guerra e del mare. Solo Odisseo,
che pure desiderava moltissimo
ritornare a casa, da sua moglie,
era prigioniero di una dea, della bellissima
ninfa Calipso che lo tratteneva nella sua isola,
volendo che fosse suo sposo.

E quando, dopo molti anni, gli dèi decisero
che Odisseo ritornasse finalmente a casa,
anche lì, a Itaca, fra la sua gente,
egli dovette affrontare difficili prove.
Tutti gli dèi provavano pena per lui, tutti
tranne Poseidone, che non smise di
perseguitare l'eroe finché non giunse in patria.

(parafrasi di Catia Gusmini)

1. Di che cosa parla l'*Odissea*?

....

....

....

2. Chi è il protagonista dell'*Odissea*? Chi è l'antagonista?

....

....

....

....

3. Chi è la sposa del protagonista?

- ☐ La Musa
- ☐ Calipso
- ☐ Penelope
- ☐ Ogigia

Audio
Ascolta il brano

2. Odisseo e la ninfa Calipso

Dopo aver narrato, nei primi quattro libri dell'*Odissea*, il viaggio compiuto da Telemaco a Pilo e a Sparta per avere informazioni sul padre (la cosiddetta "Telemachia"), il poeta concentra la sua attenzione sul protagonista, trattenuto dalla ninfa Calipso sull'isola di Ogigia da ben sette anni. Zeus decide che il viaggio di ritorno di Odisseo riprenda e per questo invia Ermes da Calipso con l'ordine di lasciar ripartire l'eroe.

Volò il potente Argheifonte, piombò dal cielo sul mare;
e si slanciò sull'onde, come il gabbiano,
che negli abissi paurosi del mare instancabile,
i pesci cacciando, fitte l'ali bagna nell'acqua salata[1];
simile a questo, sui flutti infiniti Ermete correva.
Ma quando arrivò nell'isola lontana,
allora, dal livido mare balzato sul lido,
andava, finché fu alla grande spelonca, dove la ninfa
trecce belle abitava: e la trovò ch'era in casa.
Gran fuoco nel focolare bruciava e lontano un odore
di cedro e di fissile tuia odorava per l'isola,
ardenti[2]; lei dentro, cantando con bella voce
e percorrendo il telaio con spola d'oro, tesseva.
Un bosco intorno alla grotta cresceva, lussureggiante:
ontano, pioppo e cipresso odoroso.
Qui uccelli dall'ampie ali facevano il nido,
ghiandaie, sparvieri, cornacchie che gracchiano a [lingua distesa[3],
le cornacchie marine, cui piace la vita del mare.
Si distendeva intorno alla grotta profonda
una vite domestica, florida, feconda di grappoli.
Quattro polle[4] sgorgavano in fila, di limpida acqua,
una vicina all'altra, ma in parte opposta volgendosi.
Intorno molli prati di viola e di sedano
erano in fiore; a venir qui anche un nume immortale
doveva incantarsi guardando e godere nel cuore.
Fermo, dunque, ammirava il messaggero Argheifonte.
Ma come ogni cosa ebbe ammirato nell'animo,
d'un tratto entrò nella vasta spelonca: a vederselo avanti
lo riconobbe Calipso, la dea luminosa;
non sono ignoti uno all'altro i numi immortali,
nemmeno chi molto lontano ha dimora.

La descrizione dell'isola di Ogigia è ricca di particolari realistici, ma nell'insieme suggerisce l'idea di un luogo fantastico.

Non tutti gli dèi abitano sull'Olimpo, ma alcuni, come Calipso, abitano molto lontano. Tuttavia gli dèi si riconoscono fra loro.

Argheifonte
L'**epiteto** di Ermes (***Argheifonte***) significa «uccisore di Argo». Ermes aveva ucciso il bovaro Argo, che la dea Era aveva messo a guardia di Io, la fanciulla amata da Zeus e trasformata per gelosia dalla dea in giovenca.

mare instancabile
Il mare è definito ***instancabile*** per il suo continuo movimento, i suoi flutti sono ***infiniti***.

livido mare
Un altro **epiteto** del mare è ***livido*** oppure ***glauco***, che si riferisce al colore cupo del mare aperto.

la ninfa trecce belle
L'**epiteto *(dalle) trecce belle*** sottolinea la bellezza della ninfa; bella è anche la sua voce, come si dice dopo.

1. **fitte le ali bagna nell'acqua salata:** battendo velocemente le ali nel suo volo sul mare, il gabbiano si bagna con l'acqua salata.
2. **un odore di cedro... ardenti:** nel focolare di Calipso ardono legni pregiati e profumati, come il cedro e la tuia (definita fissile, cioè «tenera»), che è una pianta conifera.
3. **a lingua distesa:** a squarciagola, sonoramente.
4. **polle:** fonti; le quattro fonti zampillano in quattro direzioni diverse corrispondenti ai punti cardinali.

Ma il generoso[5] Odisseo, dentro non lo trovò;
sul promontorio piangeva, seduto, là dove sempre,
con lacrime, gemiti e pene straziandosi il cuore,
e al mare mai stanco guardava, lasciando scorrere lacrime.

mare mai stanco
Il mare è definito ***mai stanco***, che ha lo stesso significato di ***instancabile*** del verso 52.

Ermes parla con Calipso e riferisce gli ordini di Zeus, a cui la dea obbedisce, sia pur a malincuore; annuncia poi a Odisseo che è libero di andarsene e che anzi lei stessa lo aiuterà. La dea non rinuncia, però, a un estremo tentativo di persuadere l'eroe a rimanere per sempre con lei.

«Laerziade divino, accorto Odisseo
dunque alla casa, alla terra dei padri
subito adesso andrai? Ebbene, che tu sia felice!
Ma se sapessi nell'animo tuo quante pene
t'è destino subire, prima di giungere in patria,
qui rimanendo con me, la casa mia abiteresti
e immortale saresti, benché tanto bramoso
di rivedere la sposa, che sempre invochi ogni giorno.
Eppure, certo, di lei mi vanto migliore
quanto a corpo e figura, perché non può essere
che le mortali d'aspetto e bellezza con le immortali
[gareggino!»
E rispondendole disse l'accorto Odisseo:
«O dea sovrana, non adirarti con me per questo: so
[anch'io,
e molto bene, che a tuo confronto la saggia Penelope
per aspetto e grandezza non val niente a vederla:
è mortale, e tu sei immortale e non ti tocca vecchiezza.
Ma anche così desidero e invoco ogni giorno
di tornarmene a casa, vedere il ritorno.
Se ancora qualcuno dei numi vorrà tormentarmi sul
[livido mare,
sopporterò, perché in petto ho un cuore avvezzo alle pene[6].
Molto ho sofferto, ho corso molti pericoli
fra l'onde e in guerra: e dopo quelli venga anche questo!»

Laerziade
Laerziade è il **patronimico** di Odisseo, figlio di Laerte.

(da *Odissea*, libro V, versi 50-84; 203-224, traduzione di Rosa Calzecchi Onesti, cit.)

5. **generoso:** nobile.
6. **avvezzo alle pene:** abituato a sopportare le difficoltà e i dolori.

COMPRENSIONE

1. Chi porta alla ninfa Calipso l'ordine di lasciar partire Odisseo?

....

2. Dove abita la ninfa?

- A Sull'Olimpo.
- B In un'isola lontana.
- C Nella Pieria.
- D A Itaca.

3. Durante il colloquio fra Ermes e Calipso, Odisseo…

- A è nella grotta con Calipso.
- B è nel bosco intorno alla grotta.
- C è sul promontorio dell'isola di Ogigia.
- D è a Itaca.

4. Calipso fa ad Odisseo una profezia: quale?

....

....

ANALISI E RIFLESSIONE

5. L'isola in cui vive la ninfa Calipso è un ambiente naturale di particolare bellezza, anzi, è quello che gli antichi Greci immaginavano come un vero "paradiso", fatto di verde, ombra e acqua. Trascrivi gli elementi che trovi nel testo.

C'è il verde: infatti…

....

....

C'è l'ombra: infatti…

....

....

C'è l'acqua: infatti…

....

6. La bellezza del luogo è sottolineata dalla reazione di Ermes. Il dio rimane…

- A stupito.
- B ammirato.
- C turbato.
- D sconvolto.

LESSICO E STILE

7. Per raggiungere l'isola della ninfa Calipso, Ermes vola per un lungo tratto sul mare. Scrivi accanto a ognuna delle espressioni che si riferiscono al mare il suo significato.

mare *instancabile*: ....

....

....

flutti *infiniti*: ....

....

livido mare: ....

8. Al verso 203 Odisseo è definito attraverso tre *epiteti*: di ognuno di essi indica la caratteristica a cui si riferisce.

Laerziade: ....

....

divino: ....

accorto: ....

....

....

9. Fin dalla sua prima apparizione nel poema, nel brano che hai letto, Odisseo soffre per un dolore profondo, che si chiama…

- A apatia.
- B malinconia.
- C nostalgia.
- D gelosia.

Audio
Ascolta
il brano

3. Odisseo e Nausicaa

Odisseo lascia l'isola di Calipso con la zattera che si è costruito con le sue mani, ma una violenta tempesta scatenata da Poseidone lo fa naufragare su una terra a lui sconosciuta, presso la foce di un fiume. Si tratta, come apprenderemo subito, di Scheria, la terra dei Feaci, un popolo pacifico e ospitale, saggiamente governato dal re Alcinoo e dalla sua sposa Arete. Essi hanno una giovane figlia in età da marito, Nausicaa, che in seguito a un sogno inviatole da Atena si reca con le ancelle ai lavatoi vicini al luogo in cui Odisseo giace stremato.
Quando la principessa sta per tornare a casa, dopo aver lavato e asciugato le vesti, la dea Atena fa in modo che Odisseo si svegli e incontri la fanciulla.

Ma quando doveva tornarsene a casa,
aggiogate le mule[1] e piegate le belle vesti,
allora pensò un'altra cosa la dea glaucopide Atena,
perché Odisseo si ridestasse e vedesse la bella fanciulla
che poteva guidarlo alla città dei Feaci.
Ecco, la figlia del re lanciò la palla a un'ancella:
mancò l'ancella e la fece cadere nel gorgo[2] profondo.
Un lungo grido lanciarono. Si destò il chiaro[3] Odisseo
e sedendo rimuginava nella mente e nell'animo:
«Povero me! Nella terra di quali mortali mi trovo?
Forse prepotenti e selvaggi e non giusti,
oppure ospitali e che temono nella mente gli dei?
Un tenero grido, come di fanciulle, m'ha avvolto;
di ninfe, che abitano le cime scoscese dei monti,
le sorgenti dei fiumi e i pascoli erbosi.
O sono tra uomini che hanno un linguaggio[4]?
Ma voglio tentare e vedere io stesso».
Detto così, sbucò dagli arbusti il chiaro Odisseo,
dalla fitta selva ruppe con la mano robusta un ramo
di foglie, per coprirsi nel corpo le vergogne[5] di un uomo.
Mosse come un leone montano sicuro del proprio vigore,
che avanza battuto dalla pioggia e dal vento, gli ardono
gli occhi, e si getta tra buoi o tra pecore
o dietro a selvatiche cerve: anche in un fitto recinto
il ventre lo spinge ad entrare, per assalire le greggi;
così s'accingeva Odisseo ad andare, benché fosse nudo,
tra le fanciulle dai riccioli belli: lo premeva[6] il bisogno.
Orribile ad esse apparve, bruttato[7] dalla salsedine:
fuggirono atterrite qua e là per le rive sporgenti.
Sola rimase la figlia di Alcinoo: a lei Atena
mise coraggio nell'animo e tolse dagli arti il terrore.
Si trattenne e gli stette dinnanzi: e Odisseo fu incerto
se implorare la bella fanciulla prendendole le ginocchia,
o pregarla con dolci parole, così, da lontano,

Una caratteristica di Odisseo è l'**intelligenza**: se le voci che ha sentito sono di ninfe o di donne, certamente non può ottenere aiuto presentandosi ad esse nudo.

Il comportamento di Nausicaa è **straordinario**: per questo è attribuito all'intervento della dea Atena.

glaucopide
Questo **epiteto** di Atena può significare sia (*dagli*) ***occhi glauchi***, cioè "azzurri", sia (***dagli***) ***occhi di civetta***: la civetta era l'animale sacro alla dea.

Mosse... bisogno
La **similitudine** tra Odisseo, che si avvicina alle fanciulle, e il leone montano, che arriva ad assalire le pecore nel recinto (cioè vicino all'uomo), sottolinea il ***bisogno*** vitale che muove entrambi: per il leone il bisogno di cibo, per Odisseo il bisogno di aiuto per sopravvivere.

1. aggiogate le mule: dopo aver attaccato le mule al carro per ritornare a casa.
2. nel gorgo: nell'acqua.
3. chiaro: nobile, famoso.
4. O sono tra uomini che hanno un linguaggio?: O mi trovo in una terra abitata da uomini civili?
5. le vergogne: i genitali.
6. lo premeva: lo spingeva, lo costringeva.
7. bruttato: sporco.

Dopo aver valutato le due possibilità, Odisseo sceglie senz'altro quella più **prudente**, quella che poi avrà l'esito sperato.

L'**intelligenza** di Odisseo si esprime in un discorso abile e persuasivo, che, attraverso la gentilezza, guida Nausicaa ad avere pietà di lui.

Per impietosire Nausicaa, Odisseo allude abilmente al suo viaggio e alle tante sofferenze patite.

L'abile discorso di Odisseo si conclude con **la richiesta di aiuto**: ma essa **arriva solo alla fine**, dopo che Odisseo ha ottenuto la fiducia e la pietà di Nausicaa.

che la città gli mostrasse e desse dei panni.
E così pensando, gli parve che fosse più utile
restare lontano e pregarla con dolci parole:
che la fanciulla non si irritasse prendendole le ginocchia.
E subito le fece un discorso dolce e accorto:
«Ti supplico, o sovrana: un dio sei forse o un mortale?
Se un dio tu sei – essi hanno il vasto cielo –
assai somigliante ad Artemide, la figlia del grande Zeus,
mi sembri in volto, statura ed aspetto.
Se uno dei mortali tu sei, che abitano sulla terra,
tre volte beati tuo padre e la madre augusta[8],
beati tre volte i fratelli: il loro animo certo
si scalda sempre di gioia per merito tuo,
guardando tale germoglio che muove alla danza[9].
Ma più di tutti beato nel cuore colui
che pieno di doni ti condurrà a casa sua.
Perché, coi miei occhi, non vidi mai un mortale così,
né uomo né donna: stupore mi prende guardandoti.
Vidi a Delo[10], vicino all'altare di Apollo,
una volta, un giovane germoglio di palma levarsi così:
perché sono stato anche là e mi seguì molta gente
in quel viaggio, da cui doveva venirmi dolore e sventura.
E come nel vedere anche quello[11] stupii nell'animo
a lungo, perché dalla terra un fusto così non crebbe mai [prima,
così, o donna, ti ammiro e stupisco e temo tremendamente
di toccarti i ginocchi: ma un grave dolore mi opprime.
Solo ieri, al ventesimo giorno, scampai il mare scuro [come vino:
per tutto il tempo mi portarono l'onda e le procelle[12] [impetuose
dall'isola Ogigia: un dio m'ha gettato ora qui,
perché anche qui patisca sventure; non credo che [finiranno,
ma molte ancora ne aggiungeranno prima gli dei.
Ma abbi pietà, o sovrana: dopo molto soffrire vengo [supplice
a te per prima: nessun altro conosco
degli uomini, che abitano la città e questa terra.
La rocca mostrami, dammi uno straccio da mettere [addosso
se avevi un telo per avvolgere i panni venendo qui.
Gli dei ti concedano quanto nel tuo cuore desideri,
un marito e una casa, e per compagna la felice
concordia; perché non c'è bene più saldo e prezioso,

8. augusta: nobile.
9. guardando tale germoglio... danza: a guardarti, bella come un fiore, mentre ti muovi aggraziata, i tuoi familiari devono provare una grande gioia nel cuore.
10. Delo: piccola isola del mar Egeo, dove secondo la tradizione nacque Apollo e sulla quale sorgeva un famoso santuario a lui dedicato.
11. quello: cioè il germoglio di palma, la palma.
12. procelle: tempeste.

Odisseo sta certamente pensando a Penelope e al loro matrimonio.

di quando con pensieri concordi reggono la casa
un uomo e una donna: molto dolore ai nemici,
ma gioia agli amici, e soprattutto fama per essi».
Gli rispose allora Nausicaa dalle candide braccia:
«Straniero – poiché non somigli a un miserabile o a un pazzo –,
agli uomini assegna la felicità lo stesso Zeus Olimpio,
a nobili e miseri, a ciascuno come egli vuole.
E a te diede questo destino e devi sopportarlo comunque.

Nausicaa...
L'**epiteto *dalle candide braccia*** è usato nel linguaggio epico molto spesso, per indicare la bellezza di donne e di dee.

Nausicaa promette tutto ciò che Odisseo ha chiesto, in nome della legge dell'**ospitalità**.

Ora, poiché arrivi nella nostra città e nel nostro paese,
non ti mancherà una veste o cos'altro
è giusto ottenere arrivando da supplice sventurato.
Ti indicherò la rocca, ti dirò il nome del popolo:
abitano la città e questa terra i Feaci,
io sono la figlia del magnanimo Alcinoo;
da lui dipende il potere dei Feaci e la forza».
Disse così e incitò le ancelle dai riccioli belli:
«Ancelle, fermatevi: dove fuggite alla vista di un uomo?
Credete forse che sia un nemico?
Non c'è e né può esserci un forte uomo mortale,
che arrivi nel paese dei Feaci
portando la guerra: perché agli immortali son molto cari.

Anche se abitano lontano dagli altri uomini, i Feaci riconoscono ugualmente i diritti di chi giunge infelice e straniero nella loro terra.

Abitiamo in disparte, nel mare ondoso,
ai confini del mondo, nessun altro mortale arriva tra noi.
Ma costui è un infelice, qui arrivato ramingo[13],
che ora ha bisogno di cure: mendicanti e stranieri
sono mandati da Zeus.»

13. ramingo: dopo aver viaggiato e sofferto molto.

(da *Odissea*, libro VI, versi 110-208,
traduzione di G.A. Privitera, Mondadori, 2007)

MESSA A FUOCO

Il valore dell'ospitalità

Nella Grecia antica **l'ospitalità era un'istituzione sociale** degna della massima importanza. **L'ospite era considerato sacro** perché posto sotto la protezione di Zeus: il padre degli dèi era infatti venerato con l'epiteto di ***Xénios***, che in greco significa «protettore degli ospiti».

L'accoglienza degli ospiti prevedeva delle tappe precise: una volta accolto in casa, l'ospite veniva affidato alle cure delle ancelle, incaricate di lavarlo e di fornirgli abiti puliti; in seguito riceveva cibi e bevande per rifocillarsi. Solo a questo punto l'ospite veniva invitato a rivelare il proprio nome e la propria patria. Infine, al momento del congedo, i padroni di casa gli consegnavano preziosi doni da portare con sé.

Il rispetto delle regole del**l'ospitalità costituiva una garanzia per la sicurezza** di chi si metteva in viaggio ed era anche un mezzo con cui, nella Grecia arcaica, le aristocrazie stabilivano alleanze.

Un eroe viaggiatore come Odisseo ha spesso occasione di trovarsi nella condizione di ospite, ma non sempre viene accolto come la legge dell'ospitalità prescrive. Il ciclope Polifemo, ad esempio, rifiuta di trattare l'eroe e i suoi compagni con il rispetto dovuto agli ospiti: tale rifiuto è la manifestazione della sua natura selvaggia. Odisseo trova invece un'ospitalità generosa presso la reggia di Alcinoo: l'onore riservato agli ospiti è infatti **segno** dell'altissimo grado **di civiltà** raggiunto dal popolo dei Feaci.

COMPRENSIONE

1. **In che modo si sveglia Odisseo? Dove si trova? Come è giunto in quel luogo?**

2. **Di fronte alla situazione nuova il primo istinto di Odisseo lo spinge a...**

A fuggire.
B battersi.
C soddisfare la propria curiosità.
D chiedere aiuto.

3. **Perché Nausicaa non fugge di fronte a Odisseo?**

4. **In che modo Odisseo si conquista la fiducia della fanciulla?**

ANALISI E RIFLESSIONE

5. **Odisseo paragona Nausicaa a una bellissima palma vista sull'isola di Delo. Entrambe, sia la palma che Nausicaa, suscitano in lui...**

A ammirazione.
B curiosità.
C paura.
D entusiasmo.

6. **Rileggi i versi 201-208: quale immagine del popolo dei Feaci e della loro terra emerge dalle parole di Nausicaa?**

7. **Nausicaa dimostra di rispettare le sacre regole dell'ospitalità. Da che cosa lo capisci?**

LESSICO E STILE

8. **Nel lessico dell'epica tornano spesso gli aggettivi *mortale* e *immortale*, anche usati come sostantivi (i *mortali*, gli *immortali*): a chi o a che cosa si riferiscono?**

Mortale:
I mortali:
Immortale:
Gli immortali:

9. **La similitudine tra Nausicaa e la palma vista a Delo nasce da una parola, che è usata sia per la fanciulla che per la pianta. La parola è...**

A danza.
B altare.
C germoglio.
D fusto.

Spiega in che senso è usata nell'uno e nell'altro caso.

Audio
Ascolta il brano

Odisseo e Nausicaa

Il risveglio di Odisseo

Ma quando Nausicaa stava per tornare a casa,
dopo aver attaccato le mule al carro e piegato le belle vesti,
allora Atena dagli occhi lucenti pensò un'altra cosa,
per fare in modo che Odisseo si svegliasse e vedesse
la bella fanciulla che poteva guidarlo alla città dei Feaci.
Ecco, la figlia del re lanciò la palla a un'ancella,
ma sbagliò il tiro e la palla cadde nell'acqua profonda.
Le fanciulle gettarono un grido. Si svegliò il nobile
Odisseo e seduto pensava fra sé e sé:
«Povero me! In quale terra mi trovo? I suoi abitanti
sono prepotenti e selvaggi e senza giustizia,
oppure sono ospitali e hanno timore degli dèi?
Ho udito un grido di tenere fanciulle;
sono le ninfe che abitano le cime scoscese dei monti,
le sorgenti dei fiumi e i prati coperti d'erba?
Oppure mi trovo fra esseri umani?
Voglio cercare di scoprirlo io stesso».

Odisseo si avvicina a Nausicaa per chiedere aiuto

Dopo aver detto così, il nobile Odisseo uscì dai cespugli:
con le sue forti mani strappò dalla fitta vegetazione
un ramo pieno di foglie, per coprire le nudità del suo corpo.
Venne avanti come un leone montano sicuro della sua forza,
che avanza battuto dalla pioggia e dal vento, con gli occhi
che scintillano, e assale buoi o pecore, o insegue
cerbiatte selvatiche; la fame lo spinge a entrare
anche in un recinto chiuso, per assalire le greggi.
Così Odisseo si muoveva verso le fanciulle dai bei riccioli,
benché fosse nudo: la necessità lo spingeva.
Apparve ad esse orribile, tutto sporco di salsedine;

le fanciulle fuggirono qua e là spaventate, lungo le rive.
Solo la figlia di Alcinoo rimase: a lei Atena
mise il coraggio nell'animo, e tolse ogni tremore dal corpo.
Rimase ferma, davanti a lui. E Odisseo non sapeva
se supplicare la bella fanciulla abbracciando le sue
ginocchia, o pregarla da lontano, chiedendole con parole
gentili di indicargli la città e dargli degli abiti.
E mentre pensava così, la cosa migliore gli parve
restare lontano e pregarla con parole gentili,
per non irritare la fanciulla, toccandole le ginocchia.

Odisseo chiede aiuto a Nausicaa

E subito le fece un discorso gentile e prudente:
«Ti supplico, signora. Sei una dea o una donna?
Se sei uno degli dèi celesti, mi sembra che tu
assomigli molto ad Artemide, la figlia del potente
Zeus, per l'aspetto, il viso e l'altezza.
Ma se invece sei un essere umano,
allora sono davvero fortunati tuo padre e tua madre,
fortunati sono i tuoi fratelli: che gioia devono provare
nel loro cuore a vederti danzare, bella come un fiore!
Ma felice più di tutti al mondo sarà
l'uomo che, colmandoti di doni nuziali,
ti porterà nella sua casa. Io non ho visto
mai, con i miei occhi, una persona così,
né uomo né donna: lo stupore mi prende a guardarti.
Ho visto a Delo, una volta, vicino all'altare di Apollo,
levarsi così una giovane palma: sono giunto
anche lì, infatti, e molti mi seguivano nel viaggio
che mi avrebbe procurato disgrazie e dolori.
E come rimasi a lungo stupito nel vedere quella giovane
palma, perché una così non spuntò mai dalla terra,
così io ammiro te, e provo stupore, e non oso toccare

le tue ginocchia; ma ho nel cuore un'angoscia terribile.
Sono scampato al mare scuro solo ieri; per venti giorni
sono stato trascinato dalle onde e da violente
tempeste, e dall'isola Ogigia un dio mi ha gettato qui,
perché io soffra ancora dolori; non credo che siano
finiti, gli dèi mi faranno ancora molto soffrire.
Abbi pietà, signora: sei la prima persona a cui,
dopo tanti dolori, mi presento come supplice:
non conosco nessun altro in questa terra.
Dimmi dov'è la città, dammi uno straccio da
mettermi addosso, un telo di quelli che avevi
per avvolgere i panni, quando sei venuta qui.
Che gli dèi ti concedano tutto quello che
il tuo cuore desidera, un marito e una casa,
e serena armonia tra di voi: nessun bene, infatti,
è più sicuro e prezioso di quando un uomo e
una donna governano in armonia la loro casa.
Provano molta invidia i nemici, gioia invece
gli amici. Ed essi acquistano fama».

La risposta di Nausicaa

Gli rispose allora Nausicaa dalle candide braccia:
«Straniero, tu non sembri né malvagio né pazzo.
La felicità è Zeus, re dell'Olimpo, a darla agli uomini,
ai buoni e ai malvagi, come vuole a ciascuno.
A te ha dato questo destino e devi sopportarlo
comunque. Ma ora, poiché sei giunto a questa
nostra terra, avrai una veste e qualunque altra
cosa è giusto che riceva un supplice, un infelice.
Ti indicherò la città, ti dirò il nome del popolo:
gli abitanti di questa terra sono i Feaci,
e io sono la figlia del nobile Alcinoo,
che tra i Feaci ha il potere di re».

L'esortazione di Nausicaa alle ancelle

Disse così ed esortò le ancelle dai bei riccioli:
«Ancelle, fermatevi, perché fuggite alla vista di
un uomo? Pensate forse che sia un nemico?
Non esiste né può esistere al mondo un uomo
che giunga alla terra dei Feaci per portare
la guerra: gli dèi infatti ci amano e proteggono.
Abitiamo in mezzo al mare, lontani da tutti,
ai confini del mondo; gli altri uomini non arrivano
fin qui. Ma quest'uomo è un infelice, che arriva
qui dopo aver vagato e ha bisogno di aiuto.
Mendicanti e stranieri sono mandati da Zeus».

(parafrasi di Catia Gusmini)

1. Chi è Nausicaa?

....

2. Che aspetto ha Odisseo quando si presenta a Nausicaa?

....

3. Perché Nausicaa accoglie lo straniero?

- ☐ Perché è abituata a incontrare degli stranieri
- ☐ Perché i poveri e gli stranieri sono mandati da Zeus
- ☐ Perché pensa di sposare Odisseo
- ☐ Perché è coraggiosa

LETTURA D'OPERA

L'episodio in cui si parla di Odisseo alla corte di Alcinoo, intento ad ascoltare il racconto della guerra di Troia dal cantore Demòdoco, è raffigurato dal pittore romantico Francesco Hayez (1791-1882) come **una grande scena teatrale, suddivisa in sequenze**.

Hayez aveva ben presenti i versi di Omero, la richiesta di Odisseo al cantore, le parole di Demòdoco e il pianto dell'eroe nell'ascoltare il racconto di un episodio che conosceva fin troppo bene: l'inganno del cavallo da lui stesso escogitato.

Le lacrime di Odisseo fanno scoprire al re Alcinoo, che lo ha benevolmente accolto dopo il naufragio, l'identità dell'eroe.

Francesco Hayez, *Ulisse alla corte di Alcinoo*, 1813-1815, Museo di Capodimonte, Napoli.

Al centro Odisseo che si copre gli occhi e piange nell'ascoltare il racconto del cantore Demòdoco.

I presenti ascoltano con attenzione ed emozione l'aedo cantare l'inganno del cavallo.

Da sinistra, seduti accanto a Odisseo, sono riconoscibili Nausicaa, la regina Arète e Alcìnoo che, colpito dalla commozione del suo ospite, chiede all'aèdo di smettere di cantare.

Di fronte a Odisseo, in primo piano, Demòdoco, rappresentato cieco come Omero (il fanciullo alle sue spalle lo accompagna e lo assiste).

Audio
Ascolta il brano

4. Nella grotta del Ciclope

Odisseo viene accolto generosamente dal re Alcinoo, il quale organizza in suo onore un banchetto. Rivelata la propria identità, Odisseo, con un racconto che si snoda durante l'intera notte, narra ai Feaci le sue straordinarie avventure di viaggio.
Fra tutte, quella del gigantesco e mostruoso Ciclope Polifemo, che possiede un solo occhio in mezzo alla fronte, è forse la più famosa e cruenta.

Entrati nella spelonca[1] guardammo meravigliati ogni cosa:
erano carichi di formaggi i graticci[2], erano stipati i
[recinti
di agnelli e capretti: ciascun gruppo era chiuso
a parte, da un lato i più vecchi, da uno i mezzani,
da un altro i lattanti; traboccavano tutti di siero i vasi
ben lavorati, secchi e mastelli, nei quali mungeva.
Allora i compagni mi chiesero di prendere
anzitutto il formaggio e andar via, e poi,
cacciati sveltamente i capretti e gli agnelli dai recinti
sulla nave veloce, di navigare sull'acqua salata:
ma io non volli ascoltare – e sarebbe stato assai meglio –
per poterlo vedere, e vedere se mi avrebbe ospitato.
Ma coi compagni non sarebbe stato gentile, una volta
[comparso.
Acceso il fuoco, bruciammo offerte[3] e, preso del cacio,
mangiammo noi pure: lo aspettammo seduti
lì dentro, finché arrivò con la mandria. Portava un
[carico greve[4]
di legna secca per servirsene durante la cena.
Gettandolo nella caverna produsse un rimbombo:
noi, atterriti, corremmo nel fondo dell'antro.
Poi egli spinse nella vasta spelonca le pingui[5] bestie,
tutti i capi che egli mungeva: fuori lasciò quelli maschi,
arieti e caproni, all'interno dell'alto steccato.
Poi, sollevatolo in alto, mise come porta un gran masso
pesante: dalla soglia non l'avrebbero smosso
ventidue solidi carri con quattro ruote.
Una pietra così smisurata mise all'ingresso.
Sedutosi, munse le pecore e le capre belanti,
tutto in modo giusto, e sotto ogni bestia spinse un
[lattante[6]. [...]
Dopoché sveltamente finì il suo lavoro,
ecco che accese il fuoco e ci scorse[7], ci chiese:

Con molta ragionevolezza i compagni pensano sia meglio fare provvista di cibo e andarsene, ma Odisseo non dà loro retta, a causa della sua curiosità. **La curiosità**, che è una dote tipica di Odisseo – e dell'uomo in generale – può essere pericolosa: l'eroe anticipa che l'incontro con il Ciclope sarà funesto.

Il particolare del gigantesco masso che chiude la grotta si rivela subito come l'elemento decisivo della vicenda: gli uomini sono in trappola.

1. spelonca: grotta. È la grotta in cui abita il Ciclope.
2. i graticci: strutture fatte di vimini intrecciati, sulle quali le forme di formaggio venivano poste ad asciugare.
3. bruciammo offerte: offrimmo un sacrificio in onore degli dèi.
4. greve: pesante.
5. pingui: grasse, ben pasciute.
6. sotto ogni bestia... lattante: dopo averle munte, lascia che le madri allattino i piccoli.
7. ci scorse: ci vide, ci notò.

Il Ciclope si comporta in modo completamente diverso da Nausicaa e pensa subito che gli stranieri vogliano danneggiarlo.

"Stranieri, chi siete? da dove venite per le liquide vie[8]?
Per affari o alla ventura vagate
sul mare, come i predoni che vagano
rischiando la vita, portando danno agli estranei?".
Disse così, e a noi si spezzò il caro cuore,
atterriti dalla voce profonda e da lui, dal mostro.
Ma anche così rispondendo con parole gli dissi:
"Siamo achei, di ritorno da Troia! deviati
da venti diversi sul grande abisso del mare,
bramosi di giungere a casa, altre rotte e altre tappe
abbiamo percorso: ha voluto disporre così certo Zeus.

Odisseo pensa che la gloria conquistata nella guerra di Troia li renderà degni di essere accolti con **rispetto**.

Ci vantiamo d'essere gente[9] dell'Atride Agamennone,
la cui fama sotto il cielo è grandissima ora:
così grande città, infatti, ha distrutto e molte genti
ha annientato. Noi, qui venuti, ci gettiamo
alle tue ginocchia, semmai ci ospitassi o ci dessi
anche un diverso regalo, quale è norma tra gli ospiti.
O potente, onora gli dei: siamo tuoi supplici.
Vendicatore di supplici e ospiti è Zeus,
il dio ospitale che scorta i venerandi stranieri".
Dissi così, lui subito mi rispose con cuore spietato:
"Sei sciocco o straniero o vieni da molto lontano,
tu che mi inviti a temere o a schivare gli dei[10].

Il crudele Ciclope rifiuta di riconoscere i diritti dei supplici e crede che la sua straordinaria forza fisica lo metta al di sopra degli dèi.

Ma i Ciclopi non curano Zeus egìoco
o gli dei beati, perché siamo molto più forti.
Per schivare l'ira di Zeus non risparmierei
né te né i compagni, se l'animo non me lo ordina".

Il Ciclope chiede quindi dove Odisseo abbia lasciato la nave; l'eroe risponde astutamente che essa è affondata. All'improvviso, il mostro afferra due dei compagni.

Il cannibalismo del Ciclope è ciò che suscita più orrore, perché sottolinea ciò che rende mostruoso e **disumano** (cioè **non-umano**) Polifemo.

Li squartò membro a membro e apprestò la sua cena:
mangiava come un leone cresciuto sui monti,
niente lasciava, interiora, carni e ossa con il midollo.
Noi piangendo alzammo a Zeus le mani,
vedendo l'atroce misfatto: eravamo impotenti.

L'istinto di Odisseo sarebbe quello di vendicare i compagni uccidendo il Ciclope: ma come potrebbero poi, lui e gli altri, spostare l'enorme masso che chiude la grotta? Non resta che attendere.
All'alba il Ciclope divora altri due compagni di Odisseo e poi conduce il gregge al pascolo, dopo aver di nuovo bloccato l'ingresso della caverna.

caro
In Omero l'aggettivo ***caro*** ha valore di possessivo: qui dunque significa «nostro».

Zeus il dio ospitale
Un **epiteto** di Zeus era infatti ***Xénios*** cioè «ospitale, protettore degli ospiti».

Zeus egìoco
Questo altro **epiteto** di Zeus significa «portatore dell'egida», cioè di uno scudo ricoperto della pelle della capra Amaltea, che aveva allattato il dio da piccolo.

mangiava come...
La **similitudine** con il leone montano sottolinea la **crudeltà animalesca** di Polifemo.

8. le liquide vie: il mare.
9. gente: guerrieri dell'esercito.
10. schivare gli dei: evitare l'ira degli dèi.

Odisseo però, guardandosi intorno, vede un gigantesco tronco d'ulivo e ha un'idea: rendere aguzzo il tronco e con quello accecare l'unico occhio del Ciclope. L'azione sarà guidata da lui stesso, con l'aiuto di quattro compagni estratti a sorte.
A sera il Ciclope torna alla grotta e, dopo aver munto come sempre le bestie, divora altri due uomini come cena.

Il primo passo di Odisseo verso la salvezza, il primo **inganno**, è l'offerta del vino: il Ciclope sarà vinto dall'effetto di una bevanda che non conosce e a cui non è abituato.

Il Ciclope pensa di giocare con Odisseo come il gatto fa con il topo: dopo aver detto di non riconoscere le leggi dell'ospitalità, ora promette all'eroe un dono ospitale. Ovviamente questo dono sarà l'ennesima crudeltà.

Allora io standogli accanto dissi al Ciclope,
tenendo con le mani una ciotola di nero vino:
"Su, bevi il vino, Ciclope, dopo aver mangiato la carne
[umana,
perché tu sappia che bevanda è questa che la nostra nave
serbava[11]. Te l'avevo portato in offerta, semmai
[impietosito
mi mandassi a casa[12]. Ma tu sei insopportabilmente
[furioso[13].
Sciagurato, chi altro dei molti uomini potrebbe venire
in futuro da te? perché non agisci in modo giusto".
Dissi così, lui lo prese e lo tracannò: gioì terribilmente
a bere la dolce bevanda e me ne chiese ancora dell'altro:
"Dammene ancora, da bravo, e dimmi il tuo nome,
ora subito, che ti do un dono ospitale di cui rallegrarti!".
[...]
Disse così, e io di nuovo gli porsi il vino scuro.
Gliene diedi tre volte, tre volte lo tracannò stoltamente.

11. **serbava:** custodiva, trasportava come qualcosa di molto pregiato.

12. **semmai... mi mandassi a casa:** nel caso in cui tu mi avessi lasciato riprendere il mio viaggio verso casa.

13. **furioso:** folle e crudele.

Ma quando il vino raggiunse il Ciclope ai precordi[14],
allora gli parlai con dolci parole:
"Ciclope, mi chiedi il nome famoso, ed io
ti dirò: tu dammi, come hai promesso, il dono ospitale.
Nessuno è il mio nome: Nessuno mi chiamano
mia madre e mio padre e tutti gli altri compagni".
Dissi così, lui subito mi rispose con cuore spietato:
"Per ultimo io mangerò Nessuno, dopo i compagni,
gli altri prima: per te sarà questo il dono ospitale".
Disse, e arrovesciatosi[15] cadde supino, e poi
giacque piegando il grosso collo: il sonno,
che tutto doma[16], lo colse; dalla strozza[17] gli uscì fuori [vino
e pezzi di carne umana; ruttava ubriaco.
E allora io spinsi sotto la gran cenere il palo
finché si scaldò: a tutti i compagni feci
coraggio, perché nessuno si ritraesse atterrito.
Essi, afferrato il palo d'ulivo, aguzzo all'estremità,
lo ficcarono dentro il suo occhio; io, sollevatomi, lo giravo
di sopra, come quando uno fora un legno di nave
col trapano, che altri di sotto muovono con una cinghia
tenendola dalle due parti, e sempre, senza sosta, esso [avanza;
così giravamo nell'occhio il palo infuocato,
reggendolo, e intorno alla punta calda il sangue scorreva.
[...]
Lanciò un grande urlo pauroso: rimbombò intorno la [roccia
Noi atterriti scappammo. Dall'occhio
si svelse[18] il palo, sporco di molto sangue.
Lo scagliò con le mani lontano da sé, smaniando: [...]
poi chiamò a gran voce i Ciclopi, che lì intorno
in spelonche abitavano, per le cime ventose.
Quelli, udendo il suo grido, arrivarono chi di qua chi [di là
e, fermatisi presso il suo antro, chiedevano cosa lo [molestasse:
"Perché, Polifemo, sei così afflitto e hai gridato così
nella notte divina, e ci fai senza sonno[19]?
Forse un mortale porta via le tue greggi, e non vuoi?

Odisseo finge di stare al gioco: la sua abilità con le parole riuscirà a ingannare il mostro.

L'ulivo richiama forse l'intelligenza della dea Atena, che protegge Odisseo e a cui era sacro l'ulivo.

Adesso è il Ciclope a soffrire! Naturalmente il suo dolore e la sua ira si manifestano in modo terribile. **La descrizione dell'accecamento è ricca di particolari macabri**.

come quando... La **similitudine** non è tratta dal mondo della natura, come di solito, ma da quello delle **attività umane**.

14. **raggiunse il Ciclope ai precordi:** noi diremmo "gli andò alla testa", cioè fece sentire i suoi effetti.
15. **arrovesciatosi:** crollato.
16. **il sonno, che tutto doma:** il sonno, che toglie le forze a chiunque, anche a un mostro forte e gigantesco come Polifemo.
17. **la strozza:** la gola.
18. **si svelse:** si tirò via.
19. **ci fai senza sonno:** ci impedisci di dormire.

forse qualcuno ti uccide con l'inganno o la forza?".
Ad essi il forte Polifemo rispose dall'antro:
"Nessuno, amici, mi uccide con l'inganno, non con la
[forza".
Ed essi rispondendo dissero alate parole:
"Se dunque nessuno ti fa violenza e sei solo,
non puoi certo evitare il morbo del grande Zeus[20]:
allora tu prega tuo padre, Posidone signore".
Dicevano così, e rise il mio cuore,
perché il nome mio e l'astuzia perfetta l'aveva
[ingannato.
Il Ciclope gemendo e penando per il dolore,
brancolando a tentoni[21], tolse dall'ingresso la pietra,
sedette davanti all'entrata tendendo le mani,
semmai cogliesse tra le pecore qualcuno che usciva:
forse sperava che io fossi così sciocco nell'animo.

Il Ciclope Polifemo è figlio di Poseidone: **l'ira del dio da questo momento perseguiterà l'eroe**.

alate
È un **epiteto** frequentemente usato per definire le parole, che si trasmettono – *volano* – attraverso l'aria.

il nome mio...
L'***astuzia perfetta*** consiste in un **gioco di parole** tra "Nessuno" – con la **N** maiuscola – in funzione di nome proprio, e 'nessuno' – con la **n** minuscola – in funzione di pronome indefinito.

Odisseo fa uscire i compagni legati ciascuno sotto tre montoni; egli stesso si aggrappa al ventre dell'ariete più grosso.

Tormentato da fieri[22] dolori,
il padrone tastava le groppe di tutte le bestie,
ferme diritte: lo sciocco non lo aveva capito,
che gli uomini erano stretti al petto delle bestie lanose.
Ultimo uscì il montone del gregge,
gravato dalla lana e da me coi miei fitti pensieri.
E il forte Polifemo palpandolo disse:
"Caro montone, perché vieni per la spelonca così,
per ultimo? prima non sei mai venuto dopo le pecore.
[Forse tu piangi
l'occhio del tuo padrone? Lo ha accecato un vigliacco,
coi suoi vili compagni, dopo avermi vinto la mente col
[vino: [...]
Nessuno, che penso non è sfuggito ancora alla morte.
Oh se potessi anche tu pensare e parlare,
per dirmi dove lui fugge dal mio furore.
A lui, sbattuto qua e là per la grotta,
si spaccherebbe il cervello per terra e il mio cuore
avrebbe sollievo dai mali che questo Nessuno da nulla
[mi diede".

Adesso Odisseo può vantarsi della superiorità dell'intelligenza sulla forza bruta del Ciclope!

Nessuno... nulla
Continua il **gioco di parole** sul nome ***Nessuno***, a cui è avvicinato il pronome indefinito ***nulla***. Naturalmente il Ciclope non ha ancora capito l'astuzia di Odisseo!

20. il morbo del grande Zeus: la follia, che per gli antichi era causata da Zeus.
21. brancolando a tentoni: essendo ormai cieco, il Ciclope muove le mani per cercare di per orientarsi col tatto.
22. fieri: acuti.

Detto così, spinse fuori il montone.

Odisseo e i compagni tornano in fretta alla nave, portando con loro le greggi; rapidamente la nave prende il largo.

Ma appena distai[23] quanto basta per sentire chi grida,
allora con parole taglienti dissi al Ciclope:
"Ciclope, non certo i compagni di un uomo vigliacco
avresti mangiato nella cava spelonca con dura violenza.
E i misfatti dovevano ricadere proprio su te,
sciagurato, che non hai esitato a mangiare gli ospiti
nella tua casa: perciò ti ha punito Zeus e gli altri dei".
Dissi così, e lui si adirò nel cuore di più,
divelse e scagliò la cima di una grande montagna:
la fece cadere oltre la nave dalla prora turchina; [...]
alla caduta del masso il mare si sollevò:
l'onda rifluendo sospinse la nave a terra,
il riflusso dal largo, e la strinse contro la costa.
Io però, afferrata una lunghissima pertica,
la spinsi di fianco e ordinai ai compagni, incitandoli,
di gettarsi sui remi, per scampare al pericolo,
con cenni del capo: ed essi remavano, piegandosi
[avanti.
Quando avanzando sul mare distammo il doppio,
allora gridai al Ciclope: [...]
"Ciclope, se qualche uomo mortale
ti chiede dello sconcio accecamento dell'occhio,
digli che ad accecarti fu Odisseo, distruttore di rocche,
il figlio di Laerte che abita ad Itaca"».

Dunque **il Ciclope è stato punito per la sua malvagità ed empietà**: questa è **la morale della storia**.

Odisseo rivela il suo nome al Ciclope perché esso rimanga per sempre legato alla **gloria** di questa **impresa impossibile** dell'eroe.

23. distai: fui lontano.

(ridotto da *Odissea*, libro IX, versi 218-505,
traduzione di G.A. Privitera, cit.)

MESSA A FUOCO

Antenati selvaggi

Il comportamento di **Polifemo** rivela chiaramente ch'egli **appartiene a un mondo che non conosce alcune importanti conquiste della civiltà**: il Ciclope non teme gli dèi né si cura di loro; non rispetta la legge divina e umana dell'ospitalità, anzi la stravolge crudelmente facendo degli ospiti il suo orrido pasto; inoltre non pratica l'agricoltura né conosce l'uso di cuocere i cibi sul fuoco.
Tutti questi elementi rimandano a uno stadio primordiale della civiltà: i **Ciclopi vivono in assenza di regole e le loro azioni sono guidate unicamente dall'istinto**, mentre è prerogativa degli uomini civili riconoscere il limite e rispettare gli dèi e le loro leggi; se l'agricoltura e l'usanza di cuocere i cibi sul fuoco sono indice di uno stadio evoluto della civiltà, i giganti con un solo occhio sono dediti unicamente alla pastorizia e si nutrono di carni crude.
Dunque il trionfo dell'astuzia di Odisseo sulla forza bruta di Polifemo rappresenta anche una vittoria della civiltà degli uomini sul mondo selvaggio dei Ciclopi.

COMPRENSIONE

1. Quando Odisseo entra nella grotta, dove si trova il Ciclope?

- [ ] A Fuori dalla grotta, a preparare il formaggio.
- [x] B Al pascolo con le greggi.
- [ ] C Nascosto dietro a un enorme masso.
- [ ] D Addormentato nel suo letto.

2. Dopo essere entrati nella grotta, i compagni consigliano a Odisseo…

- [ ] A di offrire doni ospitali al padrone di casa.
- [ ] B di nascondersi e vedere che aspetto abbia il padrone di casa.
- [ ] C di nascondersi e assalire il padrone di casa.
- [x] D di ritornare alla nave, dopo aver fatto provvista di formaggio e agnelli.

3. In quale modo Odisseo riesce a sfuggire al Ciclope?

mettendosi sotto a un caprone

4. Perché gli altri Ciclopi non aiutano Polifemo?

Perchè aveve un bastone conficcato nel 'ochio

5. Che cosa fa Odisseo dopo essersi allontanato dalla terra dei Ciclopi?

.....

ANALISI E RIFLESSIONE

6. Chi narra l'avventura di Odisseo e Polifemo?

Il narratore in terza persona

7. Il Ciclope è un essere mostruoso sia per il suo aspetto fisico che per il suo comportamento. Indica nella tabella gli elementi che lo caratterizzano.

Polifemo è un mostro perché…	
caratteristiche fisiche	**comportamento**
è molto grande ed molto alto ha molti muscoli e ha un occhio solo	non aspetta odisseo e i suoi compagni si dimostra cattivo divora sei amici di Odisseo

8. L'aspetto più terribile di questa avventura è rappresentato dal fatto che…

- [ ] A Polifemo è un gigante.
- [ ] B Polifemo vuole uccidere Odisseo.
- [ ] C Polifemo uccide sei compagni di Odisseo.
- [x] D Polifemo divora sei compagni di Odisseo.

9. Polifemo dimostra anche di provare un sentimento, seppur primitivo, di affetto: a chi è rivolto?

A Odisseo

Nell'antro del Ciclope

L'antro di Polifemo era protetto da piante di alloro e cinto da una palizzata di tronchi di pino e di quercia. Tutto lasciava pensare che la grotta, molto vasta, fosse abitata da un essere colossale che viveva solo,«da empio ».
Il giaciglio, le suppellettili e il vasellame erano a misura di un gigante che aveva trasformato quella caverna in abitazione, caseificio e stalla. Ulisse non lo dice, ma doveva essere un posto insalubre e maleodorante, con il letame sparpagliato in terra, le pecore e le capre negli stazzi e il tanfo stagnante del fumo e delle bestie. Ammucchiati qua e là c'erano cesti carichi di formaggi, vasi traboccanti di siero, secchi ed anfore colme di latte appena munto. In fondo alla grotta belavano decine e decine di agnelli e capretti.
Vedendo quella sovrabbondanza di cibo e temendo il ritorno del gigantesco pastore, i compagni di Ulisse, con molta saggezza, proposero di far man bassa di formaggi e di animali e lasciare subito l'isola. «Ma io» ricorda Ulisse «non li volli ascoltare, e sarebbe stato assai meglio, per poterlo vedere se mi avesse ospitato.»
Cosa voleva Ulisse? Perché rischiava la sua vita e quella dei suoi compagni solo per vedere il ciclope? E infine, perché agì in maniera tanto stolta, aspettandolo dentro la caverna e non fuori, nascosto tra le siepi di alloro? Il suo è davvero uno strano modo di comportarsi. Fatto sta che con imperdonabile imprudenza fece accendere un fuoco all'interno della caverna per preparare il pasto. Uccisi dei capretti ne destinarono una parte agli dei e il resto se lo mangiarono insieme a forme di cacio. Quella di Ulisse la si può definire una palese violazione di domicilio aggravata dalla appropriazione indebita. Non deve perciò meravigliare se Polifemo, già di per sé scorbutico e misantropo, fosse fortemente irritato nel trovare la sua abitazione profanata e le sue capre ridotte a un mucchio di ossa.
L'apparizione del ciclope carico di legna da ardere e alla testa della mandria gettò nel panico Ulisse e i suoi, che non se lo immaginavano tanto grande e tanto truce. Il mostro fece finta di non accorgersi della presenza degli intrusi.
Accuditi gli animali, accese il fuoco e chiuse l'ingresso della caverna con un masso talmente voluminoso che, come osserva Ulisse, non l'avrebbero mosso quaranta buoi aggiogati insieme. Poi, rivolto ai tredici estranei

appiattiti contro la parete di fondo chiese:« Chi siete, stranieri? Da dove venite per le liquide vie? Per affari o alla ventura vagate sul mare, come predoni portando danno?».
La risposta di Ulisse non è all'altezza della sua fama di scaltro oratore. Trascurando il fatto che l'interlocutore, non essendosi mai spostato da quell'isola remota, doveva essere all'oscuro degli avvenimenti d'oltremare, replicò: «Siamo Achei, di ritorno da Troia.
Ci vantiamo di essere gente dell'Atride Agamennone, distruttore di città. Ci gettiamo alle tue ginocchia, siamo tuoi supplici e Zeus vendica i supplici e gli ospiti». Non una parola di scusa o di giustificazione per i capretti finiti arrosto e per l'intrusione nella caverna. Solo un poco convinto riferimento a eventuali castighi di un «certo Zeus». Il ciclope rispose «con cuore spietato».
La conversazione era finita. Senza che nulla lo lasciasse prevedere il mostro afferrò due uomini e dopo averli sbatacchiati in terra fracassando loro il cranio, li squartò per bene e li mangiò, interiora e ossa comprese. Ci bevve sopra un ettolitro di latte e si addormentò lasciando che i superstiti meditassero sulla loro sorte. Ulisse, inorridito, ebbe la tentazione di colpire il ciclope con la spada «là dove i precordi reggono il fegato», ma riacquistato il sangue freddo, rinunciò. Chi, infatti, morto Polifemo, avrebbe potuto spostare il macigno che chiudeva la grotta?
Il mattino successivo mentre Polifemo era al pascolo, Ulisse entrò in azione. Tagliò in due un tronco verde di olivo, grande come l'albero di una nave, lo fece sgrossare e lui stesso ne aguzzò la punta. Fatto ciò e indurito il palo con il fuoco, lo nascose sotto il letame, così che fosse a portata di mano. Poi attese.
Il ciclope rincasò al tramonto e prese a fare quel che faceva ogni sera, salvo divorare, novità alla quale aveva preso gusto, altri due marinai. Ulisse aspettò la fine del raccapricciante pasto prima di mettere in atto il suo piano.
Cominciò con l'offrire al gigante una ciotola di quel vino che si era portato dalla terra dei Ciconi.
Alla quarta ciotola, si decise: «Nessuno è il mio nome. Nessuno mi chiama mio padre e mia madre e tutti gli altri compagni».
Insieme al cavallo di Troia, questo è il più celebre esempio della utilizzazione del dono divino della intelligenza. Ulisse afferma di chiamarsi

Nessuno perché intendeva accecare, non uccidere Polifemo. Prevedendo che il gigante avrebbe invocato l'aiuto degli altri abitanti dell'isola ricorse a un diabolico stratagemma affinché le grida fossero scambiate per le farneticazioni della vittima d'un incubo. Il suo piano era perfetto. Non un semplice atto eroico come avrebbe potuto esserlo il tentativo di ammazzare il ciclope, ma un insieme di coraggio, scaltrezza, previdenza ed accortezza.

Soddisfatto di se stesso, Polifemo rivelò un senso dell'umorismo, ancorché macabro, sorprendente in una creatura tanto primitiva. «Carissimo Nessuno,» annunciò infatti «eccoti il mio dono ospitale: ti mangerò per ultimo.» Manifestate queste sue buone intenzioni, stramazzò al suolo piombando nel sonno agitato degli ubriachi. Era il momento di intervenire. Afferrato il palo precedentemente nascosto, Ulisse ne arroventò la punta. Quindi, con l'aiuto di quattro dei sei compagni sopravvissuti, conficcò il tronco nell'occhio di Polifemo, ruotandolo «come se uno forasse il legno di nave col trapano», e quando il bulbo oculare bruciò, «le radici sfrigolarono al fuoco come quando il fabbro immerge una spada nell'acqua per temprarla».

Il ciclope, lanciando urla ferine che rimbombarono nella caverna, si strappò dall'orbita il legno che lo aveva accecato e procedendo a tentoni andò alla caccia di Ulisse e dei suoi compagni. Ogni tanto si fermava per chiedere aiuto agli abitanti dell'isola i quali accorsero domandandogli, al di là del macigno che chiudeva la grotta, perché li aveva destati ad un'ora così avanzata: «Forse qualcuno ti uccide con l'inganno e con la forza?».

«Nessuno, amici, mi uccide con l'inganno, non con la forza» rispose Polifemo. Avrebbe potuto anche dire, più semplicemente, «Nessuno mi uccide» o «Nessuno mi sta uccidendo» e il risultato non sarebbe cambiato, permanendo l'equivoco. Nel sentire ciò i Ciclopi, convinti che il loro amico stesse vivendo un incubo causato dalla cattiva digestione, se ne andarono, mentre rideva il cuore di Ulisse perché aveva ingannato il gigante «con astuzia perfetta».

(ridotto da Paolo Granzotto, *Ulisse*, Rizzoli, 1988)

Audio
Ascolta
il brano

5. La maga Circe

Prosegue il racconto di Odisseo al banchetto dei Feaci: accolto da Eolo sulla sua isola, Odisseo riceve in dono, chiusi in un otre, i venti sfavorevoli al suo viaggio, ma i compagni, sospettando che contenga un tesoro, aprono l'otre proprio in vista di Itaca: i venti liberati provocano una furiosa tempesta che sospinge di nuovo le navi in mare aperto. Approdate sulla terra dei Lestrigoni, undici delle dodici navi di Odisseo vengono fatte a pezzi dai feroci abitanti: solo la nave dell'eroe e il suo equipaggio si salvano dal massacro.
Ripresa la navigazione, giungono nell'isola orientale di Eea, dove abita la maga Circe, figlia del Sole.

Trovarono in un vallone[1] la casa di Circe,
fatta di pietre lisce, in posizione scoperta.
E intorno c'erano lupi montani e leoni,
che lei stregò, dando farmachi tristi.
Questi non si lanciarono sugli uomini, anzi,
con le code diritte a carezzarli[2] si alzarono.
Come i cani intorno al padrone, che dal banchetto ritorna,
si sfregano; perché porta sempre qualche dolce boccone;
così intorno a loro i lupi zampe gagliarde e i leoni
si sfregavano; allibirono quelli a veder mostri paurosi.
Si fermarono nell'atrio della dea trecce belle
e Circe dentro cantare con bella voce sentivano,
tela tessendo grande e immortale[3], come sono i lavori
delle dee, sottili e splendenti e graziosi.
Subito lei, uscita fuori, aperse[4] le porte splendenti
e li invitava; e tutti stoltamente le tennero dietro[5],
Ma Euriloco restò fuori, ché[6] temeva un inganno.
Li condusse a sedere sopra troni e divani
e per loro del cacio, della farina d'orzo e del miele
nel vino di Pramno[7] mischiò: ma univa nel vaso
farmachi tristi, perché del tutto scordassero la terra paterna.
E appena ne diede loro e ne bevvero, ecco che subito,
con la bacchetta battendoli, nei porcili li chiuse.
Essi di porci avevano testa, e setole e voce
e corpo: solo la mente era sempre quella di prima.

Euriloco torna indietro a raccontare ciò che è accaduto ai compagni. Odisseo subito parte per andare a cercarli.

E quando ormai, movendo per i sacri valloni[8],

La **stranezza** del luogo è confermata dal fatto che quegli **animali selvaggi** sono **docili come cani domestici**.

Circe prima coi filtri magici cancella negli uomini il desiderio di tornare a casa e poi con la bacchetta magica li trasforma in porci.

farmachi tristi
In greco il sostantivo *fármakon* significa sia «farmaco, medicina» sia il suo contrario «veleno»: questo secondo significato è nel testo confermato dall'aggettivo ***tristi***. In effetti la stessa sostanza può, in dosi diverse, essere o benefica o mortale.

trecce belle
L'**epiteto *(dalle) trecce belle*** sottolinea la bellezza della maga.

1. **vallone:** ampia valle ricoperta di boschi.
2. **a carezzarli:** per farsi accarezzare.
3. **immortale:** divinamente bella.
4. **aperse:** aprì.
5. **le tennero dietro:** la seguirono.
6. **ché:** perché.
7. **vino di Pramno:** Pramno è il nome di un monte, che sorgeva per alcuni sull'isola Icaria (a ovest di Samo), per altri vicino a Efeso o a Smirne, in Asia Minore.
8. **sacri valloni:** le valli boscose dell'isola della dea.

di Circe ricca di farmachi stavo per giungere al grande [palazzo
allora mi venne incontro Ermete verga d'oro,
mentre arrivavo alla casa, simile a un giovane eroe,
cui fiorisce la prima peluria, bellissima è la sua giovinezza.
Mi prese per mano e parlava parola, diceva:
«Dove, o infelice, per questi colli vai solo,
ignaro del luogo? I tuoi compagni in casa di Circe
son chiusi, come maiali, abitando solide stalle.
E tu per liberarli qui vieni? Io ti dico
che neanche tu tornerai, ma resterai là con gli altri.
Suvvia, dai pericoli voglio liberarti e salvarti.
Tieni, con quest'erba benefica in casa di Circe
entra; il suo potere t'eviterà il mal giorno[9],
Ti dirò anche tutti gli inganni funesti di Circe.
Farà il miscuglio e metterà del veleno nel vaso;
ma non così potrà farti incantesimo, non lo permette
l'erba benefica che sto per darti, e tutto ti spiego:
quando Circe ti colpirà con la lunga bacchetta,
tu allora la spada affilata dalla coscia sguainando,
su Circe balza, come deciso ad ucciderla:
lei, spaventata, t'inviterà nel suo letto.
Allora tu d'una dea non rifiutare l'amore,
perché ti sciolga i compagni e ti dia il buon ritorno;
ma dei beati falle giurare il gran giuramento,
che non ti trama nessun inganno malefico,
e, così nudo, non vorrà farti vile e impotente».
Così detto, mi dava l'erba l'Argheifonte,
da terra strappandola e la natura me ne mostrò;
la radice era nera, al latte simile il fiore,
«molu» la chiamano i numi. Strapparla è difficile
per le creature mortali, ma gli dèi tutto possono.
Ermete, quindi, se ne tornò all'alto Olimpo,
per l'isola folta; e io alla casa di Circe
andavo; e molto il mio cuore nell'andare batteva.
Mi fermai sulla porta della dea belle trecce,
e là fermo gridai; la dea sentì la mia voce.
Subito, uscita fuori, aperse le porte splendenti,
e m'invitava: e io la seguii sconvolto nel cuore.
Mi condusse a sedere su un trono a borchie d'argento,
bello, ornato: e sotto c'era lo sgabello pei piedi.
Fece il miscuglio per me, in tazza d'oro, perché bevessi,
e il veleno v'infuse, mali meditando nel cuore.
Ma come me l'ebbe dato e bevvi – e non poté farmi [incantesimo –

Perché Odisseo possa salvarsi è necessario un intervento divino: contro i potenti filtri magici di Circe ci vuole un **antidoto** altrettanto efficace...

... mentre per annullare gli effetti della bacchetta magica deve essere estorto a Circe, sotto la minaccia di morte, un solenne giuramento.

Contro la magia di Circe ci vuole **un mezzo divino**.

verga d'oro
L'**epiteto** di Ermes ***(dalla) verga d'oro*** si riferisce al **caduceo**, ossia al bastone sormontato da due serpenti intrecciati, che era anche il simbolo dei messaggeri.

Argheifonte
L'**epiteto** di Ermes ***Argheifonte*** significa «uccisore di Argo».

«molu»
Il nome della pianta magica, data a Odisseo dal dio Ermes, **non viene dalla lingua greca**: Omero vuole forse dire che la pianta, e quindi la parola che la indica, **viene da un "altro" mondo**, un mondo non umano, quello degli dèi.

9. il mal giorno: la morte.

con la bacchetta colpendomi parlava parola, diceva:
«Va' ora al porcile, stenditi con gli altri compagni».
Così diceva; e io la spada acuta dalla coscia sguainando,
su Circe balzai, come deciso ad ucciderla.
Lei gettò un urlo acuto, mi corse ai piedi e m'afferrò le
[ginocchia,
e singhiozzando parole fugaci diceva:
«Chi e donde sei[10] fra gli uomini? Dove la tua città e i
[genitori?
Stupore mi prende, perché, bevuto il veleno, non hai
[subíto incantesimo.
Nessuno, nessun altro uomo poté sopportare il veleno,
chiunque lo bevve, appena passata la siepe dei denti[11].
Ma forse nel petto hai mente refrattaria agli incanti;
oppure tu sei Odisseo, l'accorto, che doveva venire,
come mi prediceva sempre l'Argheifonte aurea verga,
tornando da Troia con l'agile nave nera.
Ma via, nel fodero la spada riponi, e noi ora
sul letto mio saliremo, che uniti
di letto e d'amore possiamo fidarci a vicenda».
Così parlava, ma io ricambiandola dissi:
«O Circe, non vorrò certo salire il tuo letto,
se non hai cuore[12], o dea, di giurarmi il gran giuramento,
che nessun sortilegio trami ancora a mio danno».
Così dicevo, e lei subito giurò come volli,
e quando ebbe giurato, compiuta la formula,
allora solo di Circe salii il letto bellissimo.

(ridotto da *Odissea*, libro X, versi 210-342,
traduzione di Rosa Calzecchi Onesti, cit.)

Circe conferma quello che avevamo intuito: per resistere agli incantesimi ci vuole grande **intelligenza e astuzia**. E chi, se non Odisseo, poteva vincere anche sulla magia? Odisseo, dunque salva se stesso e libera i compagni.

fugaci
Fugaci (o ***alate***) è un **epiteto** frequentemente usato per definire le parole, che si trasmettono e "fuggono" veloci attraverso l'aria.

10. donde sei: di dove sei.
11. appena passata la siepe dei denti: appena bevuto (letteralmente: appena il veleno ebbe superato la barriera dei denti).
12. se non hai cuore: se non accetti.

MESSA A FUOCO

La magia delle donne

Il personaggio di **Circe** costituisce **il primo esempio di maga**, un tipo di personaggio che le fiabe e le leggende hanno reso molto familiare anche a noi.
La signora dell'isola di Eea ha il potere di trasformare la realtà con le sue arti magiche, che esercita sia per mezzo di **filtri** sia tramite uno strumento che viene di solito associato alle maghe e alle streghe e che compare qui per la prima volta: la **bacchetta magica**.
Nella tradizione di moltissimi popoli **l'abilità nel preparare filtri magici era attribuita alle donne**, in quanto erano le donne ad occuparsi della preparazione dei cibi e ad avere esperienza di erbe medicinali, con cui si realizzavano pozioni curative. Dunque **le donne avevano il controllo di cibi e bevande**, e **questo potere suscitava timore**, in quanto esse potevano sia curare sia avvelenare.
Circe non è la sola figura femminile esperta di filtri che appare nell'*Odissea*: durante il soggiorno di Telemaco presso la reggia di Menelao (narrato nel libro IV), Elena offre ai suoi ospiti un farmaco prodigioso che, mescolato al vino, ha il potere di far dimenticare tutti i mali e gli affanni. Tale filtro proviene dall'Egitto, una terra che i Greci consideravano legata a una sapienza antica e misteriosa.

COMPRENSIONE

1. Perché Circe è una donna pericolosa?

- A Perché è una donna straniera.
- B Perché è esperta di filtri magici e incantesimi.
- C Perché accoglie minacciosamente gli uomini.
- D Perché non conosce le regole dell'ospitalità.

2. Che cosa attira i compagni di Odisseo dentro la casa di Circe?

- A Il bisogno di cibo.
- B La bellezza della casa di Circe.
- C La bellezza di Circe.
- D Il canto armonioso di Circe.

3. Perché tra i compagni di Odisseo solo Euriloco non cade nella trappola di Circe?

Perchè era furbo

4. Come riesce Odisseo a proteggere se stesso da Circe?

Riesce a proteggersi perché Euriloco gli ha dato dei buoni consigli

ANALISI E RIFLESSIONE

5. Chi narra l'avventura di Odisseo e Circe?

Odisseo

6. Quale dote tipica di Odisseo possiede anche il suo compagno Euriloco?

- A La curiosità.
- B Il coraggio in guerra.
- C L'abilità nel parlare.
- D La prudenza.

7. Prima di trasformare gli uomini in porci, Circe dà loro da bere dei filtri perché dimentichino la patria. Ciò significa che il ricordo della patria...

- A impedisce agli uomini di fare nuove esperienze.
- B impedisce agli uomini di perdere la loro vera identità.
- C impedisce agli uomini di trovare la loro vera identità.
- D trasforma gli uomini in animali bruti.

LESSICO E STILE

8. La similitudine dei versi 216-219 sottolinea il fatto che ...

- A animali domestici e animali selvaggi possono vivere insieme.
- B anche gli animali feroci possono essere addomesticati.
- C Circe ha un grande potere sugli animali.
- D il mondo in cui vive Circe è stregato.

Spiega la tua risposta.

Perchè riesce a trasformare gli uomini in animali fregandoe

SCRITTURA

9. In quale altro episodio abbiamo incontrato Ermes? Quali somiglianze noti fra i due episodi? Spiegalo in un breve testo scritto.

Nell'odissea noto che le somiglianze è quella di dare consigli a chi deve andare in un luogo un po' pericoloso

Per tutti

Audio
Ascolta il brano

La maga Circe

I compagni di Odisseo giungono alla casa di Circe

Nella vallata, in un luogo aperto, trovarono la casa di Circe, fatta di pietre lisce. Intorno c'erano lupi dei monti e leoni, che lei aveva stregato con filtri maligni. Gli animali non li assalirono, ma si levarono, scodinzolando. Come i cani fanno festa al padrone che torna da un banchetto, perché porta sempre dei buoni bocconi, così intorno ad essi scodinzolavano i lupi dalle forti zampe e i leoni; i compagni tremarono vedendo le terribili belve. Si fermarono nell'atrio della dea dalle belle trecce, e sentivano dentro Circe cantare con la sua bella voce, mentre tesseva una tela grande e divina, come sono le tele lavorate dalle dee, sottili e bellissime.

Circe invita gli uomini a entrare e poi getta su di loro un incantesimo

Lei uscì subito fuori, aprendo le lucide porte, e li invitò ad entrare. La seguirono tutti, stupidamente. Eurìloco invece rimase fuori, temendo un inganno. Circe li fece sedere su troni e divani, e mescolò nel vino di Pramno formaggio, farina d'orzo e miele; ma nelle coppe unì anche dei filtri magici, perché dimenticassero la patria. E quando essi ebbero bevuto la pozione, Circe subito li toccò con la bacchetta e li chiuse nel porcile. Essi avevano l'aspetto e la voce di porci, ma la mente era quella di prima, di uomini.

Euriloco racconta terrorizzato ciò che è accaduto ai compagni e Odisseo va a cercarli.

Odisseo va a cercare i compagni e incontra il dio Ermes

Ma quando, attraversate le valli divine, stavo
per giungere alla grande casa di Circe
esperta di filtri, ecco che mi venne incontro
Ermes, il dio dalla verga d'oro, simile
a un giovane fanciullo, bellissimo.
Egli mi prese la mano e mi disse: «Dove vai,
poveretto, tutto solo per queste colline,
senza conoscere il luogo? I tuoi compagni
sono rinchiusi nella casa di Circe, trasformati
in maiali che vivono nei porcili. Vieni forse
per liberarli? Bada che neanche tu tornerai,
ma resterai là insieme con gli altri.

Ermes spiega a Odisseo come proteggersi da Circe

Ma su, voglio salvarti dal pericolo. Prendi
quest'erba magica ed entra nella casa di Circe:
l'erba ti proteggerà dal male. Ti spiegherò anche
tutti i maléfici inganni di Circe. Lei preparerà
una pozione e metterà del veleno nella coppa;
ma non riuscirà a farti l'incantesimo:
lo impedirà l'erba magica che ti darò. Ti spiego
cosa dovrai fare: quando Circe ti toccherà
con la sua lunga bacchetta, tu sguaina la spada
e saltale addosso, come se volessi ucciderla;
lei, spaventata, ti inviterà nel suo letto. Tu accetta
il suo invito, affinché liberi i tuoi compagni e ti lasci
andare; però prima devi farle pronunciare
il solenne giuramento degli dèi, deve giurare
che non trama nessun altro maleficio contro di te
e non vuole, quando sarai disarmato, renderti
impotente.» Così disse Ermes e mi diede l'erba

magica; la strappò da terra e mi fece vedere com'era:
la radice era nera, il fiore bianco come il latte.
Gli dèi la chiamano «molu» e per gli uomini
è difficile strapparla, ma gli dèi possono tutto.
Poi Ermes se ne tornò sul monte Olimpo
attraverso i boschi dell'isola; io andavo verso la casa
di Circe, e mentre andavo mi batteva forte il cuore.

Odisseo affronta Circe e salva se stesso e i compagni

Mi fermai sulla porta della dea dalle belle trecce
e la chiamai da lì; Circe udì la mia voce.
Uscì subito fuori, aprendo le lucide porte,
e m'invitò a entrare; io la seguii con l'angoscia
nel cuore. Mi condusse a sedere su un trono
ornato di borchie d'argento, bellissimo, e sotto
c'era uno sgabello per i piedi. Preparò per me la
pozione, in una coppa d'oro, perché la bevessi,
e ci mescolò il veleno, per farmi il maleficio.
Ma dopo che ebbi bevuto - e non riuscì a stregarmi -
mi toccò con la bacchetta e mi disse: «Va' ora
al porcile, stenditi con gli altri compagni!»
Così disse, e io estrassi la spada affilata
e mi gettai su di lei, come se volessi ucciderla.

Circe lanciò un grido, si gettò ai miei piedi,
mi abbracciò le ginocchia e piangendo disse:
«Chi sei, da dove vieni? Sono stupita:
hai bevuto il filtro e non sei rimasto stregato.
Nessun altro al mondo ha resistito al veleno,
dopo averlo bevuto. O hai la mente che resiste
agli incantesimi, oppure tu sei l'astuto Odisseo,
che doveva giungere qui con la sua nave,
di ritorno da Troia: me lo diceva sempre
Ermes, il dio dalla verga d'oro. Ma ora
rimetti la spada nel fodero e saliamo sul mio
letto, affinché, dopo esserci uniti,
possiamo fidarci l'uno dell'altra».
Così parlò, ed io le risposi: «Circe,
sul tuo letto non voglio salire,
o dea, se prima non giuri solennemente
che non trami nessun altro maleficio contro di me».
Così dissi e lei subito giurò solennemente.

(parafrasi di Catia Gusmini)

1. **Chi è Circe?**

....

2. **Che potere ha Circe?**

....

....

3. **Come riesce Odisseo a salvarsi da Circe?**

- ☐ Tenendosi lontano dalla sua casa.
- ☐ Con l'aiuto di Ermes.
- ☐ Facendosi aiutare dai compagni.
- ☐ Uccidendola con la spada.

Ulisse e le sirene

Una volta finito il pranzo, Circe prese in disparte Ulisse e lo mise in guardia dai pericoli che da lì a poco avrebbe incontrato. Ormai la Maga gli si era affezionata, come, del resto, era già capitato a tutte le donne che avevano avuto la fortuna (o la sfortuna) di conoscerlo.

«O mio audace Ulisse,» gli sussurrò in un orecchio «io ti mostrerò la rotta che dovrai seguire e ti darò alcuni consigli pratici perché tu non abbia a soffrire più di quanto non sia già stato deciso dagli Dei. Per prima cosa, incontrerai una strana isola dove vivono alcune bellissime donne chiamate Sirene. Sappi che nessun uomo è mai riuscito a rivedere la propria casa dopo averle ascoltate. Le maliarde stregano i naviganti con un canto dolcissimo e li convincono ad avvicinarsi per poi farli naufragare su decine e decine di scogli aguzzi appena affioranti. Per uscire indenne dagli incantesimi delle Sirene, devi tappare con pezzi di morbida cera le orecchie dei tuoi rematori e fare in modo che nessuno di loro ne oda il canto soave. Tu invece, se proprio lo desideri, ascoltale pure, sempre, però, dopo esserti fatto saldamente legare all'albero maestro e dopo aver ordinato ai tuoi compagni di non liberarti per nessuna ragione, qualsiasi cosa dica o faccia durante il passaggio.»

Ulisse s'impresse bene in mente i consigli della Maga e in cuor suo decise di non perdersi nemmeno un verso delle maliarde. Ne aveva sempre sentito parlare nei porti di mare e ogni volta ne era rimasto affascinato. Quale occasione migliore per poterle ascoltare senza dover correre rischi eccessivi!

«Subito dopo» continuò la Maga «un'altra prova ti attende, ancor più impegnativa di quella delle Sirene. Decine di rupi erranti ti piomberanno addosso all'improvviso e quando meno te lo aspetti. Su di loro le onde del mare s'infrangono con grande clamore. Evitale se puoi e allontanatene quanto più ti è possibile.

«Una volta evitate le rupi erranti, dovrai passare tra due scogli, l'uno più pericoloso dell'altro: il primo è così alto che sfiora il cielo stellato. Una nuvola lo sovrasta, sia d'estate che d'inverno, e al suo interno, in un antro buio e fumoso, si cela un orribile mostro chiamato Scilla. Il suo abbaiare è simile a quello di un cucciolo, tu, però, non lasciarti ingannare: Scilla ha dodici piedi, dodici mani, sei colli retrattili e sei bocche munite di una triplice fila di denti.

«Allora cercherò di tenermi al largo.»

«Senza esagerare però, anche perché dalla parte opposta c'è uno scoglio, se possibile, ancora più pericoloso: è basso, apparentemente innocuo, e con al centro un gigantesco albero di fico. Ci vive un mostro chiamato Cariddi che per tre volte al giorno inghiotte l'acqua del mare e che per tre volte al giorno la rigetta con immenso fragore. Guai a chi passa vicino a Cariddi nel momento in cui inghiotte o nel momento in cui vomita: lo stesso Poseidone non riuscirebbe a salvarsi!»

A questo punto Ulisse avrebbe voluto tornare dai compagni, ma Circe lo trattenne: il lungo elenco delle insidie non era ancora finito.

«Una volta superato Scilla e Cariddi, un altro pericolo ti attende: una bellissima isola chiamata Trinacria, ricca di prati rigogliosi e di colline sempre in fiore. Tu, però, non lasciarti sedurre dalla bellezza del paesaggio e cerca d'ignorarla.»

«Quale altro mostro vi si nasconde?» chiese Ulisse, ormai rassegnato a dover sostenere una lotta continua contro le più svariate avversità.

«Nessun mostro, o figlio di Laerte, ma solo sette greggi di pecore e sette mandrie di vacche, ciascuna composta da cinquanta magnifici capi, e per finire due ninfe, Faetusa e Lampezia, che a turno le sorvegliano, di giorno e di notte.»

«E in che consiste il pericolo?»

«Nel fatto che le mandrie appartengono al Dio Sole, cioè al divino Iperione, che le ama alla follia» proseguì la Maga. «Chiunque ne uccidesse anche un solo capo finirebbe col decretare la propria morte. A scanso di tentazioni, quindi, ti converrà non avvicinarti a Trinacria.»

Tornato dai suoi, Ulisse si guardò bene dal comunicare ai compagni tutto quello che aveva saputo dalla Maga. Ebbe paura che, una volta a conoscenza dei possibili pericoli, gli uomini si potessero rifiutare di riprendere la navigazione. Come a dire: meglio fare i maiali con Circe, che diventare pasto per i pescicani.

La mattina dopo un allegro venticello incoraggiò tutti alla partenza: soffiava nella giusta direzione e gonfiava le bianche vele quel tanto che bastava per prendere il largo. Circe restò a lungo sulla spiaggia per l'ultimo saluto. Le condizioni favorevoli del mare, però, non durarono a lungo: proprio nei pressi dell'isola delle Sirene, una bonaccia li costrinse a remare. Al che Ulisse ne approfittò per mettere in guardia i marinai.

«Amici miei,» disse «tra poco vedremo delle donne bellissime distese su prati fioriti. Esse c'inviteranno ad approdare, ma noi non dobbiamo nemmeno guardarle, né tantomeno ascoltarle: il loro canto, per quanto delizioso possa sembrare, non perdona! Solo io potrò udire la loro voce. Voi, invece, con le orecchie ben tappate di cera, dopo avermi legato saldamente all'albero maestro, dovrete continuare a remare senza alzare mai lo sguardo, e qualunque cosa io faccia o dica, non dovrete mai slegarmi, almeno fino a quando l'isola non sarà scomparsa del tutto all'orizzonte. Più io cercherò di liberarmi dalle funi e più voi dovrete stringere i nodi.»

Dopodiché prese un grosso disco di cera e, ridottolo in tanti piccoli pezzi, otturò le orecchie di tutti i suoi compagni. Un po' per il calore delle mani, un po' per quello del sole, la cera si modellò all'interno dei padiglioni auricolari dei marinai, rendendoli completamente sordi. Alcuni di loro, infine, provvidero a legarlo, mani e piedi, alla base dell'albero maestro.

Le Sirene li attendevano con ansia. Le più belle, non appena si accorsero che la nave era a un tiro di voce, fecero di tutto per convincere l'eroe ad approdare.

Ulisse tentò in ogni modo di farsi sciogliere. Sapendo che i compagni non lo potevano sentire, cercò con gli sguardi di attirare la loro attenzione. A volte li supplicava atteggiando il viso al dolore, a volte strabuzzava gli occhi, e a volte reclinava il capo nella speranza che lo credessero morto, o quanto meno svenuto, ma non ci fu nulla da fare: Euriloco e Perimede si alzarono una sola volta dagli scanni, e unicamente per stringere ancora di più i nodi che gli impedivano di muoversi. Tutti gli altri, curvi sui remi, pensavano solo a portare la nave quanto più lontano possibile da quella maledetta isola.

(ridotto da Luciano De Crescenzo, *Nessuno. L'Odissea raccontata ai giovani d'oggi*, Mondadori Scuola, 2001)

Audio
Ascolta
il brano

6. Odisseo si vendica dei Proci

Il re dei Feaci Alcìnoo ha messo a disposizione di Odisseo una nave e un equipaggio, e l'eroe ha potuto così raggiungere Itaca. Qui, aiutato da Atena, che gli ha dato le sembianze di un vecchio mendicante, ha preparato, grazie anche all'aiuto del figlio Telemaco, la sua vendetta sui Proci.
Frattanto Penelope ha indetto una gara tra i pretendenti: ella sceglierà come sposo chi sarà in grado di scoccare dall'arco di Odisseo una freccia che trapassi gli anelli di dodici scuri allineate. Nessuno dei Proci riesce nemmeno a tendere l'arco, mentre il misterioso straniero non fallisce l'impresa.
Trionfante, Odisseo può adesso abbandonare il travestimento e compiere la sua vendetta sui pretendenti superbi.

Odisseo si toglie il travestimento da mendicante e dà inizio alla **vendetta**.

Il bersaglio, che prima erano gli anelli delle dodici scuri, ora saranno i Proci stessi. Odisseo spera di avere dalla sua parte il favore di Apollo, il dio arciere.

Allora si denudò dei cenci[1] l'accorto Odisseo,
balzò sulla gran soglia, l'arco tenendo e la faretra,
piena di frecce, e versò i dardi rapidi
lì davanti ai suoi piedi, e parlò ai pretendenti:
«Questa gara funesta è finita;
adesso altro bersaglio, a cui mai tirò uomo,
saggerò[2], se lo centro[3], se mi dà il vanto Apollo».
Disse, e su Antinoo puntò il dardo amaro.
Quello stava per alzare il bel calice,
d'oro, a due anse[4], lo teneva già in mano,
per bere il vino; in cuore la morte
non presagiva; chi avrebbe detto che tra banchettanti[5]
un uomo, solo fra molti, fosse pure fortissimo,
doveva dargli mala morte, la tenebrosa Chera?
Ma Odisseo mirò alla gola e lo colse col dardo:
dritta attraverso il morbido collo passò la punta.
Si rovesciò sul fianco, il calice cadde di mano
al colpito, subito dalle narici uscì un fiotto[6] denso
di sangue; rapidamente respinse la mensa
scalciando, e i cibi si versarono a terra:
pane e carni arrostite s'insanguinarono. Gettarono un [urlo
i pretendenti dentro la sala, a veder l'uomo cadere,
dai troni[7] balzarono, in fuga per tutta la sala,
dappertutto spiando i solidi muri[8]:

pretendenti
Il termine **Proci** significa appunto «pretendenti»; essi sono gli ultimi nemici che Odisseo deve affrontare.

gara funesta... dardo amaro
La gara dell'arco che si è appena conclusa sta per trasformarsi in una ***gara funesta*** cioè nella vendetta di Odisseo che ucciderà tutti i pretendenti. Il dardo è accompagnato dall'**epiteto** di ***amaro*** perché provoca la morte.

tenebrosa Chera
La **Chera** (anche *le Chere*, al plurale) è una **personificazione della morte**: questo spiega l'**epiteto** di ***tenebrosa***.

1. **cenci:** gli stracci di cui si era coperto, per fingersi un mendicante.
2. **saggerò:** proverò a colpire.
3. **se lo centro:** se riesco a colpirlo, a fare centro.
4. **a due anse:** a due manici.
5. **banchettanti:** uomini riuniti tranquillamente a banchetto.
6. **un fiotto:** un getto.
7. **troni:** comodi sedili.
8. **spiando i solidi muri:** guardando attentamente se lungo i muri, com'era abitudine, si trovassero appese le armi. Ma Telemaco e Odisseo le avevano appositamente tolte in precedenza (libro XIX).

né scudo c'era, né asta robusta da prendere.
Urlavano contro Odisseo con irate parole:
«Straniero, male colpisci gli uomini! Mai più altre gare
farai: adesso è sicuro per te l'abisso di morte.
Hai ammazzato l'eroe più gagliardo
tra i giovani d'Itaca: qui gli avvoltoi ti dovranno [straziare».
Parlava così ciascuno, perché credevano che non di [proposito
avesse ucciso: questo, ciechi, ignoravano,
che tutti aveva raggiunto il termine di morte.
Ma feroce guardandoli disse l'accorto Odisseo:
«Ah cani, non pensavate che indietro, a casa tornassi
dalla terra dei Teucri[9], perciò mi mangiate la casa[10],
delle mie schiave entrate per forza nel letto,
e mentre son vivo mi corteggiate la sposa,
senza temere gli dèi, che l'ampio cielo possiedono,
né la vendetta, che in seguito potesse venire dagli [uomini.
Ora tutti ha raggiunto il termine di morte!»
Così disse, e tutti afferrò verde terrore:
ciascuno spiava dove potesse sfuggire alla morte [imminente.

I Proci non hanno ancora capito che lo straniero è Odisseo; inoltre, pensano di riuscire facilmente ad ucciderlo, contando sul fatto di essere in molti contro uno solo.

9. dalla terra dei Teucri: da Troia.
10. mi mangiate la casa: consumate le mie ricchezze.

verde
Il terrore è definito ***verde*** perché «rende verdi», cioè pallidi.

(tratto da *Odissea*, libro XXII, versi 1-43, traduzione di Rosa Calzecchi Onesti, cit.)

COMPRENSIONE

1. Che cosa fa Odisseo dopo aver vinto la gara di tiro con l'arco?

- A Pretende il premio della vittoria.
- B Si vanta con i Proci di essere più forte di loro.
- C Fugge, minacciato dai Proci.
- D Comincia a colpire i Proci.

2. Come reagiscono i Proci all'azione di Odisseo?

- A Fuggono terrorizzati.
- B Reagiscono con prontezza, assalendo Odisseo.
- C Assalgono Telemaco.
- D Si arrendono senza combattere.

3. Odisseo rivela la propria identità...

- A dichiarando il proprio nome e il patronimico.
- B accusando i Proci delle loro ruberie.
- C chiamando a testimone il figlio Telemaco.
- D facendosi riconoscere dalla moglie Penelope.

4. Come si concluderà l'episodio?

Bene

ANALISI E RIFLESSIONE

5. Chi narra l'episodio della vendetta sui Proci?

- A Odisseo alla corte dei Feaci.
- B Il poeta dell'*Odissea*.
- C Atena al concilio degli dèi.
- D Telemaco alla madre Penelope.

6. Odisseo ritiene che quanto sta accadendo sia...

- A la giusta vendetta per le offese subite.
- B la punizione divina per l'arroganza dei Proci.
- C nello stesso tempo una giusta vendetta e una punizione divina.
- D un'anticipazione della punizione che riserverà al popolo di Itaca.

7. Chi pronuncia le seguenti parole: «questo, ciechi, ignoravano, che tutti aveva raggiunto il termine di morte» (versi 32-33)?

- A Odisseo.
- B Telemaco.
- C Antinoo.
- D Il narratore.

8. Chi pronuncia le seguenti parole: «Ora tutti ha raggiunto il termine di morte!» (verso 41)?

- A Il narratore.
- B Odisseo.
- C Telemaco.
- D Antinoo.

LESSICO E STILE

9. Nella frase «adesso altro bersaglio, a cui mai tirò uomo, / saggerò, se lo centro, se mi dà il vanto Apollo» (versi 6-7), la parola *centro*...

- A sta al posto di «al centro».
- B sta al posto di «c'entro».
- C è un nome.
- D è sinonimo di «colpisco».

10. Nella frase dell'esercizio 9 l'espressione «se mi dà il vanto Apollo» significa...

- A se Apollo mi aiuta a colpire il bersaglio.
- B se Apollo non mi danneggia.
- C se il vento non fa deviare il colpo.
- D se Apollo non si vanta del mio colpo.

LETTURA D'OPERA

La vendetta di Odisseo è l'ultimo atto del poema: **l'eroe riconquista** finalmente il proprio regno, il proprio ruolo e **la propria identità**, vendicandosi degli usurpatori.

La vendetta, come abbiamo visto anche leggendo l'*Iliade*, sembra essere una caratteristica fondamentale dell'eroe: la violenza, di cui tutto il libro XXII dell'*Odissea*, trabocca, è ritenuta giustificata.

Christophe T. Degeorge, *La strage dei Proci*, 1812, Museo d'Arte René Quilliot, Clermont-Ferrand (Francia).

Al centro della scena l'eroe Odisseo tende l'arco per compiere la sua vendetta sui Proci, aiutato da Telemaco.

A sinistra (alle spalle di Odisseo) Anfinomo, uno dei Proci, viene trafitto dalla lancia di Telemaco.

A destra, inginocchiato, si riconosce dalla cetra il cantore Femio, che prega Odisseo di risparmiargli la vita in nome della sua arte.

Audio
Ascolta
il brano

7. Il riconoscimento tra Odisseo e Penelope

Odisseo ha ucciso i pretendenti, compiendo la sua vendetta e finalmente rivelando la sua identità. La nutrice Euriclea, esultante, sale di corsa ad avvertire Penelope, ignara di tutto. Penelope però, dopo vent'anni di attesa, stretta fra speranza e paura di un'ennesima delusione, non riesce a credere che quell'uomo sia veramente lo sposo tanto desiderato e per questo lo mette alla prova.

Penelope è incerta: la ragione la spinge a mostrarsi diffidente con lo straniero, mentre il cuore vorrebbe credere che chi ha di fronte sia il marito.

Telemaco rimprovera la madre per la sua freddezza. Per il giovane, che ha aiutato il padre a vendicarsi dei Proci, non ci possono essere dubbi sull'identità di Odisseo.

Così parlò Penelope, e dalle sue stanze scendeva; ed era molto dubbiosa nel cuore se parlare al suo sposo stando lontana o avvicinarsi e baciargli la testa e le mani. Giunse e varcò[1] la soglia di pietra; davanti a Odisseo, dalla parte opposta, si mise a sedere, alla luce del fuoco; lui sedeva appoggiato ad un'alta colonna con gli occhi bassi e aspettava che gli parlasse, la nobile sposa, dopo averlo veduto. Ma lei a lungo taceva, col cuore turbato: guardandolo ora in faccia credeva di riconoscerlo, ora le sembrava uno sconosciuto, così coperto di cenci[2].
Telemaco allora la rimproverava dicendo: «Madre mia, sciagurata, cuore di pietra, perché ti tieni così lontana dal padre e non ti siedi accanto a lui per fargli domande? Nessun'altra donna avrebbe l'animo così ostinato da rimanere lontana dall'uomo che, dopo tanto soffrire, nel ventesimo anno è tornato alla terra dei padri; hai il cuore più duro di un sasso».
Gli rispose la saggia Penelope: «L'animo mio è smarrito, figlio: non riesco a proferire[3] parola, a fare domande, neppure a guardarlo negli occhi. Se veramente è Odisseo, ed è tornato, l'uno con l'altro potremo riconoscerci nel modo migliore: ci sono dei segni che noi conosciamo, ed altri non sanno».
Disse così, sorrise il paziente, divino Odisseo, e rivolto a Telemaco disse: «Lascia che tua madre mi metta alla prova, Telemaco: tra poco mi riconoscerà di certo. Ora io sono sporco e vesto miseri cenci, per questo lei mi rifiuta e dice che non sono io. Pensiamo piuttosto a come andranno le cose: se qualcuno in città uccide un uomo che dietro di sé non lascia molti a vendicarlo, fugge tuttavia[4], e abbandona i parenti e la terra dei padri. Noi abbiamo ucciso il baluardo[5] della città, i più nobili fra i giovani d'Itaca. A questo ti esorto a pensare».

cuore di pietra
Per indicare la fredda insensibilità della madre, Telemaco usa la **metafora *cuore di pietra***, che tornerà anche più avanti.

1. **varcò**: oltrepassò.
2. **cenci**: stracci. Odisseo si era travestito da mendicante per non farsi riconoscere dai Proci.
3. **proferire**: dire.
4. **tuttavia**: sempre.
5. **baluardo**: la parte più forte.

Odisseo rimprovera Penelope per la sua freddezza, con parole simili a quelle usate da Telemaco.

Penelope ordina alla nutrice di portare il letto nuziale fuori dalla stanza, ma ciò è impossibile perché il letto è intagliato in un albero di ulivo e non può quindi essere spostato. Solo Odisseo può conoscere questo segreto!

Odisseo rivela il segreto del letto, introducendo un *flashback* nel quale racconta come il letto fu costruito.

Odisseo di nuovo sedette sul seggio da cui si era levato, davanti alla sposa, e le disse: «A te più che a ogni altra donna diedero cuore di pietra gli dei che in Olimpo hanno dimora.

Nessuna, con animo tanto ostinato, si terrebbe lontana dall'uomo che, dopo tanto soffrire, nel ventesimo anno è tornato alla terra dei padri. Nutrice, ora preparami il letto perché io possa dormire, anche solo: lei ha un cuore di ferro, nel petto».

Gli rispose la saggia Penelope: «Non sono superba e non ti disprezzo; non mi meraviglio neppure, so bene com'eri quando partisti da Itaca sulla nave dai lunghi remi. Ma ora preparagli un morbido letto, Euriclea, fuori dal talamo[6] ben costruito che fabbricò con le sue mani: là fuori preparategli il letto e allestite il giaciglio[7], con pelli di pecora, coperte, tappeti dai mille colori».

Parlò così, e lo metteva alla prova. Irato Odisseo si rivolse alla sposa fedele: «Donna, hai detto un'amara parola. Chi mai ha spostato il mio letto? Sarebbe difficile anche per un uomo che sa, a meno che un dio non venga e di sua volontà lo collochi altrove. Ma fra gli uomini nessuno al mondo, neanche se molto forte, potrebbe smuoverlo: c'è un grande segreto in quel letto ben lavorato che fabbricai io stesso, e nessun altro. Cresceva, dentro al cortile, un tronco d'olivo dalle foglie sottili, rigoglioso, fiorente, largo come una colonna. Intorno a questo io eressi[8] il talamo, che feci con pietre fittamente connesse e ricoprii con il tetto ben fatto; e la porta applicai, solida e salda. Poi recisi la chioma dell'olivo dalle foglie sottili, il tronco sgrossai dalla radice, lo piallai tutt'intorno con l'ascia di bronzo, abilmente, lo livellai a filo di squadra e ricavai una base che lavorai tutta a traforo. Cominciando da questa levigavo anche il letto, ornandolo d'oro, d'argento, d'avorio. All'interno tesi cinghie di cuoio[9] splendenti di porpora. Ecco, questo è il segreto: e io non so, donna, se è ancora là il mio letto o se l'ha collocato altrove qualcuno, dopo aver tagliato il sostegno di base».

Disse così, e a lei si sciolsero le ginocchia e il cuore[10], riconoscendo i segni sicuri che le aveva dato Odisseo. Gli corse incontro piangendo, gli gettava le braccia al collo e baciandogli il capo diceva: «Non adirarti con me, Odisseo, tu che eri il più saggio fra gli uomini. Ci hanno inflitto dolore gli dei, non hanno voluto che noi,

cuore di pietra, cuore di ferro:
Torna nelle parole di Odisseo la **metafora *cuore di pietra***, sottolineata poi dalla espressione ***cuore di ferro***, dal significato molto simile.

6. **talamo**: stanza nuziale.
7. **giaciglio**: letto.
8. **eressi**: costruii.
9. **cinghie di cuoio**: formano la rete del letto.
10. **si sciolsero le ginocchia e il cuore**: si sentì quasi svenire per l'emozione.

uno accanto all'altra, godessimo la giovinezza e alla vecchiaia giungessimo insieme. E dunque ora non adirarti perché non ti ho abbracciato subito, appena ti ho visto. Sempre mi tremava il cuore nel petto, che non capitasse qualcuno a ingannarmi con chiacchiere: sono in molti a tramare ignobili azioni. Neppure Elena d'Argo, figlia di Zeus, si sarebbe unita in amore con uno straniero, se avesse saputo che i figli dei Danai guerrieri l'avrebbero ricondotta a casa nella sua terra.

Penelope ricorda il comportamento di Elena, ben diverso dal suo.

Ma un dio la spinse a compiere quell'atto indegno: lei non aveva nell'animo la funesta follia che fu la prima causa della nostra sventura. Ma adesso che mi hai descritto in modo chiaro il nostro letto – che nessun altro ha veduto, ma tu ed io soli e un'ancella[11], Attoride, che il padre mi diede in dono quando venni qui e che custodiva le porte del talamo ben costruito –, hai convinto il mio cuore, anche se è molto ostinato».

Così disse, e in lui suscitò una gran voglia di pianto: piangeva, tenendo stretta la sposa amata, fedele.

11. ancella: schiava.

(ridotto da *Odissea*, libro XXIII, traduzione di Maria Grazia Ciani, Marsilio, 2004)

COMPRENSIONE

1. Inizialmente Penelope non riconosce il marito. Perché?

A È sconvolta dalla strage dei Proci.
B Si è abituata a vivere e a regnare senza Odisseo.
C Ha paura di rimanere delusa.
D È adirata con Odisseo per averla lasciata sola.

2. Come reagisce Telemaco al comportamento della madre?

A Non se ne stupisce: sua madre è sempre stata una donna insensibile.
B Non se ne stupisce: sua madre è sempre stata una donna impulsiva.
C Lo giustifica: una donna sola ha paura di tutto.
D Non lo giustifica: Penelope è insensibile alle sofferenze del marito.

3. Il riconoscimento di Odisseo è legato alla "prova" a cui Penelope lo sottopone.

a. In che cosa consiste questa prova?

....

....

b. Che cosa ordina Penelope alla nutrice Euriclea e perché?

....

....

....

....

c. Come reagisce Odisseo alle parole di Penelope?

....

4. Alle righe 84-90 Penelope ricorda Elena, «prima causa» della guerra di Troia. Penelope intende dire che...

A non è colpa di Elena se scoppiò la guerra di Troia, ma della divinità.
B una donna deve essere saggia e non lasciarsi trascinare dal desiderio, come fece Elena.
C le donne sono creature fragili e hanno sempre bisogno di essere protette.
D le donne, anche se non vogliono, si lasciano trascinare dalla follia dell'amore.

ANALISI E RIFLESSIONE

5. Nel brano troviamo due *flashback* collegati al segreto del letto: individuali e riassumine brevemente il contenuto

	da riga... a riga...	Il personaggio (chi?) ricorda...
1° *flashback*	....	....
2° *flashback*	....	....

LESSICO

6. Il complemento di materia *di pietra* compare nel testo 3 volte (alle righe 4, 12 e 36), ma in un caso non ha lo stesso significato degli altri due: individua l'intruso e spiega in che cosa differisce dagli altri.

VERIFICA FORMATIVA

Leggi con attenzione il brano, poi svolgi gli esercizi.

Audio Ascolta il brano

Odisseo alla corte dei Feaci

(*Odissea*, libro VIII)

Dopo essere giunto naufrago alla terra dei Feaci, Odisseo viene accolto a palazzo dal re Alcinoo, padre di Nausicaa. In onore dell'ospite, che non ha ancora rivelato il suo nome, viene organizzato un banchetto, allietato, oltre che dal buon cibo, anche dai racconti del cantore Demódoco.
Odisseo è rimasto colpito dalla sua straordinaria bravura: gli chiede dunque di raccontare la storia forse più celebre di tutte, quella del cavallo di legno, grazie al quale gli Achei avevano conquistato la città di Troia.

Facevano le parti i servi e versavano il vino. E venne l'araldo, portando il fedele cantore, Demodoco, che tutti onoravano. In mezzo ai convitati lo fece sedere, appoggiato a un alto pilastro. Sui cibi pronti e imbanditi stesero essi le mani. Ma quando furono sazi di cibo e bevande, disse allora a Demodoco l'accorto Odisseo:

«Più di ogni altro uomo io ti lodo, Demodoco. La Musa, figlia di Zeus, ti fu maestra, oppure Apollo, perché con arte perfetta tu canti la sorte dei Danai, quanto fecero, quanto osarono, quanto patirono, come se fossi stato presente o lo avessi udito narrare. Ma ora cambia argomento e canta la storia del cavallo di legno, che Epeo fabbricò con l'aiuto di Atena, la trappola che il divino Odisseo portò sull'acropoli, dopo averla riempita degli uomini che distrussero Ilio.

Disse così, e ispirato dal dio l'aedo prese a cantare: e incominciava da quando, saliti sulle navi dai solidi banchi, dopo aver dato fuoco alle tende, ripresero il mare gli Achei, e gli altri intanto, con Odisseo glorioso, stavano sulla rocca di Troia, nascosti dentro il cavallo. Sull'acropoli lo trascinarono gli stessi Troiani. Lì stava il cavallo, ed essi sedevano intorno e molte cose diverse dicevano. Erano tre le proposte, trafiggere il concavo legno con le armi di bronzo, trascinarlo in cima e gettarlo giù dalle rocce, lasciarlo là come dono propiziatorio agli dei. E sarebbe finita così, era infatti destino che la città perisse dopo aver accolto il grande cavallo di legno dov'erano tutti i più forti dei Danai, che ai Troiani portavano morte e rovina.

Cantava come, scesi giù dal cavallo, abbandonata la trappola cava, distrussero la città i figli dei Danai, come l'alta rocca devastarono da ogni parte, come Odisseo simile ad Ares alla dimora di Deifobo andò con Menelao divino. E qui sostenne una dura battaglia e vinse ancora – così narrava – con l'aiuto di Atena.

Queste cose l'aedo glorioso cantava. Ma Odisseo soffriva, scendevano dai suoi occhi le lacrime a bagnare le guance.

Degli altri nessuno notava il suo pianto, soltanto Alcinoo, che gli sedeva

vicino, vide e osservò e lo udì singhiozzare. E subito disse ai Feaci che amano il remo:
«Principi e consiglieri feaci, ascoltate. Faccia tacere Demodoco la cetra sonora. Non a tutti è gradito il suo canto. Da quando abbiamo cenato e l'aedo divino ha preso a cantare, da allora l'ospite non ha mai smesso di piangere. Un gran dolore ha invaso il suo animo. Taccia dunque il cantore perché possiamo essere lieti tutti, l'ospite e coloro che l'ospitano, è molto meglio così. In suo onore è tutto questo, la scorta e i doni che in segno di amicizia gli abbiamo dato. Per chi abbia anche un po' di senno soltanto, l'ospite, il supplice è come un fratello. E quindi non mi nascondere ora, nella tua mente accorta, quello che ti domando. È meglio, se parli. Dimmi il nome con cui ti chiamano tuo padre e tua madre e quelli della tua città e coloro che vivono intorno. Nessuno degli uomini è senza nome, né il nobile né il miserabile, una volta ch'è nato; a tutti lo impongono i genitori, quando li mettono al mondo. Dimmi dunque qual è la tua terra, e il popolo, e la città, perché ti portino là le mie navi.

(da *Odissea*, libro VIII, a cura di Maria Grazia Ciani, Marsilio, Venezia, 2004)

1. Il libro VIII dell'*Odissea*, da cui è tratto il brano che hai appena letto...
(1 punto per il completamento corretto)

- A si trova esattamente a metà del poema.
- B si trova nella seconda parte del poema.
- C introduce un lungo *flashback*.
- D anticipa gli sviluppi futuri della vicenda.

punti ..../1

2. Nella vicenda complessiva della guerra di Troia, l'episodio del cavallo di legno...
(1 punto per il completamento corretto)

- A precede la partenza degli Achei per Troia.
- B segue la morte di Ettore.
- C precede il duello fra Ettore e Achille.
- D è un episodio del ritorno di Odisseo.

punti ..../1

3. Metti in ordine cronologico i seguenti episodi dell'*Odissea*.
(1 punto per ogni indicazione corretta)

.... Calipso
.... Partenza di Telemaco da Itaca
.... Partenza di Odisseo da Troia
.... Le Sirene
.... Circe
.... Odisseo alla corte dei Feaci
.... Polifemo
.... Odisseo incontra le anime dei morti

punti ..../8

4. Individua nel brano i 4 epiteti riferiti a Odisseo e scrivi ognuno di essi accanto al significato corrispondente.
(1 punto per ogni completamento corretto)

astuto e prudente: ....
nobilissimo: ....
famoso per la sua gloria: ....
eroe fortissimo in guerra: ....

punti ..../4

5. **Ti ricordi con quale epiteto è definito Odisseo nel proemio?**
(1 punto per la risposta corretta)

....

punti ..../1

6. **Descrivi in un testo di 20 righe le caratteristiche del personaggio di Odisseo, partendo dagli epiteti e dagli episodi che fanno emergere più chiaramente le qualità dell'eroe.**
(10 punti per l'elaborato adeguatamente svolto)

punti ..../10

7. **Qual è la *trappola* di cui si parla nel brano? Perché è definita *cava*?**
(1 punto per la risposta e 1 per la motivazione)

- A La falsa partenza degli Achei
- B La sconfitta subìta dai Troiani
- C L'inganno del cavallo di legno
- D La qualità dell'astuto Odisseo

....

....

punti ..../2

8. **Trova nel brano l'espressione che corrisponde per significato a *trappola cava* e spiega la tua risposta.**
(2 punti per la risposta corretta)

....

....

....

punti ..../2

9. **Che cosa intende dire Alcinoo con la frase «Per chi abbia anche un po' di senno soltanto, l'ospite, il supplice è come un fratello» (righe 39-40)?**
(1 punto per la risposta corretta)

- A È poco sensato preoccuparsi troppo degli ospiti.
- B È poco sensato stimare un ospite come un fratello.
- C È normale preoccuparsi di un ospite meno che di un fratello.
- D È normale stimare un ospite come un fratello.

punti ..../1

10. **Nell'*Odissea* torna più volte il tema dell'ospitalità: facendo riferimento ai brani che hai letto, descrivi in un testo di 20 righe come viene trattato questo tema.**
(10 punti per l'elaborato adeguatamente svolto)

punti ..../10

AUTOVALUTAZIONE

Punteggio ottenuto: ..../40 (livello di sufficienza: 25/40)

- Ho trovato difficoltà nella comprensione del testo: ☐ sì ☐ no
- Le difficoltà che ho incontrato si riferiscono:
  ☐ alla comprensione dei fatti narrati ☐ alla comprensione del linguaggio
  ☐ alla conoscenza della trama dell'*Odissea* ☐ alla conoscenza del genere epico
- Il brano dell'*Odissea* che mi è piaciuto di più è:

  ....

- I brani dell'*Odissea* che ho letto in questa Unità mi hanno interessato:
  ☐ molto ☐ abbastanza ☐ poco ☐ per nulla
- Ritengo che la mia preparazione sia complessivamente:
  ☐ buona ☐ discreta ☐ sufficiente ☐ scarsa

ENEIDE

Video Lezione Carte-gioco Bacheca

Jean-Joseph Taillasson, *Virgilio legge l'Eneide a Augusto e Ottavia*, 1787, National Gallery, Londra.

Con il poeta latino **Virgilio l'epica classica** diventa la celebrazione dell'identità di un popolo e **stringe un legame forte con la Storia**.

Nel dipinto di questa pagina vediamo rappresentati il poeta Virgilio e l'imperatore Augusto, dunque non personaggi della mitologia, ma i protagonisti di quel momento storico straordinario – tra il I secolo a.C. e il I secolo d.C. – in cui Roma affermò la sua supremazia sul mondo allora conosciuto e, attraverso l'impero, diffuse il suo modello di civiltà. Proprio **Augusto aveva chiesto a Virgilio**, attraverso il comune amico Mecenate, **di comporre un poema che celebrasse la grandezza di Roma**.

La scena è ambientata nel palazzo dell'imperatore, che è seduto a destra, con un mantello rosso sulle spalle; a sinistra, in piedi di fronte a lui, Virgilio tiene fra le mani un rotolo con il libro VI dell'*Eneide*. Il poeta stava leggendo ad alta voce il verso «Tu Marcello sarai. A piene mani porgetemi gigli...», quando un cenno di Augusto lo ha interrotto: troppo forte per Ottavia, la sorella dell'imperatore, l'emozione di sentir celebrare il nome di suo figlio, morto da poco, tra le anime dei futuri discendenti di Enea, l'eroe troiano protagonista dell'*Eneide*.

LA TRAMA

L'***Eneide*** è un **poema epico in versi** (esametri) diviso in **12 libri** o canti, composto dal poeta latino **Publio Virgilio Marone** (70-19 a.C.).
Narra il viaggio e le avventure di guerra dell'eroe troiano Enea, figlio di Anchise e della dea Venere, che una tradizione già conosciuta da Omero voleva destinato a sopravvivere alla guerra di Troia e a fondare una nuova stirpe.
Virgilio immagina che la nuova stirpe fondata da Enea sia quella dei Romani e così, collegando strettamente fra loro il mito troiano e la storia romana, **esalta la grandezza e la nobiltà di Roma**.
L'*Eneide* è suddivisa in due parti, ciascuna di sei libri, e si ricollega direttamente all'epica omerica: la prima parte è infatti modellata sull'***Odissea*** e ruota intorno al **tema del viaggio**; la seconda parte del poema, invece, si riallaccia all'***Iliade*** e contiene il racconto delle guerre sostenute da Enea contro le popolazioni italiche guidate da Turno.
L'originalità di Virgilio è visibile fin dall'inizio, nella **scelta di rovesciare l'ordine dei poemi omerici**, raccontando prima il viaggio dell'esule Enea da Troia distrutta verso una seconda patria da cui discenderà Roma, e poi la guerra sostenuta dall'eroe in Italia; questa scelta, dichiarata da Virgilio fin dal proemio, serve a sottolineare in Enea non tanto le tradizionali virtù guerriere, quanto piuttosto i dolorosi sacrifici necessari alla fondazione di una nuova civiltà.

Prima parte (Libri I-VI) - Il viaggio di Enea, esule da Troia, alla ricerca della nuova patria in Italia

L'eroe troiano Enea, figlio della dea **Venere** e nipote di Giove, fa naufragio sulle coste dell'Africa e viene accolto dalla regina di Cartagine, **Didone** (libro I). Durante il banchetto offerto in suo onore, Enea racconta a Didone le sofferenze patite per terra e per mare dopo la caduta di Troia (libro II), quando era stato costretto a fuggire dalla patria con il vecchio padre **Anchise** e il figlioletto **Iulo/Ascanio** e ad affrontare un lungo viaggio verso l'Italia (libro III), che gli oracoli indicavano come la nuova patria; una tempesta aveva interrotto il viaggio, gettando Enea e i suoi compagni sui lidi di Cartagine.
La regina Didone, che, come Enea, era stata costretta a fuggire dalla Fenicia e a cercare una nuova patria per il suo popolo, si innamora dell'eroe troiano, riconoscendo di avere molto in comune con lui; l'unione è favorita dalla dea **Giunone**, la quale tenta in ogni modo (anche la tempesta è opera sua) di impedire a Enea di giungere in Italia e dare così origine al popolo romano, che è destinato in futuro a distruggere l'amata città di Cartagine.
Enea ricambia la passione di Didone, ma, dopo alcuni mesi trascorsi con lei, è esortato dagli dèi a riprendere il viaggio verso l'Italia. Didone, abbandonata da Enea, si toglie la vita e maledice l'eroe e la sua stirpe: è l'annuncio delle future guerre puniche, che vedranno Roma e Cartagine acerrime nemiche (libro IV).
Dopo una sosta in Sicilia, durante la quale vengono celebrati i giochi funebri in onore di Anchise morto in quei luoghi un anno prima (libro V), Enea ap-

proda sulle coste dell'Italia e giunge a Cuma, dove scende nell'oltretomba: la Sibilla cumana lo guida nel regno delle ombre per consentirgli di interrogare il padre Anchise sul destino che lo attende.
Avuta la conferma della nascita di Roma dall'unione dei Troiani con i Latini e della futura grandezza dei suoi discendenti, Enea riprende il cammino (libro VI) verso il Lazio.

Seconda parte (Libri VII-XII) - Enea nel Lazio combatte contro i popoli italici, prima di fondare con essi una nuova stirpe

I Troiani, approdati presso la foce del Tevere, sono accolti amichevolmente dal vecchio Latino, re del Lazio, che promette in sposa a Enea la figlia Lavinia. Giunone provoca però nuovi ostacoli, eccitando all'ira e alla vendetta **Turno**, re dei Rutili, che aspira alla mano di Lavinia. Scoppia la guerra (libro VII). Enea risale il corso del Tevere in cerca di alleati e giunge dal vecchio re Evandro, un greco originario dell'Arcadia, che gli promette la sua alleanza e gli affida il suo unico figlio, Pallante. Intanto il dio Vulcano, su richiesta di Venere, ha forgiato per Enea una magnifica armatura su cui sono rappresentati episodi della futura storia di Roma (libro VIII).
Mentre Enea è lontano, Turno attacca e dà fuoco alle navi troiane. **Eurialo** e **Niso**, amici inseparabili, tentano di avvisare Enea, ma vengono sorpresi e uccisi (libro IX). Dopo il ritorno di Enea la lotta riprende con maggior vigore, con molti episodi che vedono protagonisti giovani eroi: **Pallante**, il figlio di Evandro, che viene ucciso crudelmente in duello da Turno, **Lauso**, che muore per salvare il padre, alleato dei Latini, e **Camilla**, valorosissima vergine guerriera, che combatte al fianco di Turno (libri X-XI).
Alla fine Enea affronta Turno in un duello decisivo e lo vince; con la morte di Turno si chiude il poema (libro XII).

Per tutti

Audio
Ascolta il brano

La trama dell'*Eneide*

PRIMA PARTE
(libri I-VI)

Il viaggio dell'eroe troiano Enea alla ricerca dell'Italia

- Dopo una tempesta scatenata dalla dea Giunone, l'eroe troiano Enea, figlio della dea Venere, giunge a Cartagine ed è accolto dalla regina Didone.

- Enea racconta a Didone la distruzione di Troia e il difficile viaggio dei Troiani verso una nuova patria in Italia.

- Anche la regina Didone ha conosciuto l'esilio e le difficoltà di guidare un popolo in una terra straniera; il doloroso racconto di Enea e l'intervento di Venere, dea dell'amore, fanno nascere nel cuore della regina l'amore per Enea.

- Enea ricambia l'amore di Didone, ma è poi costretto a riprendere il viaggio verso l'Italia. Didone, abbandonata da Enea, maledice l'eroe e la sua stirpe e si uccide.

- Enea finalmente arriva alle coste dell'Italia; a Cuma, guidato dalla Sibilla, scende nell'oltretomba per chiedere al padre Anchise quale sarà il suo destino. Anchise lo rassicura e così Enea riprende il cammino verso il Lazio.

La guerra dei Troiani contro i popoli italici

SECONDA PARTE
(libri VII-XII)

- I Troiani arrivano alla foce del Tevere e sono accolti amichevolmente dal vecchio Latino, re del Lazio. Latino promette in sposa a Enea sua figlia Lavinia.

- Giunone odia i Troiani e si oppone a questo matrimonio: suscita contro Enea l'ira di Turno, re dei Rutuli, che vuole sposare Lavinia.

- Scoppia la guerra. Enea si allea con il vecchio re Evandro, che gli affida il suo unico figlio, il giovane Pallante.

- Nella guerra muoiono molti uomini da entrambe le parti; muoiono soprattutto giovani eroi: Eurialo e Niso, Pallante, Lauso e Camilla, una giovane guerriera che combatte al fianco di Turno.

- La guerra finisce con il duello finale tra Enea e Turno: Turno è sconfitto e ucciso dall'eroe troiano.

I PROTAGONISTI

Enea

Enea

Figlio della dea Venere e di Anchise, nella guerra di Troia **è l'eroe più forte dopo Ettore**, pio verso gli dèi e leale.
Poiché il destino vuole che grazie a lui la stirpe troiana sopravviva, Enea è protetto dalla madre e **sottratto dal dio Poseidone alla furia di Achille, che sta per ucciderlo** (come è raccontato nel libro XX dell'*Iliade*).
Virgilio, riprendendo il personaggio omerico, fa di Enea il protagonista assoluto del suo poema in quanto nobile capostipite del popolo romano.

Ascanio/Iulo

Figlio di Enea e di Creùsa, Ascanio è molto piccolo quando fugge con il padre da Troia e ancora troppo giovane per partecipare attivamente alla guerra che scoppierà in Italia a causa di Lavinia.
L'altro nome di Ascanio, Iulo, viene usato da Virgilio per sottolineare il collegamento fra il mito di Troia, chiamata anche Ilio, e la storia di Roma: Iulo sarebbe il **capostipite della *gens Iulia***, quindi un antenato di **Giulio Cesare** e di **Ottaviano Augusto**.

Creùsa

Creùsa

Figlia del re di Troia Priamo e di Ecuba, Creùsa è la sposa troiana di Enea e madre di Ascanio/Iulo; nella tradizione precedente a Virgilio è nota con il nome di Euridice.
Creùsa segue Enea nella fuga da Troia in fiamme, ma **sparisce all'improvviso rapita dalla dea Cibele**, che i Romani chiamano "Grande Madre".
In questo modo Enea sarà libero di sposare la donna che il destino ha in serbo per lui, cioè Lavinia, figlia del re Latino.

Venere

Venere

Venere, figlia di Giove e della ninfa oceanina Dione, è la dea della bellezza e madre del dio Cupìdo (Eros, per i Greci), personificazione dell'Amore.
Sulle vette del monte Ida, non lontano da Troia, Venere si unì a un uomo mortale, il troiano Anchise: **da questo amore nacque Enea**, l'eroe protagonista dell'*Eneide*.
La predilezione della dea per i Troiani è legata, già in Omero, al giudizio di Paride, che l'aveva scelta come la dea più bella nel confronto con Giunone e Atena; a ciò si aggiunge l'amore verso il figlio Enea e per la sua stirpe, amore che Virgilio sottolinea per collegare il mito troiano con la storia dei Romani, discendenti dei Troiani.

Ulisse

Re di Itaca, figlio di Laerte e di Anticlea, Ulisse/Odisseo è un eroe acheo, coraggioso e astuto; è uno dei personaggi principali dell'*Iliade* e il protagonista dell'*Odissea*. Frutto della sua astuzia, ispirata dalla dea Atena, è l'inganno del cavallo di legno, grazie al quale viene conquistata la città di Troia. Proprio perché nell'*Eneide* la vicenda della guerra di Troia viene raccontata dal punto di vista degli sconfitti, il personaggio di Ulisse è presentato **negativamente** proprio per la sua **astuzia**, con la quale inganna gli ingenui e pii Troiani.

Ulisse

Turno

Figlio del re Dauno e della ninfa Venilia, Turno, re dei Rutuli, è fidanzato con Lavina, figlia del re Latino.
Quando Latino, obbedendo a un oracolo, promette Lavinia in sposa allo straniero Enea, Turno, spinto da Giunone, **scatena e guida la guerra contro i Troiani**.
Viene **ucciso da Enea** nel duello che pone fine al conflitto.

Turno

Didone

Didone (chiamata anche Elissa), figlia del re di Tiro in Fenicia, era fuggita dopo che il fratello Pigmalione, avido di ricchezze e di potere, le aveva ucciso il marito Sicheo. Alla guida di un gruppo di esuli era giunta sulle coste africane e lì aveva acquistato tanta terra quanta se ne sarebbe potuta coprire con una pelle di bue: astutamente Didone fece tagliare la pelle in tante strisce sottilissime che, unite, formarono una lunghissima corda con cui si riuscì a delimitare l'ampia regione su cui sarebbe sorta la città di Cartagine.
Nonostante la fondazione di Cartagine sia posteriore di tre secoli alla guerra di Troia, Virgilio immagina che Didone sia contemporanea di Enea: **il loro tragico amore serve a giustificare l'odio futuro tra Cartagine e Roma**.

Didone

Giunone

Figlia del dio Saturno (Crono per i Greci) e per questo detta "Saturnia", Giunone è moglie e sorella di Giove e regina degli dèi. A Roma è una delle divinità più importanti; insieme a Giove e a Minerva costituisce la cosiddetta "triade capitolina", venerata sul Campidoglio fin dai tempi degli Etruschi.
Giunone odia i Troiani, e di conseguenza Enea, per tre motivi: il primo è il giudizio di **Paride**, che aveva considerato la sua bellezza inferiore a quella di Venere; il secondo motivo è la sostituzione della figlia **Ebe** con il principe troiano Ganimede nel ruolo di coppiere degli dèi; il terzo motivo, che diventa quello principale nell'*Eneide*, è il fatto che i Romani, discendenti dei Troiani, distruggeranno la città di **Cartagine** a lei cara.

I LUOGHI DELL'*ENEIDE*

1. Enea fugge da **TROIA** insieme al padre Anchise, al figlio Ascanio e a un gruppo di compagni.
2. I Troiani sbarcano in **TRACIA**.
3. Sull'**ISOLA DI DELO** Enea consulta l'oracolo di Apollo, che gli ordina di cercare l'*Antica Madre*.
4. Anchise ritiene che l'*Antica Madre* possa essere **L'ISOLA DI CRETA**, ma lo scoppio di una pestilenza convince i Troiani a riprendere il viaggio.
5. Sbarcati sulle **ISOLE STRÓFADI**, i Troiani sono costretti ad allontanarsene dalle Arpie, mostri per metà donne e per metà uccelli.
6. In **EPIRO** Enea incontra inaspettatamente Andromaca; il suo nuovo sposo, Eleno, dà a Enea indicazioni per trovare l'*Antica Madre*, cioè l'***Italia***.
7. I Troiani puntano verso la **SICILIA**, dove muore Anchise.
8. Mentre i Troiani navigano verso l'Italia, una tempesta scatenata per volere di Giunone li getta sulle coste di **CARTAGINE**.
9. Ripartiti da Cartagine, i Troiani fanno tappa in **SICILIA**.
10. A **CUMA** la Sibilla guida Enea nell'Oltretomba a conoscere le anime dei suoi futuri discendenti.
11. A **GAETA** muore e viene sepolta l'anziana nutrice di Enea, Caièta, che darà il nome al luogo.
12. Enea giunge finalmente all'*Antica Madre* dei Troiani, il **LAZIO**.

Audio
Ascolta
il brano

1. Il proemio dell'*Eneide*: Enea, l'eroe migrante

Virgilio canta il viaggio da Troia all'Italia di un Enea fuggiasco, tormentato da un destino crudele, e noi ci rendiamo conto subito della differenza rispetto ad Omero: il protagonista non tornerà più a casa, perché questa casa è stata distrutta dalla guerra; è in cerca di una terra lontana ma, quando l'avrà trovata, dovrà ancora soffrire, combattendo un'altra guerra contro nemici stranieri e non, come Odisseo, per riconquistare ciò che era suo.
Tutte queste sofferenze hanno origine dall'ira divina: ma anche su questo punto Virgilio si allontana da Omero, perché annuncia che dal male nascerà il futuro. E il futuro è la grandezza della Roma di Augusto.

Nella guerra di Troia **Enea** è l'eroe troiano più forte dopo Ettore, ma da Virgilio è presentato come un **profugo** (***fuggiasco***) perseguitato dall'ira divina.
Enea è un eroe **migrante** e porta con sé la sua cultura e le sue tradizioni; dalla integrazione con la cultura italica nasceranno il popolo dei Latini, la città di Alba Longa e, più tardi, Roma.

Armi canto e l'uomo che primo dai lidi di Troia, venne
in Italia fuggiasco per fato[1] e alle spiagge
lavinie[2], e molto in terra e sul mare fu preda
di forze divine, per l'ira ostinata della crudele Giunone,
molto sofferse anche in guerra[3], finch'ebbe fondato
la sua città[4], portato nel Lazio i suoi dèi, donde il sangue
Latino e i padri Albani[5] e le mura dell'alta Roma[6].
Musa, tu dimmi le cause, per quale offesa divina,
per qual dolore, la regina dei numi[7] a soffrir tante pene,
a incontrar tante angosce condannò l'uomo pio.
Così grandi nell'animo dei celesti[8] le ire?

(da *Eneide*, libro I,
traduzione di Rosa Calzecchi Onesti, Principato, 1983)

La prima parte del proemio si chiude con una domanda a cui il poeta risponderà nei versi successivi, indicando gli antefatti e le tre cause dell'ira di Giunone contro i Troiani. Queste cause sono: 1) il giudizio di Paride, che dichiarò Venere più bella di Giunone; 2) la sostituzione di Ebe, figlia di Giunone, con il principe troiano Ganimede nel ruolo di coppiere degli dèi; 3) la futura distruzione di Cartagine, città cara a Giunone, da parte dei Romani, discendenti dei Troiani.
Virgilio collega in questo modo il mito troiano alla storia di Roma, nella quale le guerre puniche ebbero un ruolo fondamentale.

Armi canto...
L'*Eneide* si apre indicando l'argomento con una specie di **formula** che riprende **Omero**: ***le armi*** richiamano l'*Iliade*, che parla di guerra, mentre ***l'uomo*** – cioè l'eroe protagonista – è un chiaro riferimento al proemio dell'*Odissea*.

l'ira ostinata
Anche l'*Iliade* inizia con l'**ira** di Achille (e del dio Apollo) e nel proemio dell'*Odissea* si parla dell'**odio** del dio Poseidone per il protagonista.

l'uomo pio
L'aggettivo ***pio*** è **epiteto** di Enea e indica la qualità di chi rispetta gli dèi ed è leale con gli uomini.

1. **fato:** per i Romani è il destino, a cui nessuno può sottrarsi.
2. **alle spiagge lavine:** sulle coste del Lazio, così chiamate perché secondo la leggenda Enea vi fondò la città di Lavinio.
3. **anche in guerra:** dopo la guerra di Troia, Enea dovette affrontare un'altra guerra contro i popoli alleati dei Latini.
4. **la sua città:** Lavinio.
5. **i padri Albani:** i re di Alba Longa, città fondata dal figlio di Enea, Iulo Ascanio.
6. **e le mura dell'alta Roma:** Roma sarà fondata da Romolo, originario di Alba Longa: i Romani sarebbero dunque, attraverso Romolo e i re di Alba Longa, discendenti dei Troiani.
7. **la regina dei numi:** Giunone, sorella e sposa di Giove, è la dea più importante, la regina degli dèi.
8. **celesti:** qui il termine indica in generale tutti gli dèi.

COMPRENSIONE

1. Quali sono il punto di partenza e quello di arrivo del viaggio di Enea?

....

....

2. Perché Enea si mette in viaggio?

A Perché deve abbandonare Troia per volere del fato.
B Perché è stanco di vivere a Troia.
C Perché è stato fatto prigioniero dai Greci.
D Perché non poteva diventare re di Troia come desiderava.

3. Che relazione c'è fra Enea e Roma? Rispondi aiutandoti con le note al testo.

....

....

....

4. Le mura dell'alta Roma...

A furono costruite nel luogo in cui sorgeva l'antica Troia.
B accolsero i profughi troiani.
C furono costruite dai discendenti dei Troiani.
D furono costruite dalla dea Giunone.

ANALISI E RIFLESSIONE

5. Da quello che viene detto nel proemio è possibile comprendere che...

A Giunone protegge Enea e i Troiani.
B Giunone perseguita i Romani.
C Virgilio collega il mito troiano con la storia di Roma.
D Gli dèi non intervengono nella vicenda di Enea.

6. Virgilio narra la storia di Enea:

A per completare il ciclo dei poemi sulla guerra di Troia.
B per esaltare i Troiani, nemici dei Greci.
C per esaltare la potenza di Giunone.
D per esaltare la potenza di Roma.

7. La domanda *Così grandi nell'animo dei celesti le ire?* (verso 11) esprime...

A ammirazione per la grandezza degli dèi celesti.
B timore per l'ira degli dèi celesti.
C stupore per l'ira di una divinità contro un uomo buono.
D odio contro gli dèi celesti che perseguitano gli eroi.

8. Ti sembra che Virgilio abbia bisogno dell'aiuto della Musa per narrare la vicenda di Enea?

A Sì, infatti non conosce le cause dell'ira di Giunone.
B No, l'invocazione alla Musa è solo un elemento tipico dell'epica.

LESSICO E STILE

9. Un sinonimo di *sangue* (verso 6) è...

A strage.
B stirpe.
C guerra.
D vita.

10. Un sinonimo di *fato* (verso 2) è...

....

11. Rispetto ai proemi dell'*Iliade* e dell'*Odissea*...

A nell'*Eneide* manca l'invocazione alla Musa.
B nell'*Eneide* la Musa ha un'importanza maggiore.
C nell'*Eneide* la Musa ha un'importanza minore.
D nell'*Eneide* chi ispira il canto è il dio Apollo.

Audio
Ascolta il brano

Il proemio

1. Di che cosa parla l'*Eneide*?

....

2. Chi è il protagonista? Chi l'antagonista?

....

3. Qual è la missione del protagonista?

- ☐ Impedire ai Troiani di giungere nel Lazio.
- ☐ Tormentare per terra e per mare i nemici.
- ☐ Fondare la stirpe romana.
- ☐ Fondare la città di Troia.

L'argomento dell'*Eneide* e la presentazione del protagonista: profugo per volere del destino, Enea fu costretto a soffrire per il futuro di Roma

Io narro la storia dell'eroe che da Troia,
profugo per volere del destino, giunse
per primo in Italia, sulle coste del Lazio.
Egli dovette molto soffrire, per terra e per mare,
tormentato dalla potenza divina e dall'ira ostinata
della crudele Giunone; e anche in guerra soffrì molto,
finché non fondò una città e portò gli dèi di Troia
[nel Lazio:
di qui ebbero origine la stirpe latina e i re di
[Alba Longa
e nacque la potenza di Roma dalle alte mura.

L'invocazione alla Musa e il tema dell'ira di Giunone, nemica dei Troiani

Musa, ricordami tu le cause: per quale
dolorosa offesa Giunone, la regina degli dèi,
costrinse un eroe così pio ad affrontare tanti
dolori, a soffrire tanto? È possibile che nel
cuore degli dèi vi sia tanta ira?

(parafrasi di Catia Gusmini)

Traduzione d'autore

Leggere l'epica classica, come sai, significa leggere una **narrazione poetica**, cioè **in versi**. Un testo poetico è molto diverso da un testo in prosa, perché l'ordine delle parole nelle frasi crea anche un particolare **ritmo musicale**.
Per questa ragione **tradurre un testo poetico è molto** più **difficile** che tradurre un testo in prosa: **passando da una lingua ad un'altra**, infatti, **è praticamente impossibile conservare** tutti gli aspetti – lessico, sintassi, ritmo e stile – dell'originale.
Ciò significa che **ogni traduttore deve decidere che cosa privilegiare** nella sua traduzione: magari per qualcuno sarà più importante far comprendere il significato del testo, e allora cercherà di semplificare la sintassi della frase e di usare un lessico più 'piano'; un altro, invece, proverà a mantenere il tono elevato dell'originale o la sua musicalità.

Il proemio dell'*Eneide*

Le due traduzioni che ti proponiamo rappresentano due scelte molto diverse:

- **Luca Canali** sceglie una **sintassi della frase più semplice** rispetto all'originale di Virgilio;
- **Alessandro Fo** sceglie di **seguire l'ordine delle parole dell'originale**: mette ad esempio il verbo in fondo alla frase, come è consueto in latino.

Un esempio significativo è la traduzione della "formula" iniziale (in latino: *Arma virumque cano*, complemento oggetto + verbo), mantenuta esattamente nel testo di Fo (*Armi e l'uomo io canto*), mentre Canali mette le parole nell'ordine consueto in italiano (*Canto le armi e l'uomo*, verbo + complemento oggetto).

Traduzione di Luca Canali

Canto le armi e l'uomo che per primo dalle terre di [Troia
raggiunse esule l'Italia per volere del fato e le sponde
lavinie, molto per forza di dei travagliato in terra
e in mare, e per la memore ira della crudele Giunone,
e molto avendo sofferto in guerra, pur di fondare
la città, e introdurre nel Lazio i Penati, di dove la [stirpe
latina, e i padri albani e le mura dell'alta Roma.
O Musa, dimmi le cause, per quali offese al suo [nume,
di cosa dolendosi, la regina degli dei costrinse un [uomo
insigne per pietà a trascorrere tante sventure, ad [imbattersi
in tanti travagli? Tali nell'animo dei celesti le ire?

Traduzione di Alessandro Fo

Armi e l'uomo io canto che primo dai lidi di Troia,
per fato profugo, giunse in Italia e alle spiagge [lavinie,
lui, assai vessato da forza divina, per memore ira
di Giunone spietata, in terra e sul mare; e anche in [guerra
molto soffrì, fino a quando fondò una città, ed i suoi [dèi
venne a portare nel Lazio: e da ciò la stirpe latina,
e i padri albani, e le mura dell'alta Roma discesero.
Musa, le cause ricordarmi: per quale offesa al suo [nume
e qual dolore, a un eroe così pio, degli dèi la regina
tanto snodarsi di eventi, tanto affrontare travagli
abbia imposto. È possibile ai cuori celesti tanta ira?

Alessandro Fo, inoltre, ha **riprodotto nella traduzione il ritmo dell'esametro** (cioè il verso usato dalla poesia epica classica).
Questo aspetto, tuttavia, si può cogliere solo confrontando la traduzione con l'originale in latino!

Audio
Ascolta
il brano

2. L'inganno del cavallo e la morte di Laocoonte

Enea, gettato dalla tempesta sulle coste di Cartagine, viene accolto con i suoi compagni dalla regina Didone, la quale durante un banchetto chiede all'eroe di raccontare le peripezie che lo hanno condotto fin lì da Troia.
Il racconto di Enea comincia con la conquista della città: quello che non erano riusciti a fare in dieci anni di guerra, i Greci lo ottennero in una sola notte, grazie all'inganno dell'astuto Ulisse.

Esausti di guerra, dai fati respinti[1]
i capi dei Dànai (così numerosi perdendosi gli anni)
simile a monte un cavallo – arte divina di Pallade –
fanno, con assi d'abete connettono i fianchi:
voto per il ritorno lo fingono, quella fama si spande.
Ma corpi eletti d'eroi, tratti a sorte, in segreto
chiudono nel cieco fianco, profondamente le grandi
caverne del ventre riempiono d'uomini armati.[...]
Guardano attoniti alcuni il dono fatale di Pallade vergine,
stupiti di quel cavallo alla mole: e per primo Timete
entro le mura esorta a tirarlo, a fargli posto in città,
o tradimento[2], o forse portava così, ormai, il fato di Troia.
Ma Capi, e quanti avevan pensiero migliore nel cuore,
in mare le insidie dei Dànai e l'infido dono
voglion gettare, o bruciarlo le fiamme[3] applicandovi,
o trapassare, a esplorarli, i nascondigli del ventre.
Incerta fra opposti pareri è divisa la gente.
E là, primo fra tutti, seguito da grande codazzo,
ardente[4] giù dalla rocca[5] Laocoonte correva,
e di lontano: «O miseri, ma che pazzia, cittadini?
Credete partiti i nemici? Potete pensare che un dono
dei Dànai sia senza insidia? Così Ulisse v'è noto?
O in questo legno[6] racchiusi si nascondono Achei,
o questa è macchina contro le nostre mura ínnalzata,
e spierà le case, e sulla città graverà[7]:
un inganno v'è certo. Non vi fidate, Troiani.

Un **voto** è un'offerta fatta agli dèi per ottenere da essi qualcosa. I Greci sembrano pii, cioè devoti agli dèi, ma in realtà sono sleali e crudeli.

L'astuzia di Ulisse diventa il simbolo della perfida slealtà dei Greci. L'eroe dell'*Odissea* è nell'*Eneide* un personaggio assolutamente negativo.

simile a monte...
Il **paragone** (un cavallo grande come una montagna) sottolinea la mostruosità del cavallo.

Pallade
Pallade è **epiteto** della dea Atena/Minerva e significa «che scuote la lancia». La dea guerriera favoriva i Greci nella guerra di Troia.

cieco
L'aggettivo ***cieco*** non solo indica il fatto che il "contenuto" del cavallo non si vede, ma **simboleggia** anche l'ingenuità dei Troiani, che non vedono l'inganno dei nemici.

dono fatale
L'aggettivo ***fatale*** ha a che fare con il fato e significa quindi «voluto dal destino»; poiché però il destino è spesso identificato con la morte, fatale significa anche «mortale».

macchina
Il cavallo assomiglia a una ***macchina*** di quelle usate in guerra per dare l'assalto alle città.

1. **dai fati respinti:** sfortunati nelle loro azioni militari.
2. **o tradimento:** o perché Timete volesse tradire i suoi compatrioti.
3. **le fiamme:** è il complemento oggetto di *applicandovi*.
4. **ardente:** adirato.
5. **rocca:** è l'acropoli, cioè la parte alta della città, su cui sorgevano i templi degli dèi.
6. **legno:** cavallo di legno.
7. **graverà:** incomberà minacciosa.

La frase è diventata proverbiale (*timeo Danaos et dona ferentes*) e significa che di un nemico non ci si deve mai fidare, nemmeno quando sembra amichevole o innocuo.

Sia ciò che vuole, temo i Dànai, e più quand'offrono [doni».
E detto così, con tutte le forze la sua grande asta
scagliò nel fianco del mostro, nel ventre ricurvo,
compatto. Si conficcò l'asta vibrando, sonarono,
percosso il ventre, le vaste caverne[8] e gemettero.
E se i fati dei numi[9], se malaugurosa non era la mente[10],
già spinti ci aveva a sconciare col ferro le argoliche [làtebre[11],
e Troia ora salda starebbe, e tu dureresti, alta rocca [di Priamo!

mostro
Il cavallo di legno si è trasformato in un vero e proprio ***mostro***, in un cavallo vivo e terribile il cui enorme ventre ***geme***: all'interno, infatti, sono nascosti i Greci.

A questo punto, prosegue Enea, viene condotto un prigioniero greco, Sinone, il quale racconta una storia falsa per impietosire i Troiani e rendere credibili le sue parole. In realtà Sinone vuole convincere i Troiani a non avere paura del cavallo e a trasportarlo dentro la città : il cavallo – dice – è un'offerta dei Greci alla dea Minerva (Atena), ed è così grande proprio perché i Troiani non possano portarlo dentro la città. Se ci riuscissero, infatti, la città diventerebbe inespugnabile.

E qui più grave caso[12] sui miseri e molto piú orrendo
piomba a sconvolger del tutto le improvvide menti.
Laocoonte, chiamato a sorte ministro a Nettuno[13],
presso l'are solenni[14] un gran toro uccideva.
Ed ecco gemelli da Tenedo[15], per l'alto mare tranquillo
(rabbrividisco a narrarlo) con giri immensi[16] due draghi
incombon sull'acque e tendono[17] insieme alla spiaggia.
Alti hanno i petti tra l'onde, le creste
sanguigne superan l'onde, l'altra parte sul mare
striscia dietro, s'inarcan le immense terga in volute.
Gorgoglia l'acqua e spumeggia. E già i campi tenevano[18],
gli occhi ardenti iniettati di sangue e di fuoco,
con le lingue vibratili[19] lambendo le bocche fischianti.

improvvide menti
Le menti dei Troiani sono ***improvvide*** perché «non sanno prevedere» quanto accade e sono dunque colte alla sprovvista dallo spaventoso prodigio.

8. **le vaste caverne:** l'enorme ventre cavo del cavallo.
9. **i fati dei numi:** il destino e la volontà degli dèi.
10. **se malaugurosa non era la mente:** se non fossimo stati così pazzi e ciechi.
11. **già spinti... làtebre:** (Laocoonte) ci avrebbe sicuramente spinti a fare a pezzi il cavallo, nascondiglio (làtebre) dei Greci (l'aggettivo argolico si riferisce propriamente all'Argolide, una regione del Peloponneso, ma qui indica tutta la Grecia – e i Greci – in generale.
12. **caso:** avvenimento.
13. **chiamato a sorte ministro a Nettuno:** sorteggiato (chiamato a sorte) come sacerdote (ministro) del dio Nettuno.
14. **l'are solenni:** il sacro altare.
15. **Tenedo:** è l'isola dietro la quale si è nascosta la flotta greca: così, guardando il mare da Troia, non si vede più traccia dei nemici, che sembrano quindi partiti.
16. **giri immensi:** le spire che i due giganteschi draghi formano con i loro corpi sinuosi.
17. **tendono:** si dirigono.
18. **i campi tenevano:** erano arrivati a terra.
19. **vibratili:** vibranti, che vibravano.

Qua, là, agghiacciati a tal vista, fuggiamo. Ma quelli diritto
su Laocoonte puntavano: e prima i piccoli corpi
dei due figli stringendo, l'uno e l'altro serpente
li lega, divora a morsi le misere membra;
poi lui, che accorreva in aiuto e l'armi tendeva,
afferrano, avvinghiano fra le spire tremende. Due volte
già l'hanno annodato alla vita, due volte al suo collo
cingon le terga squamose, ardue[20] le teste levando.
Lui con le mani tenta di sveller[21] quei nodi,
bava le bende sacre gocciando e nero veleno[22],
e intanto urla orribili manda alle stelle,
come muggiti, se il toro fugga piagato dall'ara,
via dal collo scrollata la scure esitante[23].
E fuggono i draghi gemelli agli alti templi strisciando,
e cercan la rocca della Tritonia feroce,
e ai piedi di lei si nascondono sotto lo scudo rotondo[24].
Allora sì nuovo orrore a tutti nei cuori tremanti
s'insinua: oh, giustamente la colpa ha pagato
Laocoonte, si pensa, lui che di punta osava violare
il sacro legno, sacrilega l'asta scagliava nel fianco.
Ai templi l'effigie[25] bisogna portare, placar la potenza
del nume[26], si grida.
E apriam le muraglie, spezziamo la cinta[27] della nostra [città.
Tutti dan mano all'opera: e adattano sotto le zampe
ruote scorrevoli e al collo corde di canapa
gettano. L'ordigno fatale supera i muri,
pregno d'armi. Intorno fanciulli e non promesse [fanciulle[28]
cantano inni sacri, toccano lieti la fune.
Sale l'ordigno, già corre[29] la città minaccioso.

La dea Minerva (***Tritonia*** è **epiteto** di dubbio significato) è ***feroce***, perché evidentemente i serpenti sono stati mandati da lei.

La ***colpa*** di Laocoonte sembra essere quella di aver colpito un oggetto – il cavallo – sacro alla divinità.

Il destino dei Troiani appare ancora più tragico in quanto sono loro stessi a demolire una parte delle mura per far entrare il cavallo, e con esso i nemici.

La felicità dei ragazzi, del tutto inconsapevoli, è l'elemento forse più tragico della vicenda.

come muggiti...
Il **paragone** sottolinea il dramma di Laocoonte che, mentre stava sacrificando un toro sull'altare, si è come trasformato in quel toro, vittima della divinità.

sacrilega
Sacrilego si dice di una persona empia, in questo caso Laocoonte; l'aggettivo, però, qui viene "trasferito" alla **lancia**, usata dal sacerdote.

ordigno
Il termine ***ordigno*** è usato con lo stesso significato di **macchina** (verso 46) per indicare il cavallo di legno.

(da *Eneide*, libro II, versi 14-20; 31-56; 199-240, traduzione di Rosa Calzecchi Onesti, Principato, 1983)

20. **ardue:** altissime.
21. **sveller:** strapparsi di dosso, sciogliere.
22. **bava le bende sacre gocciando e nero veleno:** mentre gocce di bava e nero veleno cadono (dalle bocche dei draghi) sulle bende sacre del sacerdote.
23. **via dal collo scrollata... esitante:** dopo essersi scrollata via dal collo la scure che doveva ucciderlo, ma che ha fallito a causa di un'esitazione di chi la impugnava.
24. **sotto lo scudo rotondo:** evidentemente sull'acropoli, nel tempio di Minerva, c'era una statua della dea guerriera raffigurata con un grande scudo rotondo.
25. **l'effigie:** il cavallo di legno.
26. **del nume:** della divinità, in questo caso di Minerva.
27. **la cinta:** le mura che circondano la città.
28. **non promesse fanciulle:** fanciulle vergini, non ancora sposate (non promesse).
29. **corre:** percorre.

COMPRENSIONE

1. Perché il cavallo di legno è "fatale" per la città?

- A Perché è molto grande.
- B Perché porterà la distruzione di Troia.
- C Perché suscita l'ammirazione dei Troiani.
- D Perché è mostruoso.

2. Di fronte al cavallo come reagiscono, all'inizio, i Troiani?

- A Sono entusiasti.
- B Sono prostrati.
- C Sono depressi.
- D Sono incerti.

3. Che cosa spinge, alla fine, i Troiani a portare il cavallo dentro le mura?

- A La paura.
- B L'entusiasmo.
- C La stupidità.
- D La saggezza.

4. Che cosa fa cambiare l'atteggiamento dei Troiani?

....

....

5. Come si comportano i Greci?

- A Con lealtà.
- B Con astuzia.
- C Con decisione.
- D Con intelligenza.

ANALISI E RIFLESSIONE

6. Come viene presentato il personaggio di Ulisse in questo brano?

....

....

....

7. Come appaiono i Troiani in questo brano?

- A Ingenui, perché sperano che la guerra sia finita.
- B Ostinati, perché continuano a odiare i Greci.
- C Empi, perché osano colpire il cavallo sacro a Minerva.
- D Coraggiosi, perché corrono subito in aiuto di Laocoonte e dei suoi figli.

8. Completa le seguenti affermazioni, facendo riferimento a quanto si dice nel testo.

Se i Greci non avessero costruito il cavallo di legno, Troia ....

Se i Troiani non fossero stati ciechi, Laocoonte ....

Se non fossero apparsi i due draghi, forse i Troiani ....

....

LESSICO E STILE

9. Un sinonimo del termine *volute* (verso 208) è...

- A desiderate.
- B sperate.
- C spire.
- D creste.

SCRITTURA

10. Virgilio descrive con molta precisione i due mostruosi draghi: rileggi il testo e ricopia negli spazi dedicati tutti i particolari. Quindi prova a rappresentare i mostri con un disegno.

- i due draghi — *si ergono sulla superficie del mare;*
- il mare intorno ....
- i loro petti ....
- le bocche ....

Per tutti

Audio Ascolta il brano

L'inganno del cavallo e la morte di Laocoonte

I Greci lasciano un enorme cavallo di legno sulla spiaggia e fanno finta di aver abbandonato Troia

I capi greci, stanchi di quella guerra
che dopo tanti anni non ha portato a nulla,
con l'aiuto di Atena fabbricano un cavallo
grande come un monte, ne costruiscono
i fianchi con tavole d'abete, e spargono
la voce che sia un'offerta agli dèi
per il ritorno a casa dell'esercito acheo.
Ma di nascosto, nel ventre del cavallo
fanno entrare un gruppo di guerrieri scelti,
che prendono posto, armati, nella buia cavità.

Che fare del gigantesco cavallo? I Troiani si dividono fra due opposti pareri

Alcuni dei Troiani, stupefatti, osservano il dono
fatale della dea Atena, e ammirano
la mole del cavallo; per primo Timète
ci esorta a portarlo dentro le mura e a collocarlo
in città; non so se lo disse per tradirci,
o se il destino di Troia fosse ormai segnato.
Invece Capi e altri uomini prudenti vogliono
che il pericoloso dono dei Greci sia gettato
nel mare o bruciato, che i fianchi del cavallo
siano squarciati e il suo ventre esplorato a fondo.
La gente si divide tra i due opposti pareri.

Il sacerdote Laocoonte pensa che il cavallo sia un inganno dei Greci ed esorta i Troiani a distruggerlo

Allora, circondato dalla folla, pieno d'ira,
il sacerdote Laocoonte scende dall'acropoli
e grida da lontano: "Poveri cittadini, che fate?
Siete pazzi? Credete che i nemici siano partiti
davvero e che i doni dei Greci non nascondano
un inganno? Non sapete quanto è astuto Ulisse?
O nel ventre del cavallo sono nascosti i Greci
o questa è una macchina da guerra innalzata
per spiare oltre le mura fin dentro le case
e assalire dall'alto la città; di sicuro è un inganno.
Qualunque cosa sia, non fidatevi del cavallo,
o Troiani! Io temo i Greci, anche se portano doni."
Così detto scagliò con violenza la grande
lancia nel ventre curvo del mostruoso cavallo.
L'asta si conficcò oscillando, e il colpo
fece rimbombare il ventre cavo. Ecco:
se il destino e gli dèi non fossero stati crudeli
e noi così ciechi, Laocoonte ci avrebbe
convinto a distruggere il nascondiglio
dei Greci; e Troia sarebbe ancora in piedi,
sarebbe ancora alta e possente la città di Priamo!

Due enormi serpenti marini escono dal mare, afferrano Laocoonte e i suoi due figli e li uccidono

A un certo punto ci sorprese un evento terribile,
angosciante. Il sacerdote Laocoonte sacrificava
al dio Nettuno un toro enorme, vicino al sacro altare,
quand'ecco (inorridisco a raccontarlo) due draghi enormi
avanzano dall'isola di Tenedo sulle acque tranquille,
e alti sopra il mare, con le loro spire immense,
puntano insieme verso la spiaggia. I loro petti

emergono tra i flutti, le creste color sangue
sovrastano le onde, il resto del corpo sfiora
la superficie del mare. I loro dorsi enormi
si attorcigliano in spire, mentre il mare intorno
rimbomba, bianco di schiuma. Ormai i due mostri
sono a riva: gli occhi, iniettati di sangue, mandano lampi,
le bocche sibilano, facendo vibrare le lingue.
Noi, in preda al terrore, fuggiamo di qua e di là.
I serpenti puntano dritti su Laocoonte.
Prima avvolgono nelle loro spire i due figlioletti
e ne straziano le membra a morsi; poi si gettano
su Laocoonte, accorso in aiuto dei figli,
e lo stringono nelle tremende spire;
gli si attorcigliano due volte intorno al collo
e alla vita; le loro teste sovrastano la sua.
Laocoonte si sforza di sciogliere quei nodi
con le mani e ha le bende sacerdotali
sporche di bava e di veleno; e intanto
lancia verso il cielo delle urla tremende,
come i muggiti terribili del toro che fugge
dall'altare, scuotendosi via dal capo
la scure del sacerdote, che l'ha soltanto ferito.
Infine i due serpenti se ne vanno: salgono
strisciando sull'acropoli, raggiungono il tempio
della crudele Minerva e si rifugiano ai piedi
della dea, sotto il cerchio del suo rotondo scudo.

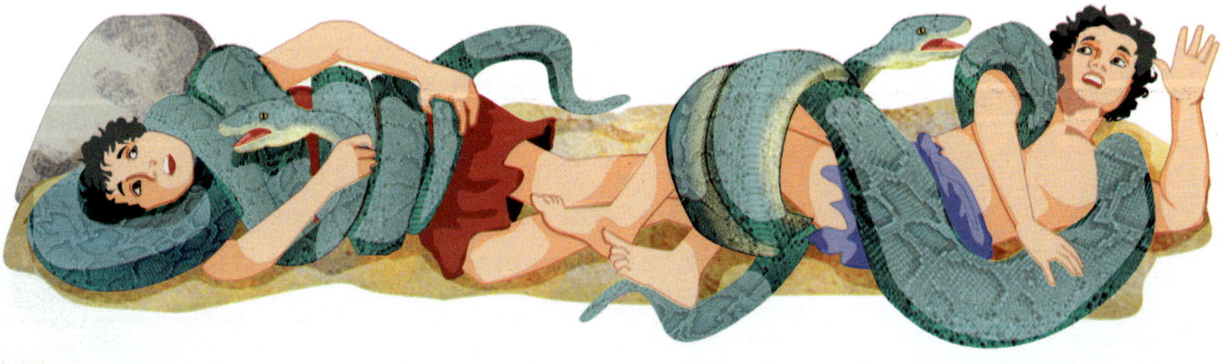

I Troiani sono sconvolti dal mostruoso prodigio e decidono di portare il cavallo dentro la città

Un nuovo terrore assale i nostri cuori
già impauriti; si dice che Laocoonte
è stato punito giustamente per il suo gesto
empio, visto che con la lancia aveva osato
colpire il cavallo di legno, sacro a Minerva;
si grida che bisogna portare il cavallo
dentro le mura di Troia, e chiedere il perdono
della dea. Apriamo dunque una breccia nelle mura
che circondano la città; tutti si danno da fare,
chi a mettere ruote sotto il cavallo, chi a legare
al suo collo lunghe corde. La macchina di morte,
piena di guerrieri armati, oltrepassa le mura,
mentre intorno i fanciulli e le fanciulle
cantano gli inni sacri e toccano lieti le funi.
Sale intanto la macchina, già percorre minacciosa la città.

(parafrasi di Catia Gusmini)

1. Che cos'è la "macchina di morte" di cui si parla nel brano?

....

2. Chi è Laocoonte? Che cosa gli accade?

....

....

3. Alla fine che cosa pensano i Troiani del cavallo?

☐ Pensano che sia un dono ospitale dei Greci.
☐ Pensano di non aver mai visto un'opera d'arte così bella.
☐ Pensano che sia pericoloso distruggerlo.
☐ Pensano che Laocoonte abbia ragione.

Storia di un cavallo di legno

Ulisse astuto e saggio, re di Itaca, prese la parola.
– Generali, il nostro guerriero più forte, Achille figlio di Peleo, è morto. È morto Achille il migliore di tutti noi! E noi non possiamo più sperare di vincere i Troiani in guerra aperta, ma forse con un'astuzia potremo riuscire. Se non troviamo il modo di ingannare i nostri nemici e sorprenderli quando meno se l'aspettano, io ho paura, o generali, che dovremo tornarcene a casa con gran vergogna, e la gente dirà: "Dieci anni sono stati lontani quei forti guerrieri, dieci anni hanno combattuto per riavere Elena, ma Elena è rimasta a Troia ed essi son tornati a mani vuote!". Ora io vi dico, o generali, che a qualunque costo dobbiamo vincere, e qualunque strada è buona purché si vinca!
– Dici bene – rispose Agamennone – ma è appunto la strada che non sappiamo trovare!
– Ci ho pensato molto e mi pare di averla trovata. Ascoltate. Fabbricheremo un cavallo di legno, ben lavorato, tutto dipinto e grande abbastanza da contenere nel suo interno otto o dieci persone. Lo faremo portare a Troia, e nel mezzo della notte i guerrieri nascosti dentro il cavallo usciranno, apriranno le porte e Troia sarà invasa dai nostri. Non vi pare che così si potrebbe riuscire?
– Certamente! Ecco una buona strada! Rispose Agamennone.
– Sì, la strada è buona – osservò Nestore – ma c'è una difficoltà. I Troiani faranno entrare nella città il cavallo?
– Avranno paura di un inganno e lo lasceranno fuori delle mura! – disse Menelao.
– Questa è certo una difficoltà e io, prima di parlarvi, ci ho pensato lungamente. Ma ho pensato anche al modo di superarla, e mi pare di averlo trovato. Conosco un uomo che ci potrà aiutare efficacemente. Ma bisogna che ogni generale dia ai suoi soldati gli ordini per la partenza, perché i Troiani siano presi più facilmente nella rete. Non sono sicuro di riuscire, ma se Zeus mi aiuta vinceremo, e la guerra sarà finita. Volete lasciarmi tentare?
– Ma sicuro!
– Tu sei il più saggio di tutti noi!
– E il più astuto!

Così dissero i generali. E Ulisse andò dai falegnami e ordinò:
– Fatemi un cavallo di legno grande come quattro cavalli vivi messi uno sull'altro. Questo cavallo sia bellissimo e abbia dentro al corpo una stanzina nella quale possano stare parecchie persone; ma la porta della stanzina non si deve vedere. Fatelo nel minor tempo possibile e non parlatene con nessuno.
I falegnami si misero a lavorare, e lavoravano giorno e notte e notte e giorno. [...]
Intanto le navi si preparavano alla partenza, e quando tutte furono pronte e le tende disfatte, gli Elleni salirono sulle navi e s'allontanarono nel mare.
Il cavallo rimase solo, enorme, davanti alle mura; e i cittadini di Troia uscirono a frotte dalla città per accertarsi che i nemici fossero veramente partiti e per vedere il cavallo.
– Com'è bello e ben lavorato!
– Par vivo!
– Bisogna portarlo in città davanti al tempio di Pallade Atena!
– Se lo portiamo in città i nostri nemici moriranno tutti!
– Già! Chi l'ha detto?
– L'ha detto quell'Acheo che è arrivato qui mezzo morto!
– L'hanno detto gli indovini!
– È sicuro!
– Già! Fidatevi degli Achei e degli indovini!
– C'è Cassandra, la figlia del re, che urla e piange, e dice che il cavallo è vivo e ci porterà danno!
– Cassandra? La figlia del re? Che cosa ne sa lei? È pazza! Chi ci bada alle sue parole?
Cassandra, la più bella delle figlie del re Priamo, usciva in quel momento fuori dalle mura, e quando fu davanti al cavallo si gettò per terra piangendo. Poi si alzò, guardando lontano nel mare, come se nel mare vedesse cose spaventose.
– È vivo il cavallo! Combatterà come mille nemici! Io lo vedo! Saremo vinti, saremo morti! Il cavallo respira, cammina, porta armi! Non lo vedete che è vivo? Non conducetelo a Troia! Ecco! Corrono per la città, vi uccidono! Ah! Tutti morti, tutto sangue! Sangue e catene! Pianti, grida, dolore, disperazione.
Così gridò Cassandra, piangendo, e si gettò per terra sfinita.

Ma nessuno le credeva; nessuno credeva mai alle parole di Cassandra.
E i cittadini si affollavano sempre più intorno al cavallo, ammirandolo.
Ma uno dei sacerdoti, Laocoonte, disse:
– Cittadini, vi do un consiglio. Non vi fidate degli Achei, non vi fidate di Sinone, non portate il cavallo dentro la città. Gli Achei sono traditori e Sinone, forse, ha mentito.
Così disse Laocoonte. E due serpenti vennero contro a lui dal mare. Erano spaventosi, enormi, con gli occhi di fiamma e sulla testa mille creste di fiamma. S'avvicinarono a Laocoonte, lo guardarono e si avvolsero intorno al suo corpo stringendolo forte e sempre più forte.
Urlò il disgraziato, ché i serpenti lo soffocavano, e alle grida i suoi due giovani figli accorsero, tentando di liberare il padre; ma i serpenti si allungarono e si avvolsero intorno al corpo dei giovinetti, e così, stretti insieme, Laocoonte e i suoi figli morirono e i serpenti tornarono nel mare.
I cittadini avevano assistito, muti di spavento, all'orribile scena, e nessuno pensò più di lasciare il cavallo fuori dalle mura, ma ognuno voleva dare una mano per portarlo nella piazza, davanti al tempio di Pallade Atena.
Così il cavallo fu portato nella città e i Troiani, credendo di esser finalmente liberati dai nemici, banchettarono e gioirono fino a notte.
Poi ognuno andò a riposare, stanco e contento, senza accorgersi che le navi nemiche nascoste dietro l'isola di Tenedo tornavano pian piano, e i guerrieri scendevano di nuovo alla spiaggia, armati per combattere e assetati di sangue.

(da Laura Orvieto, *Storie della storia del mondo*, Giunti Junior, 2008)

Audio
Ascolta
il brano

3. Nella fuga da Troia Enea perde Creusa

Prosegue il racconto di Enea alla regina Didone. Dopo aver visto la città in preda ai nemici e aver assistito alla morte atroce di Priamo, re di Troia, l'eroe troiano corre angosciato a casa e convince la sua famiglia ad affrontare una dolorosa migrazione.

Prendemmo dunque la via dell'esilio: io recando Anchise sulle spalle, il piccolo Iulo stretto al fianco, la sposa Creúsa a qualche passo dietro di noi. Il luogo d'incontro fissato per tutti gli altri profughi fu il tempio, ora abbandonato, sacro a Cerere, fuori città.

L'eroe coraggioso e senza paura ora trema, non per sé stesso, ma per quelli di cui ha la responsabilità.

Procedevo timoroso, sussultando a ogni rumore, a ogni alito di vento. Ad un tratto, credendomi inseguito, accelerai il passo senza accorgermi che Creúsa non ci seguiva più. Soltanto quando fummo giunti al luogo stabilito, dove s'erano già radunati altri superstiti, mi accorsi della sua scomparsa. Disperato, con la spada in pugno, seguendo a ritroso la strada percorsa la cercai dovunque fra le rovine, le fiamme, i cadaveri. Mi spinsi fino alla nostra casa, che **disperato** vidi già invasa dai Greci. Rasentai il palazzo regale e il tempio di Giunone, al cui interno una lunga fila di donne troiane prigioniere, alcune con i loro figli stretti al seno, attendevano la loro sorte di schiavitú. Accumulato in mezzo al tempio scorsi tutto ciò che di prezioso i Greci avevano razziato nelle case, negli altri templi, nei forzieri della reggia. Fenice[1] e Ulisse, come belve ringhiose, facevano la guardia ai prigionieri e a quei tesori.
Malgrado la vicinanza di tanti nemici, tenendomi stretto alle mura e celandomi in ogni anfratto, presi a invocare a gran voce il nome di Creúsa.

Appare il fantasma di Creùsa: gli esseri sovrannaturali – compresi gli dèi – sono più grandi degli uomini. Lo spavento di Enea è comprensibile: vede Creùsa, ma capisce che ella non è più tra i vivi.

Mentre deliravo così e smaniavo senza tregua tra le case
della città, mi apparve davanti agli occhi l'infelice simulacro[2]
e l'ombra di Creúsa, immagine maggiore di lei.
Raggelai, e si drizzarono i capelli e la voce s'arrestò
[nella gola.
Allora parlò così confortando i miei affanni:
«Perché abbandonarsi tanto ad un folle dolore,
o dolce sposo? Ciò accade per volere divino;
non puoi portare via con te Creúsa,
no, non lo permette il sovrano del superno[3] *Olimpo.*

esilio... profughi
Le **parole-chiave** di questo brano – e in realtà di tutta l'*Eneide* – sono ***esilio*** e ***profughi***.

Cerere
Cerere è la dea delle messi e dell'agricoltura; la parola *cereale* ha la stessa origine del nome della dea.

come belve...
Il **paragone** sottolinea la crudeltà disumana dei Greci, simboleggiata da Ulisse. Come abbiamo già visto nell'episodio del cavallo, Ulisse è un personaggio **negativo** nell'*Eneide*.

1. Fenice: precettore di Achille, nell'*Iliade* è rappresentato come un vecchio saggio; quindi è improbabile, o almeno strano, che si tratti della stessa persona (nota di Luca Canali).
2. l'infelice simulacro?: l'immagine triste.
3. superno: celeste, divino. Il sovrano del superno Olimpo è Giove.

Creùsa rassicura il marito sul proprio destino: le è stata risparmiata l'umiliazione della **schiavitù**, che per una principessa come lei, sposa per di più del figlio di una dea, sarebbe stata insopportabile.
Dunque Creùsa non subirà la stessa sorte di **Andromaca** (rileggi il brano a pag. 98).

Dopo il riferimento all'*Iliade* (Andromaca schiava) Virgilio introduce anche un riferimento all'*Odissea*: **Odisseo** aveva infatti incontrato (libro XI) lo spirito della **madre morta** e aveva tentato per **tre volte**, inutilmente, di abbracciarla. Le anime dei morti hanno solo l'aspetto, ma non il corpo, delle persone vive, quindi non possono essere abbracciate.

Lunghi esilii per te, e da solcare la vasta
distesa marina; in terra d'Esperia verrai,
dove tra campi ricchi d'uomini fluisce con placida
corrente l'etrusco Tevere[4]*; là ti attendono lieti*
eventi, e un regno e una sposa regale. Raffrena
le lagrime per la diletta[5] *Creúsa: non vedrò le superbe*
case dei Mirmidoni o dei Dolopi[6]*, non andrò a servire donne*
greche, io, dardana[7]*, e nuora della dea Venere;*
la grande Madre degli dei mi trattiene in queste terre.
E ora addio, serba[8] *l'amore di nostro figlio».*
Com'ebbe parlato cosí, mi lasciò in lagrime,
desideroso di dirle molto, e svaní nell'"aria lieve.
Tre volte tentai di cingerle il collo con le braccia:
tre volte inutilmente avvinta l'immagine dileguò
tra le mani, pari ai venti leggeri, simile a un alato sogno.
[vv. 771-794]

Solo in parte placato da quelle parole, anzi sarebbe piú giusto dire rassegnato, tornai al luogo d'incontro con quanti, disperati, sconvolti, e disorientati dagli eventi di quella notte tremenda e dalla perdita di tanti loro cari, avessero voluto fuggire, guidati da me, verso una nuova patria, destinata, ma ancora ignota.

(*Luca Canali racconta l'Eneide*, libro II, Einaudi Scuola, 2000)

Esperia
Esperia significa «Terra dove tramonta il Sole», «Terra a Occidente»: è dunque una terra molto lontana dall'Oriente, dove sorge Troia.

alato sogno
I sogno è ***alato*** perché «vola via», svanisce rapidamente.

4. etrusco Tevere: il Tevere delimitava a sud il territorio degli Etruschi.
5. diletta: amata.
6. Mírmidoni... Dolopi: popoli della Tessaglia, assai ostili ai Troiani.
7. dárdana: troiana.
8. serba: conserva.

MESSA A FUOCO

Enea, eroe migrante

Nel raccontare a Didone l'ultima notte di Troia, Enea rievoca la sua dolorosa partenza alla ricerca di una nuova patria.
L'immagine dell'eroe troiano è quella di **un uomo in fuga dalla guerra, con il padre sulle spalle e per mano il figlio**: davanti a lui, esule, si apre **l'incerta via del mare**.
Se il compito di Ettore era stato quello di difendere Troia fino al sacrificio della vita, quello di Enea è di portare in salvo ciò che resta della città distrutta, per darle nuova vita in una terra lontana. Un compito molto arduo da accettare perché implica la fuga, tradizionalmente giudicata come un atto di viltà. **Per Enea** invece **la partenza è una necessità stabilita dal Fato** e l'unica possibilità di salvezza per la stirpe troiana: la speranza dei Troiani è nella fondazione di una nuova città, in Italia, sulle rive del Tevere.

COMPRENSIONE

1. Insieme a chi fugge Enea?

....

....

....

2. Perché Enea ha paura?

A Perché è un vero eroe.
B Perché non sa cosa fare.
C Perché vuole salvarsi.
D Perché ha la responsabilità di molte persone.

3. Che cosa fa Enea appena si accorge di aver perso Creùsa?

A Torna indietro a cercarla.
B Si rassegna alla perdita.
C Chiede ai compagni di tornare a cercarla.
D Si lascia andare alla disperazione.

4. Che cosa succede quando Enea cerca di abbracciare Creùsa?

A Creùsa si volta dall'altra parte.
B Creùsa lancia un grido di dolore.
C Creùsa svanisce nell'aria.
D Il piccolo Iulo scoppia a piangere.

5. Creùsa dice ad Enea che...

A non dovrà sposare nessun'altra donna.
B non è stato capace di proteggerla.
C non la ama abbastanza.
D non deve disperarsi per lei.

ANALISI E RIFLESSIONE

6. Come appare il personaggio di Enea in questo brano?

A Rassegnato al suo destino.
B Ribelle al suo destino.
C Adirato per la perdita di Creùsa.
D Insensibile al dolore di Creùsa.

7. Qual è il destino di Enea?

A Restare a Troia a combattere per la sua patria.
B Ritornare a Troia dopo aver viaggiato in Occidente.
C Affrontare l'esilio e un lungo viaggio verso Occidente.
D Trovare un'altra donna troiana che faccia da madre a Iulo.

LESSICO E STILE

8. Agli occhi di Enea Ulisse appare...

A come un eroe invincibile.
B come un nemico rispettabile.
C come un alleato fedele.
D come una belva ringhiosa.

9. Spiega con parole tue chi è un *profugo*.

....

....

10. Quale termine non è un sinonimo di *profugo*?

A Esule.
B Rifugiato.
C Rimpatriato.
D Fuggiasco.

11. Quale termine è un sinonimo di *anfratto* (riga 24)?

A Affrettato.
B Affranto.
C Affannato.
D Nascondiglio.

SCRITTURA

12. La vicenda di Enea può suggerire una riflessione su un problema di grande attualità, quello dei profughi. Prova a esprimere in un breve testo (15 righe) il tuo pensiero e discutine poi in classe con i compagni, sotto la guida dell'insegnante.

LETTURA D'OPERA

Virgilio rappresenta **Enea**, il protagonista dell'*Eneide*, come **un eroe nuovo**, molto diverso da quelli raffigurati nei poemi omerici. Nessun eroe-guerriero, nemmeno il grande Ettore, ha potuto né può salvare la città di Troia con la forza delle armi; solo **un eroe errante**, animato da una **forza spirituale** nuova, potrà, anche se faticosamente, aprire la strada verso il futuro.
Interpretando fedelmente il racconto di Virgilio, Lorenzo Bernini ne sottolinea il messaggio: salvando e portando con sé i valori della tradizione e i **legami con il passato**, Enea, cioè **il presente**, può ricostruire **la speranza nel futuro**, non tanto per sé stesso quanto per il figlio e per tutti quelli che verranno.

Gian Lorenzo Bernini, *Enea, Anchise e Ascanio*, 1618, Galleria Borghese, Roma.

Anchise, vecchio e stanco, che tiene l'urna contenente le ossa degli antenati, **rappresenta la memoria del passato**.

Enea, forte e coraggioso, regge sulla spalla sinistra il fragile corpo del padre.

Ascanio Iulo, che è ancora un bambino, segue Enea sorreggendo il fuoco eterno di Vesta, simbolo della patria. Ascanio **rappresenta la speranza del futuro**, che non può crescere senza la forza e il coraggio di Enea.

Audio
Ascolta
il brano

4. La tragedia di Didone

Didone, ascoltando il drammatico racconto di Enea, aveva scoperto nell'esperienza dell'eroe straordinarie somiglianze con la sua. Come Enea, anche Didone era stata costretta ad abbandonare la patria ed era dovuta partire alla volta di una terra lontana; anche Didone aveva dovuto affrontare pericoli e sofferenze per dare un futuro a un gruppo di esuli.
Amare Enea era stato così naturale! Era stato così facile pensare di poter essere felici insieme, per sempre! Ma quel sogno si era infranto contro il destino di Enea, Enea che doveva partire, che doveva obbedire agli dèi...

Il dio Mercurio ha appena portato a Enea il messaggio del dio Giove: l'eroe deve abbandonare la regina Didone e Cartagine, per riprendere il suo viaggio verso l'Italia.

Con l'animo fisso al messaggio di Giove, Enea resta immobile e silenzioso. Per la regina non c'è scampo: le sue parole imploranti, e al tempo stesso piene di risentimento, aggiungono dolore a dolore nell'animo di Enea, ma non possono mutare la sua decisione di affrettare la partenza; l'eroe vuole tornare fedele esecutore dei dettami[1] del Fato. Ed egli è persino crudele nel giustificarsi: «Se potessi essere io a scegliere la mia sorte» egli dice, «vorrei poter tornare nella mia città, a vegliare le reliquie[2] dei miei cari». E aggiunge: «Non disperarti, e non turbarmi con le tue lagrime». A quelle parole, Didone infine esplode furente:

« ...Naufrago, bisognoso di tutto,
ti accolsi e, folle, ti posi a parte del regno;
salvai la flotta perduta e i compagni dalla morte.
Ahi, l'ira mi arde e mi travolge! [...]
Va', insegui l'Italia nei venti,
cerca il regno sull'onde. T'auguro, se i numi pietosi
possono qualcosa, di scontare la pena tra gli scogli[3],
d'invocare spesso per nome Didone. T'inseguirò lontana
con neri fuochi, e quando la fredda morte avrà separato
le membra dall'anima, ti sarò fantasma dovunque.
Subirai il castigo, malvagio. Saprò, e la fama[4] *verrà*
tra i Mani[5] *profondi».*

(vv. 373-388)

Didone si vendicherà di Enea perseguitandolo fino alla morte.

Naufrago
Naufrago è chi ha visto affondare l'imbarcazione su cui viaggiava, e si è ritrovato a rischiare di morire.

Gli equipaggi troiani accolgono lieti i nuovi ordini e compiono le manovre per salpare. Ben presto le navi, spinte in mare, ondeggiano sui flutti pronte a prendere il largo. Dalla città al litorale è tutto un accorrere di uomini, simili a una lunga fila di formiche che vadano per i campi trasportando provviste per l'inverno e incitando le più pigre.

simili a una lunga...
La **similitudine** sottolinea **l'operosità** dei compagni di Enea, che si preparano a partire.

1. dettami: ordini.
2. le reliquie: i sacri resti.
3. di scontare la pena tra gli scogli: di essere punito per la tua crudeltà morendo sbattuto contro gli scogli.
4. la fama: la notizia della tua morte.
5. i Mani: sono gli spiriti dei morti, che stanno nelle profondità dell'Oltretomba. Didone intende dire che, anche quando sarà morta, continuerà a odiare Enea e a perseguitarlo e la notizia della morte di lui la raggiungerà anche fra i morti, rendendola felice.

Didone dall'alto d'una torre osserva disperata quel brulichio di gente che si affretta nei preparativi di quella che sembra una fuga piú che una partenza. Non sa rassegnarsi alla vanità[6] del suo amore divampato dopo anni di solitudine.

Didone era rimasta vedova dopo che suo fratello Pigmalione le aveva ucciso il marito, Sichèo.

divampato
Il termine ***divampato*** è una **metafora**: l'amore è un incendio che scoppia e si diffonde nel cuore, consumandolo.

Allora l'infelice Didone atterrita dai fati
implora la morte; odia guardare la volta del cielo.[...].
Appena la invase la follia, e la vinse il dolore,
e decise di morire, escogita tra sé il momento
e il modo, e rivoltasi con parole alla mesta sorella,
cela la decisione nel volto, e rasserena la speranza in fronte.

(vv. 450-477)

Didone non vuole più vivere: per questo odia l'azzurro del cielo, che le ricorda la vita.

Presa la terribile decisione del suicidio, Didone diventa lucida[7], persino astuta – la lucidità e l'astuzia della follia – per tener celato a tutti il suo desiderio di morte. «Rallègrati sorella» dice rivolta ad Anna, «ho consultato una maga esperta di incantesimi. Con le sue arti può fermare l'acqua dei fiumi e il corso delle stelle, liberare i cuori dagli affanni, evocare i Mani[8], e far discendere gli alberi dai monti». Anna ascolta perplessa, senza sospettare quale sia la decisione della sorella. Quella maga – così finge Didone – le ha ingiunto[9] di preparare nell'atrio della reggia un grande rogo sul quale bruciare tutti i ricordi di Enea, i suoi doni, le sue armi, le sue vesti, e lo stesso letto nuziale: soltanto cosí ella potrà liberarsi dalla passione che la rende infelice. Nonostante il pallore del volto della sorella, Anna non immagina la verità, cioè che la regina sta ordinando di preparare il rogo per se stessa.

Fingendo di voler cancellare per sempre Enea dal suo cuore col bruciare tutto ciò che è a lui appartenuto, Didone ordina alla sua vecchia nutrice[10] di portare acqua, vittime, bende[11], e quanto è necessario per compiere i rituali sacrifici a Giove stigio. Mentre la vecchia si allontana, lei già percorsa da un fremito di terrore e insieme di voluttà[12] per il gesto che sta per compiere, attraversa correndo l'atrio del palazzo e sale i gradini del rogo. Lassù, tra le vesti e gli ornamenti che sono stati di Enea, ha deposto anche il suo ritratto, la spada ricevuta in dono da lui come pegno d'amore, e persino il letto nuziale. A tutto ciò che evoca dolcissimi ricordi rivolge un ultimo malinconico sguardo. E dopo un attimo, un solo attimo: «Morirò invendicata!» esclama.

stigio
L'**epiteto** di ***stigio*** è riferito a Plutone, il dio dell'Oltretomba (lo Stige è un fiume dell'Inferno). Qui il termine ***Giove*** significa genericamente «sommo dio».

6. vanità: fallimento.
7. lucida: perfettamente consapevole della sua folle decisione.
8. i Mani: vedi nota 5.
9. ingiunto: ordinato.
10. nutrice: la schiava che l'aveva allevata da piccola.
11. bende: sono bende di lana candida usate nelle cerimonie sacre.
12. voluttà: piacere, emozione.

Prima di morire, **Didone maledice Enea**: Virgilio immagina che sia questa l'**origine dell'odio fra Cartagine e Roma**.

«Così desidero discendere tra le ombre. Dal mare il crudele Troiano possa scorgere le fiamme del mio rogo e portare in sé la maledizione della mia morte.»

Disse; e fra tali parole le ancelle la vedono
gettarsi sul ferro, la spada schiumante e le mani
bagnate di sangue. Vanno le grida negli alti
atrii; imperversa la Fama per la città sgomenta[13].
Le case fremono di lamenti, di gemiti, di urla
femminee; il cielo risuona d'un grande pianto.
Come se, penetrati i nemici, precipiti tutta
Cartagine o l'antica Tiro[14]*, e fiamme furenti*
si propaghino per i tetti degli uomini e i templi degli dei.
Udì, disanimata[15] *e atterrita, nella corsa angosciosa,*
la sorella, ferendosi il volto con le unghie e il petto coi pugni,
si getta tra la folla e invoca per nome la morente.

(vv. 663-674)

Come se...
La **similitudine** identifica la morte di Didone con la caduta della città: morendo la regina è come se morisse la sua patria.

Anche Anna sale sul rogo non ancora acceso, e disperata per non aver compreso prima quanto sua sorella stava meditando, la abbraccia morente. Didone dischiude appena gli occhi cercando per l'ultima volta la luce, poi si abbandona a una lenta agonia.

Le due dee avevano favorito l'amore tra Enea e Didone per **opposti motivi**: Giunone perché voleva tenere Enea lontano dall'Italia, Venere perché desiderava che l'ospitalità di Didone consentisse al figlio di riposarsi prima di riprendere il viaggio.

Giunone, che insieme a Venere aveva sospinto l'eroe troiano fra le braccia della regina, mossa a pietà per quella vita che si spegne ancora nel fiore degli anni[16], ma che tarda ancora a comporsi nella quiete della morte[17], invia sulla terra Iride a liberare la sventurata da quei tormenti. Iride apre in volo le sue ali dorate, va a posarsi accanto alla regina agonizzante, e le recide il capello che lega i mortali alla vita terrena. Soltanto allora l'anima di Didone abbandona il corpo e si dissolve nell'aria.

Iride
Iride è, come Mercurio (Ermes), messaggera degli dèi; inoltre è la dea dell'Arcobaleno e per questo i sette colori dell'arcobaleno (rosso, arancione, giallo, verde, azzurro, indaco e violetto) sono detti "i colori dell'***iride***".

Si credeva che ogni persona avesse **un capello d'oro** che al momento della morte veniva strappato da Proserpina, moglie del dio dell'Oltretomba Plutone. Se non veniva strappato, l'anima non poteva separarsi dal corpo e l'agonia non aveva termine.

(*Eneide*, libro IV,
ridotto e adattato da *Luca Canali racconta l'Eneide*,
Einaudi Scuola, 2000)

13. imperversa la Fama... sgomenta: la terribile notizia si diffonde rapidamente nella città e sconvolge gli abitanti.
14. Tiro: città della Fenicia da cui provenivano gli abitanti di Cartagine.
15. disanimata: disperata.
16. nel fiore degli anni: Didone era ancora giovane.
17. ma che tarda... morte: ma che ha una lunga e dolorosa agonia. La morte di Didone non è rapida e la dea Giunone ha pietà della sua sofferenza.

COMPRENSIONE

1. **Chi è Didone? Che rapporti ha con Enea?**

....

....

....

2. **Che cosa spinge Enea a partire?**

- A L'ordine degli dèi.
- B La stanchezza.
- C Il desiderio di novità.
- D Il desiderio di rivedere la patria.

3. **Come reagisce Didone alla notizia della partenza di Enea?**

- A Lo saluta e gli offre dei doni.
- B Si ritira sdegnata nel suo palazzo.
- C Lo aiuta nei preparativi della partenza.
- D È disperata e decide di uccidersi.

4. **Quale missione attende Enea?**

- A Tornare a Troia per ricostruirla.
- B Diventare re dell'Italia.
- C Fondare Roma.
- D Fondare in Italia una nuova patria.

5. **Chi è Iride? Quale funzione ha?**

....

....

....

ANALISI E RIFLESSIONE

6. **Se Enea fosse libero di decidere il suo destino, cosa farebbe?**

- A Tornerebbe a Troia.
- B Rimarrebbe a Cartagine.
- C Andrebbe in Italia.
- D Fonderebbe Roma.

7. **La frase «l'eroe vuole tornare fedele esecutore dei dettami del Fato» significa...**

- A Enea non vuole più disobbedire al Fato.
- B Enea si ribella al Fato.
- C Enea vuole rimanere fedele a Didone.
- D Enea è sempre stato fedele al Fato.

8. **Come viene presentato il personaggio di Enea in questo brano?**

....

....

....

9. **Perché Didone fa costruire un rogo? Che cosa dice alla sorella Anna?**

....

....

....

....

....

10. **Morendo, Didone maledice Enea. Per Virgilio questa maledizione è l'origine...**

- A della guerra di Troia.
- B delle guerre tra Cartagine e Roma.
- C della fondazione di Cartagine.
- D della fondazione di Roma.

SCRITTURA

11. **La tragedia di Didone nasce dal fatto che per la regina l'amore e la riconoscenza sono fondamentali, mentre per Enea al primo posto viene il dovere e il rispetto della volontà divina.**
Condividi la scelta dell'eroe? Ti sembra ragionevole? Prova a rispondere in un breve scritto (10 righe), motivando la tua opinione. Confrontati con i tuoi compagni.

Didone

Giunone, cui stava a cuore l'avvenire di Cartagine, volgendo gli occhi verso la città rimase stupita e addolorata. Ma comprese subito la causa di quella inoperosità e aggredì Venere.

– Bella prodezza – le disse ironicamente – essere riusciti, due grandi dèi come te e Cupido, a fare innamorare una donna! – ma subito cambiando tono soggiunse: – Hai sempre avuto paura che io fossi nemica di tuo figlio, invece voglio dimostrarti il contrario e far pace con te. Didone è innamorata di Enea: facciamo in modo che si sposino e noi due proteggeremo concordemente questo popolo.

Venere comprese subito lo scopo dell'offerta di Giunone: la regina degli dèi voleva tenere Enea lontano dall'Italia per impedirgli di creare quell'impero romano che avrebbe distrutto la potenza di Cartagine.

Scaltramente, allora, finse di accettare la proposta.

– Però – aggiunse – dobbiamo stare attente a non contrastare i decreti del Fato e di Giove.

– Penso io a chiedere il permesso a Giove – assicurò Giunone. – Ora senti quel che faremo. Domani Enea e Didone usciranno a caccia. Durante la caccia farò scoppiare un temporale e tutte le persone del seguito correranno a ripararsi. Didone ed Enea entreranno, soli, in una grotta… E noi saremo con loro…

Così accadde. L'indomani, durante la caccia, un improvviso temporale disperse i cacciatori; Enea e Didone rimasero separati dal loro seguito di cortigiani ed amici, soli, per la prima volta, da quando l'eroe troiano era giunto a Cartagine. Così rifugiatisi, com'era nel disegno di Giunone e di Venere, loro due soli, in una caverna, ebbero la possibilità di rivelarsi a vicenda il loro amore.

Didone parve rinascere. Felice del suo amore per Enea, dimenticò Sicheo e facendo progetti per il nuovo matrimonio, non si curò che la notizia si diffondesse anche fuori del regno.

La notizia giunse così a Jarba, re dei Getuli e figlio di Giove. Jarba aveva chiesto la mano di Didone ma era stato respinto; perciò considerò la cosa come un'offesa personale e recatosi nel tempio se ne lamentò con Giove. O padre onnipotente, – pregò – come puoi permettere che una donna alla quale io ho venduto un pezzetto di terra per costruirvi una città, preferisca

a me un uomo insignificante come Enea?
Giove volse lo sguardo verso Cartagine e vide che le parole di Jarba corrispondevano alla verità. Giunone, infatti, si era ben guardata di informarlo del suo progetto. Irritato, allora, il padre degli dèi chiamò Mercurio.
– Va' – gli disse. – Scendi a Cartagine e ricorda ad Enea qual è la sua missione. Se è scampato alle armi greche è solo perché deve fondare un impero; il più grande impero del mondo. E se non vuole pensare a se stesso, se della gloria non gli preme, pensi a suo figlio e ai suoi discendenti. Sua madre Venere, parlandomene, me lo aveva descritto diverso. Basta: ordinagli di partire subito.
Mercurio indossò i calzari alati, afferrò il caducèo e discese sulla terra. A Cartagine trovò Enea che, già come un re, studiava i piani e i disegni della città, dava ordini e consigliava i costruttori.
– Te ne stai qui – gli disse – a fondare un regno altrui e non pensi al tuo. Giove mi manda a dirti che devi rimetterti subito in viaggio… se non per te, per riguardo a Iulo il cui destino potrà adempiersi solo dopo che tu avrai raggiunto la meta stabilita.
Aveva appena finito di parlare che scomparve lasciando Enea sbigottito e pensieroso. Come avrebbe potuto accomiatarsi da Didone? Come avrebbe accolto la notizia della sua partenza la regina innamorata?
A lungo Enea rimuginò su quel che doveva fare; poi prese la decisione di rimandare ogni spiegazione con la regina all'ultimo momento. Chiamò alcuni dei suoi uomini più fidati.
– Andate al porto – disse. – Preparate le navi. Ma cercate di farlo senza che alcuno se ne accorga. Dobbiamo riprendere il mare, ma fate in modo che nessuno sappia che partiamo. Intanto io cercherò il momento e il modo migliore per informare Didone.
Gli uomini si affrettarono ad obbedire; ma per quanto cercassero di tener nascosto lo scopo della loro attività, ben presto la notizia della prossima partenza dei Troiani si sparse per la città; giunse all'orecchio della regina. Come una furia Didone si mise alla ricerca di Enea, e trovatolo lo affrontò gridando.
– Perfido! Speravi di poter partire dalla mia terra di nascosto? E che cosa farò io, quando tu sarai partito? Non ti importa di me, del mio amore?

Enea cercò di calmarla, ma Didone, singhiozzando, in tono più accorato, rispose:
– No. Non t'importa nulla di me perché altrimenti non partiresti ora, nel pieno dell'inverno; non affronteresti i rischi delle tempeste che ti aspettano sul mare. Se tu mi amassi, non partiresti neppure per tornare a Troia… Ti prego, non andartene; se ti ho dato un po' di felicità, se ti ho dato un aiuto nel momento in cui ne avevi bisogno, se mi hai voluto bene… abbi pietà delle mie lacrime, e rimani.
Enea ancora sotto l'impressione dell'ordine di Giove, le rispose con voluta durezza:
– Regina, non dimenticherò mai quel che tu hai fatto per me e per i Troiani; e fin che vivrò non ti dimenticherò mai. Non ho pensato di partire senza avvisarti… e del resto non sarei partito se io fossi padrone del mio destino. Se avessi tanto potere, avrei ricostruito Troia… Invece il Fato mi vuole in Italia. Benché Apollo me lo abbia predetto molte volte; benché ogni notte abbia sognato mio padre che mi spronava a partire io ho cercato di dimenticare questo mio destino. Ma è venuto lo stesso Mercurio, messaggero di Giove, a rammentarmelo. Dunque non piangere più e lasciami partire tranquillo.
Ma Didone non poteva accontentarsi di queste parole.
– Tu non sei figlio di una dea – gridò. – Tu sei stato allevato dalle tigri dell'Ircania. Sei senza cuore; non hai mostrato di avere compassione per le mie lacrime; non mi hai dato un segno d'affetto. Eppure ti ho raccolto quando hai fatto naufragio sulle mie coste, ho salvato i tuoi compagni e le tue navi; ti ho quasi fatto re del mio regno… Ed ora tu mi parli di Apollo, del tuo destino, degli dèi che ti mandano messaggi! Va'. Non ti trattengo più. Conquista l'Italia. Ma quando, in mezzo al mare, nell'infuriare della tempesta, sentirai calare su di te la paura, ti ricorderai di Didone, e mi invocherai. E quando sarò morta, non farai un passo senza che ti appaia la mia ombra. Dovrai pagare duramente per questo tuo tradimento…
Poi gli volse le spalle e sdegnata e piangente, uscì.

(G. Vaccari - R. Caporali, *La leggenda di Enea*, Giunti Marzocco, 1977)

LETTURA D'OPERA

Il Guercino (1591-1666), pittore emiliano dell'età barocca, riprende l'episodio narrato da Virgilio nel quarto libro dell'*Eneide* e raffigura il momento in cui Didone, dopo essersi trafitta il petto con la spada che Enea le aveva donato, agonizza sulla pira che lei stessa aveva preparato nel cortile interno del palazzo.

Giovanni Francesco Barbieri detto il Guercino, *La morte di Didone*, 1631, Galleria Borghese, Roma.

Attorno a Didone le ancelle piangono, mentre la **sorella Anna**, che spicca per i suoi splendidi abiti colorati, accorre in preda alla disperazione, ormai troppo tardi, come indica il gesto delle braccia.

Si vedono in lontananza il mare e **le navi dei Troiani che lasciano il porto di Cartagine**.

I **cittadini** sono sconvolti dalla terribile notizia; una donna commenta la scena e sembra con la mano invitare anche gli spettatori a farlo.

Audio
Ascolta il brano

5. Eurialo e Niso, amici per sempre

In assenza di Enea, impegnato a raccogliere alleati per fronteggiare la coalizione italica, il campo troiano viene attaccato; la situazione appare gravissima. Due giovani amici, Eurialo e Niso, progettano l'impresa rischiosa di attraversare le fila dei nemici e raggiungere Enea per affrettarne il ritorno.

Sorvegliava una porta del campo Niso, il forte guerriero figlio di Irtaco, abile nel lancio del giavellotto e delle rapide frecce, mandato con Enea da sua madre Ida, ninfa[1] cacciatrice. Con lui c'era Eurialo, il più bello di tutti gli Eneadi[2], il più giovane, dal volto appena fiorito da una peluria leggera. I due erano legati da un identico affetto, stavano sempre insieme, correvano insieme a battaglia: anche allora erano di guardia alla stessa porta. Dice Niso: «Guarda i Rutuli, come sono sicuri di sé e della situazione: pochi fuochi risplendono, i soldati riposano in preda al sonno e al vino, c'è un gran silenzio intorno. Senti allora che idea m'è venuta all'improvviso. Tutti vorrebbero che Enea venisse richiamato, che un messaggero andasse a dirgli quanto accade. Andrò io: laggiù, sotto quel poggio[3], mi sembra di riuscire a trovare una strada che conduca alla città di Pallanteo.» Eurialo, pensoso, posseduto da immenso desiderio di gloria, risponde all'amico entusiasta: «Forse, Niso, non vuoi che ti accompagni in questa splendida azione? Non ho paura della morte e credo che la morte sia un giusto prezzo per la gloria.» E Niso: «Non temevo quello che credi, no; ma se il caso (come succede spesso, lo sai, in simili imprese) o un dio mi trascinassero alla rovina, vorrei che tu sopravvivessi: la tua tenera età è più degna di vivere e così avrò qualcuno che affiderà alla terra il mio corpo o almeno onorerà la mia memoria. Non voglio essere causa di dolore a tua madre.» Eurialo gli rispose. «Ho deciso: impossibile farmi cambiare parere. Affrettiamoci!»

Del personaggio di **Eurialo** sono **sottolineate la bellezza e la giovinezza** (non ha ancora la barba).

L'amicizia di Eurialo e Niso è profonda e **i due giovani sono inseparabili**.

Per Eurialo, come per ogni vero **eroe,** la **gloria** è **più importante della vita**.

Niso sottolinea l'**estrema giovinezza di Eurialo**, che ha il diritto di vivere.

Niso si sente responsabile di Eurialo, anche pensando alla madre del ragazzo, che ha affrontato tanti sacrifici.

figlio di Irtaco
Il **patronimico** di Niso è ***Irtacide***, cioè «figlio di Irtaco».

Pallanteo
Pallantèo è la città del re Evandro, dove si trova in questo momento Enea; dal nome della città Virgilio fa derivare quello del colle **Palatino**.

Lasciato il posto di guardia, Eurialo e Niso si presentano ai capi troiani ed espongono il loro piano, che viene accolto favorevolmente.

Usciti dalla porta scavalcano il fossato, e nella notte buia si avviano verso il campo nemico, dove moriranno,

1. ninfa: le ninfe erano divinità minori legate alla natura; la madre di Niso era una ninfa del monte Ida, vicino a Troia.
2. Eneadi: i compagni di Enea.
3. poggio: collina.

Il poeta introduce qui un'**anticipazione** su quello che accadrà: quindi il lettore conosce già il finale della storia, ma non sa come ci si arriverà.

ma solo dopo aver ucciso molti Latini e Rutuli. Niso, vedendo l'amico accanirsi troppo nella strage, sussurra: «Andiamo via, sta per spuntare l'alba. Adesso basta, ci siamo già aperti la strada fra i nemici!» Abbandonano molte armature fatte di grosso argento e crateri e stupendi tappeti; e s'infila l'elmo di Messapo, ornato di bei pennacchi; i due si allontanano dal campo verso luoghi sicuri.

Intanto, alcuni cavalieri, spediti in avanguardia dalla città latina, venivano a portare un messaggio al re Turno: erano trecento giovani, tutti armati di scudo, guidati da Volcente. Si avvicinavano al campo, erano sotto le mura, quando vedono da lontano Eurialo e Niso prendere in fretta un sentiero a sinistra: nell'ombra pallida della notte un raggio di luna fece brillare l'elmo dell'imprudente Eurialo, e quel brillìo fu notato. Volcente grida: «Alto là! Dove andate a quest'ora? Chi siete?» Nessuna risposta: i due giovani corrono in fretta verso il bosco, sperando nel buio. I cavalieri si gettano qua e là verso i noti sentieri, bloccando ogni via d'uscita con sentinelle armate.

Siamo al **punto cruciale della storia**: Eurialo si perde nel bosco.

Il bosco era fittissimo, irto di cespugli e di lecci, con rovi da ogni parte, e solo pochi sentieri si aprivano nella macchia. L'ombra densa dei rami e il peso del bottino impacciano Eurialo, la paura lo inganna, così perde la strada. Intanto Niso se ne va via, senza pensare a nulla. Ed era già sfuggito ai nemici, lasciando quei luoghi che poi saranno chiamati albani dal nome di Alba (allora vi erano gli estesi pascoli del re Latino), quando attonito si ferma, voltandosi a cercare Eurialo: ma lui non c'è. Percorrendo di nuovo i sentieri intricati di quel bosco subito segue a ritroso le tracce dei suoi passi e vaga tra i cespugli silenziosi. Poi sente i cavalli, il rumore, i richiami degli inseguitori. Dopo non molto sente delle grida e vede Eurialo, tradito dal luogo e dalla notte, accerchiato da una squadra nemica mentre viene trascinato via, nonostante cerchi di difendersi. Che fare? Con quali armi osare liberarlo? Forse è meglio gettarsi nel fitto dei nemici cercando in fretta una morte gloriosa in battaglia?

albani dal nome di Alba
Virgilio crea spesso questi collegamenti anche linguistici tra mito e storia di Roma (abbiamo già visto quello fra Pallanteo e Palatino). Alba Longa, fondata da Ascanio Iulo, avrebbe dominato il Lazio per trecento anni prima della fondazione di Roma.

Niso torna a cercare Eurialo, proprio come aveva fatto Enea quando si era accorto di aver perso la moglie Creùsa. È l'affetto e la preoccupazione a spingere sia Enea che Niso.

Rapido, tirato indietro il braccio, con tutta la forza del corpo scaglia il giavellotto: l'asta vola attraverso le ombre della notte e penetra nel corpo di Sulmone, si spezza trafiggendogli il cuore con una scheggia di legno. Fiero del suo successo, Niso libra[4] un secondo giavel-

4. libra: bilancia, ossia impugna la lancia nel punto di equilibrio prima di scagliarla.

Niso muore e contemporaneamente vendica Eurialo uccidendo Volcente.

lotto all'altezza dell'orecchio. I Latini sono lì, tremanti: l'asta sibilando attraversa le tempie di Tago, tiepida resta infissa nel cervello trafitto.
Il feroce Volcente è furioso, ma non riesce a vedere l'autore del colpo e a capire con chi prendersela. «Tu, intanto, mi pagherai col sangue caldo la morte dei miei compagni!» dice lanciandosi su Eurialo, la spada sguainata. Allora Niso, atterrito, fuori di sé, non può nascondersi più a lungo nell'ombra e sopportare tanto dolore. Grida: «Io! Sono io il colpevole! Rivolgete quelle armi contro di me: l'inganno[5] è stato mio. Costui non ha colpa di nulla, ne chiamo a testimoni il cielo e le stelle che sanno[6]: ha solo amato troppo il suo amico infelice!» Troppo tardi. La spada violenta ha già squarciato le costole e trafitto il tenero petto del ragazzo. Eurialo è travolto dalla morte, va il sangue giù per le belle membra e il collo senza forza ricade sulle spalle: come un fiore purpureo reciso dall'aratro morendo illanguidisce, come abbassano il capo i papaveri, stanchi sul loro stelo, quando la pioggia li colpisce. Ma Niso si precipita tra i nemici, di tutti vuole solo Volcente, cerca solo Volcente. Intorno a lui i guerrieri premono, da ogni parte lo stringono, fittissimi. Egli insiste, ruotando la spada come un fulmine, finché la immerge in gola all'urlante Volcente: così morendo ruba l'anima al suo nemico. Poi, trafitto, si getta sul corpo dell'amico esanime e qui infine trova eterno riposo nella placida morte.

(ridotto e adattato da *Eneide*, libro IX, versi 176-220; 314-449, traduzione di Mario Ramous, in Cd Garzanti)

l'anima...
In latino la parola ***anima*** significa «vita»: dunque "rubare l'anima" significa **uccidere**. Anche l'aggettivo ***esanime*** contiene la parola *anima* e significa «senza vita».

5. **l'inganno:** i due colpi mortali.
6. **il cielo e le stelle che sanno:** il cielo e le stelle vedono tutto dall'alto.

MESSA A FUOCO

Il valore dell'amicizia

Tra le figure di giovani eroi presenti nell'*Eneide* **Eurialo e Niso assumono un rilievo particolare per** i sentimenti profondi e nobili che li animano: **il desiderio di gloria e l'amicizia che li lega indissolubilmente l'uno all'altro**. Nella ricerca di gloria così come nell'amicizia i due giovani sono generosi: la sortita compiuta nel campo nemico ha lo scopo di raggiungere Enea per avvertirlo del pericolo che incombe sui Troiani, l'affetto reciproco li porta a condividere non solo l'impresa, ma anche il suo tragico esito. Di Eurialo Virgilio sottolinea la bellezza e la giovane età, che si accompagnano al valore e alla nobiltà d'animo; di Niso vengono messi in luce sia il grande coraggio sia il desiderio di proteggere il suo giovane amico. Un desiderio di protezione che si fa più intenso nel momento del pericolo e porta Niso a perdere la vita nell'estremo tentativo di salvare Eurialo.
Nel cantare l'eroismo dei due giovani **Virgilio sottolinea la capacità della poesia di rendere eterni il valore e la virtù**; ma nei suoi versi si avverte soprattutto il **sincero dolore** per la morte prematura di due generosi e nobili amici.

COMPRENSIONE

1. **Chi sono Eurialo e Niso? Per quale impresa si offrono volontari?**

....

....

2. **Perché ad un certo punto i due compagni si trovano separati l'uno dall'altro?**

....

....

....

3. **Chi è Volcente? Come si conclude l'azione dei due giovani?**

....

....

....

ANALISI E RIFLESSIONE

4. **Perché Niso non vorrebbe che Eurialo lo accompagnasse?**

- [A] Perché non vuole dividere con lui la gloria dell'impresa.
- [B] Perché teme per la sua vita.
- [C] Perché glielo ha vietato la madre di Eurialo.
- [D] Perché si sente responsabile di fronte ai Troiani.

5. **Eurialo decide di accompagnare Niso...**

- [A] perché teme per la sua vita.
- [B] perché teme di restare solo.
- [C] perché ha paura di morire.
- [D] perché cerca la gloria.

6. **Perché Niso, pur potendo salvarsi, esce allo scoperto?**

- [A] Per vantarsi della sua impresa davanti ai nemici.
- [B] Per non fare la figura del vigliacco davanti a Eurialo.
- [C] Perché spera che Eurialo venga risparmiato.
- [D] Perché è sconvolto e non ragiona più.

LESSICO E STILE

7. **La morte di Eurialo è descritta attraverso una similitudine: analizzala rispondendo alle domande che seguono.**

a. Perché Virgilio usa due termini di confronto per descrivere l'immagine di Eurialo morente?

- [A] Perché non si è accorto della ripetizione.
- [B] Perché vuole sottolineare l'immagine di Eurialo.
- [C] Perché due immagini sono più efficaci di una.
- [D] Perché a Virgilio piacevano i fiori rossi.

b. Che cos'hanno in comune tra loro i due termini di confronto?

....

c. Con questa similitudine Virgilio vuole sottolineare...

- [A] la debolezza di Eurialo, assalito da Volcente.
- [B] l'ingenuità di Eurialo, che muore per nulla.
- [C] la giovane bellezza di Eurialo, stroncata dalla morte.
- [D] la debolezza di Niso, incapace di salvare l'amico.

SCRITTURA

8. **Virgilio attribuisce un grande valore all'amicizia. E tu? Spiega in un breve testo (15 righe) che cosa pensi dell'amicizia, facendo riferimento alla tua personale esperienza.**

Audio
Ascolta
il brano

6. Donne guerriere: la morte di Camilla

Nell'esercito italico schierato da Turno contro Enea si distingue per valore la vergine guerriera Camilla, fiera e coraggiosa come Pentesilea, la regina delle Amàzzoni che avevano combattuto nella guerra di Troia.
La dea Diana sa però che Camilla, a lei molto cara, sta per incontrare la morte: manda dunque a chiamare la ninfa Opi e, dopo averle raccontato la storia della fanciulla, la incarica di scendere sulla terra per vendicare la sua morte.

Arrunte è già destinato a morire perché sarà l'uccisore di Camilla: **Virgilio anticipa** un evento futuro **per creare attesa** nel lettore.

Ed ecco, sacro al destino,
Arrunte con l'asta, con molta arte, precede la rapida
Camilla e la insidia e tenta il momento migliore.
Dovunque si caccia, furente, in mezzo alle mischie la [vergine,
ecco Arrunte che scivola e tacito i passi ne spia;
e se ritorna vincente, o lascia il nemico e indietreggia,
ecco il giovane volta furtivo le docili briglie.
E questi e quest'altri meandri e andirivieni percorre,
avanti e indietro: e squassa l'asta, sicuro, ostinato.

Camilla è distratta da un cavaliere le cui splendide armi scintillano d'oro. Proprio quell'oro attira Camilla, che da bambina non l'aveva mai conosciuto.

Sacro a Cibele[1] un tempo e sacerdote, splendeva
Clòreo lontano, vistoso in frigia[2] armatura.
Spronava schiumante cavallo: lo copriva una pelle
irta di bronzee squame simili a penne, trapunta con oro.
Bello d'esotico turchino e di porpora[3], frecce scagliava
cretesi da licio[4] arco: e d'oro era l'arco
agli omeri appeso, d'oro l'elmetto del vate[5];
le pieghe fruscianti di mussola[6] della clamide crocea[7]
teneva raccolte con fulvo oro in un nodo;
e tunica aveva a ricami e gambiere barbariche.
Questo la vergine, o che armi troiane appender volesse
nel tempio, o per far pompa lei stessa dell'oro predato,
della battaglia fra tutte le mischie, qual cacciatrice,
rincorre lui solo, senza guardarsi[8], per tutte le schiere,
ardendo di brama femmínea per quelle spoglie e la preda.
Ed ecco, l'arma, insidioso, trovato finalmente il momento,
scaglia Arrunte. [...]

Virgilio sottolinea con questi particolari **l'imprudenza di Camilla**, che si lascia attrarre da Cloreo e dalla possibilità di impadronirsi dei suoi bellissimi ornamenti.

1. **Cibele:** sposa di Crono e madre degli dèi, il suo culto era originario della Frigia, la regione in cui sorgeva Troia.
2. **frigia:** troiana (vedi la nota precedente).
3. **Bello d'esotico turchino e di porpora:** Cloreo indossa abiti di colori sgargianti; a Camilla, che non ha mai visto niente di simile, Cloreo deve sembrare molto "esotico" (aggettivo che significa appunto «straniero»).
4. **licio:** della Licia, regione dell'Asia Minore.
5. **vate:** sacerdote. Cloreo era appunto un sacerdote della dea Cibele.
6. **mussola:** tessuto molto fine.
7. **clamide crocea:** mantello giallo.
8. **senza guardarsi:** dimenticando di stare attenta, di guardarsi alle spalle.

E dunque, come scagliata sibilò l'asta in aria,
animi e sguardi febbrili[9] tutti rivolsero
alla regina i suoi Volsci[10]. Ma lei non di soffio,
non di sibilo è accorta[11] o d'arma che corra per l'aria,
finché l'asta, venuta sotto la nuda mammella,
s'infisse, e fonda entrò e bevve sangue virgineo.
Corrono le compagne atterrite, e la sovrana che cade
sostengono. Arrunte fugge, prima di tutti, sgomento,
misto fra la letizia e il timore, né più confida nell'asta,
né ardisce più esporsi della vergine ai colpi.
Ma come, prima che l'armi nemiche lo colgano,
presto, per gli alti monti, fuor d'ogni strada, s'intana[12]
un lupo, che ha ucciso un pastore o un grosso giovenco,
del grave fatto ben conscio; e sotto il ventre la coda
tremante acquatta e già è nascosto tra i boschi;
così, torbido, agli occhi già sottratto s'è Arrunte,
scampare gli basta e in mezzo all'armi si mescola.
Lei con la mano, morendo, vorrebbe strappare la lancia,
ma, ferrea, nell'osso, ferita profonda, nelle coste è la punta.
Così, dissanguata vien meno, si perde, freddo di morte,
l'occhio, han perso le guance il loro colore purpureo.
Allora, spirando, a una coetanea sua, Acca, parla,
quella ch'era, su tutte, la più fedele a Camilla,
con cui divider affanni soleva, e questo le dice:
«Fin qui, Acca, sorella, ho potuto: ma ora la dura ferita
m'uccide e tutto intorno mi si fa nero d'ombra.
Salvati e quest'ultimo avviso porta rapida a Turno:
entri in battaglia e difenda la città dai Troiani.
Addio». Con queste parole abbandonava le redini,
a terra, non di sua voglia, accasciandosi. Già fredda, [si sciolse
in tutto il corpo e languido il collo e il capo
ormai in preda alla morte, posò; e l'armi la lasciano,
e la vita gemendo fugge angosciata fra l'ombre.

(*Eneide*, libro XI, versi 759-784, 799-831, traduzione di Rosa Calzecchi Onesti, Principato, 1983)

Come le Amazzoni, Camilla porta un seno scoperto per poter più agevolmente tirare con l'arco.

Come abbiamo già visto con la morte di Didone, di Eurialo e di Niso, il poeta si sofferma sui particolari, come in una **sequenza al rallentatore**.

bevve
L'immagine della lancia che, trafiggendo Camilla, la uccide è descritta con una **metafora**: la lancia svuota il corpo di Camilla dal sangue, *come se lo bevesse*.

Ma come...
La **similitudine** tra Arrunte e il lupo che scappa con la coda fra le gambe sottolinea la vigliaccheria della sua azione. Come sappiamo, sarà punito per questo.

e la vita...
È una di quelle **espressioni formulari** tipiche dell'epica, che **accompagnano scene "tipiche"** come la morte di un eroe.

9. febbrili: ansiosi.
10. i suoi Volsci: Camilla apparteneva al popolo italico dei Volsci.
11. è accorta: si accorge.
12. s'intana: si nasconde.

COMPRESIONE

1. Chi è Camilla?

....

2. In quale esercito combatte Camilla?

....

....

3. Che cosa risulta fatale per Camilla?

....

....

....

4. Chi è e che cosa fa Arrunte?

....

....

5. Perché Camilla in punto di morte affida a una compagna un messaggio per Turno?

....

....

ANALISI E RIFLESSIONE

6. Al centro dell'episodio ci sono due inseguimenti: chi sono i protagonisti?

....

....

7. Quali caratteristiche tipiche degli eroi possiede Camilla?

....

....

....

....

LESSICO E STILE

8. L'espressione «sacro al destino» (verso 759) riferita ad Arrunte significa...

- A destinato alla gloria.
- B eroe divino.
- C destinato alla morte.
- D protetto dagli dèi.

9. Con l'espressione «ardendo di brama femmínea» (verso 782) il poeta intende dire che...

- A Camilla è una donna focosa.
- B il desiderio di bei vestiti e gioielli è tipico delle donne.
- C la guerra non è fatta per le donne.
- D Camilla è simile a un'Amazzone.

10. Spiega con parole più semplici la frase «si perde, freddo di morte, / l'occhio» (versi 818-819).

....

....

11. Nel verso 826 («entri in battaglia e difenda la città dai Troiani»)...

- A i due verbi sono sinonimi.
- B il soggetto sottinteso dei due verbi è Acca.
- C i due verbi sono al congiuntivo.
- D i due verbi sono uno all'indicativo e uno al congiuntivo.

SCRITTURA

12. Descrivi in un breve testo (15 righe) la figura di Camilla, utilizzando i seguenti aggettivi:

casta – coraggiosa – ardente – incauta – infelice

Per tutti

Audio
Ascolta il brano

Donne guerriere: la morte di Camilla

Arrunte spia le mosse della vergine Camilla

Con la sua lancia Arrunte, destinato alla morte,
spia e insegue di nascosto la veloce Camilla,
aspettando il momento per un colpo a sorpresa.
Dovunque la fanciulla con foga si caccia
in mezzo alla mischia, ecco che Arrunte
silenzioso segue le sue orme; se lei vince uno scontro
e si allontana, lui, di nascosto, volta il cavallo e le va dietro
insomma, di qua e di là le gira sempre intorno,
e scuote la sua lancia, sicuro ed ostinato.

All'improvviso Camilla è attratta da un cavaliere troiano, tutto splendente d'oro

Ma ecco apparire uno splendido guerriero,
vistoso nella sua armatura troiana,
in sella ad un magnifico cavallo
coperto d'una pelle trapunta d'oro,
con squame di bronzo simili a piume: è Cloreo,
sacerdote della dea Cibele. Meraviglioso nella sua veste
rossa e turchina, Cloreo scagliava frecce cretesi
con un arco di Licia, tutto d'oro; anche l'elmo
del sacerdote è d'oro, d'oro è il fermaglio
che stringe le pieghe fruscianti del mantello
di lino giallo; indossa una veste ricamata
e gambali barbarici. La vergine Camilla insegue
lo splendido cavaliere, rincorre in mezzo
alla mischia, fra tanti combattenti, solo lui:
forse vuole quei begli oggetti per offrirli al tempio
o forse vuole adornare se stessa con la preda.
Brucia di un femminile desiderio di averla.

Camilla si distrae e Arrunte la colpisce a morte

Ed ecco Arrunte coglie il momento e scaglia a tradimento l'asta. La lancia vola con un sibilo: i Volsci guardarono tutti angosciati la regina. Lei non si accorse di nulla, né della vibrazione dell'aria né del sibilo dell'asta, finché la punta della lancia penetrò profondamente sotto il seno scoperto, e bevve il sangue della vergine. Corrono atterrite le compagne e sostengono la regina che cade.

Arrunte, dopo aver colpito Camilla, si ritira

Incerto fra la gioia ed il terrore, Arrunte fugge via e non osa più affidarsi alla sua lancia né affrontare Camilla. Come un lupo che – dopo aver ucciso un pastore o un grosso bue – sapendo di averla fatta grossa, fugge sui monti, e, prima che i pastori armati lo raggiungano, si rintana tremante, con la coda tra le gambe; così Arrunte si nasconde, sconvolto, agli occhi dei nemici, confondendosi nella mischia: gli basta essere sano e salvo.

Camilla pronuncia le sue ultime parole e muore

Camilla, morendo, tenta di strappare via la lancia, ma la ferita è profonda, la punta di ferro è saldamente piantata nel suo petto. Perde sangue e le forze; gli occhi si spengono nel gelo della morte, le sue rosee guance impallidiscono. Con l'ultimo respiro Camilla si rivolge ad Acca, la più fedele compagna, con cui era solita condividere i pensieri: «Acca, sorella mia, non ho più forza: mi uccide

la crudele ferita. Tutto, intorno a me, si fa nero.
Salvati e corri da Turno, a portagli l'ultimo messaggio:
entri in battaglia e difenda la città dai Troiani.
Addio». Mentre parla, abbandona le redini
e, senza accorgersi, scivola a terra. Già fredde,
le membra si abbandonano, la testa si piega nella morte
sul collo senza forza; le armi cadono al suolo.
Piangendo di dolore, la sua vita fugge via fra le ombre.

(parafrasi di Catia Gusmini)

1. **Chi è Camilla?**

....

2. **Qual è la causa della morte di Camilla?**

....

....

3. **Che cosa succede ad Arrunte?**

- ☐ Ucciderà Camilla e si impadronirà delle sue armi.
- ☐ Salverà Camilla e la riporterà dal padre Metabo.
- ☐ Ucciderà Camilla e scapperà.
- ☐ Ucciderà Camilla e diventerà sacerdote della dea Diana.

Audio
Ascolta il brano

7. Il duello finale tra Enea e Turno

Turno, re dei Rutuli e capo dell'esercito nemico dei Troiani, affronta Enea in un duello che dovrà decidere le sorti della guerra. In realtà, il Fato ha già deciso che Turno venga sconfitto e ucciso, e che Enea, sposando Lavinia, dia origine a una nuova stirpe, dalla quale discenderà il popolo romano.
Quando è ormai in ginocchio, Turno supplica Enea di risparmiarlo; il pio Enea ha un attimo di esitazione, ma poi, scorgendo il cinturone che Turno aveva strappato al giovane Pallante alleato dei Troiani, vibra al nemico il colpo mortale.
Con la morte di Turno si chiude l'*Eneide*.

E come in sogno, di notte, quando una languida quiete
grava sugli occhi[1], ci sembra di voler inutilmente
[intraprendere
avide[2] corse, e durante il tentativo cadiamo sfiniti;
la lingua impotente[3], le forze consuete del corpo
svaniscono, e non escono voce o parole:
così a Turno, con qualunque sforzo tenti la via,
l'orribile dea[4] nega il successo. Allora volge
nel cuore sentimenti diversi; guarda i Rutuli e la città,
e indugia nel timore, e trema all'arrivo del colpo;
non sa dove scampare, come assalire il nemico,
e non vede in nessun luogo il carro e la sorella[5] auriga[6].
Mentre esitava, Enea brandisce l'asta fatale,
calcolando la sorte con gli occhi[7], e la vibra da lontano
con lo slancio di tutto il corpo. Non rombano mai
così le pietre scagliate da una macchina murale[8],
o col fulmine scoppiano simili tuoni. L'asta vola a guisa
di nero turbine[9], portando sinistra[10] rovina, e squarcia
l'orlo della corazza, e l'ultimo cerchio del settemplice[11]
[scudo.
Trapassa stridendo la coscia. Il grande Turno
cadde in terra, colpito, con le ginocchia piegate.
Balzano con un grido i Rutuli, e tutto rimbomba

E come in sogno... La **similitudine** è evidentemente ripresa da Omero.

Nel duello finale descritto da Virgilio è evidente **la ripresa di Omero**: il riferimento è al **duello fra Ettore e Achille**...

...con la differenza che **i ruoli sono rovesciati**: Turno, il nemico di Enea, si identifica con il troiano Ettore, mentre il **troiano Enea assume le caratteristiche di Achille**, suo nemico nella guerra di Troia.

Non rombano... Due **similitudini** sottolineano lo slancio di Enea mentre con forza sovrumana vibra il colpo fatale a Turno.

1. **una languida quiete grava sugli occhi:** il sonno che toglie le forze fa chiudere gli occhi.
2. **avide:** affannose.
3. **la lingua impotente:** nel sogno non riusciamo a parlare.
4. **l'orribile dea:** l'orribile dea è la Furia, una divinità infernale mandata da Giove a spaventare Turno.
5. **la sorella:** si tratta della ninfa Giuturna, che gli era stata accanto fino a poco prima, quando Giove le aveva ordinato di allontanarsi. Qualcosa di simile si trova nell'*Iliade*: fino a poco prima di morire Ettore aveva creduto di avere accanto a sé il fratello Deifobo.
6. **auriga:** Giuturna aveva preso le sembianze dell'auriga di Turno; l'auriga guidava il carro da guerra di un eroe.
7. **calcolando la sorte con gli occhi:** cercando con lo sguardo il punto in cui colpire.
8. **una macchina murale:** una catapulta; era una delle macchine da guerra che servivano durante gli assedi delle città.
9. **a guisa di nero turbine:** come una cupa tempesta.
10. **sinistra:** terribile, mortale.
11. **settemplice:** a sette strati. Lo scudo di Turno è molto robusto, ma il violentissimo colpo di Enea riesce a trapassarlo.

il monte d'intorno, e ampiamente i profondi boschi [riecheggiano.
Egli da terra, supplice, protendendo lo sguardo e la destra
implorante: «L'ho meritato» disse «e non me ne dolgo;
profitta della tua fortuna; tuttavia, se il pensiero d'un [padre
infelice ti tocchi, prego – anche tu avesti un padre,
Anchise –, pietà della vecchiaia di Dauno[12],
e rendi me, o se vuoi le membra prive di vita,
ai miei. Hai vinto e gli Ausonî[13] mi videro sconfitto
tendere le mani; ora Lavinia[14] è tua sposa;
non procedere oltre con gli odii». Ristette fiero nell'armi
Enea, volgendo gli occhi, e trattenne la destra;
sempre di più il discorso cominciava a piegarlo
e a farlo esitare, quando al sommo della spalla
apparve l'infausto balteo e rifulsero le cinghie dalle [note borchie[15]
del giovane Pallante, che Turno aveva vinto e abbattuto
con una ferita, e portava sulle spalle il trofeo nemico.
Egli, fissato con gli occhi il ricordo del crudele dolore,
e la preda, arso dalla furia, e terribile
nell'ira: «Tu, vestito delle spoglie dei miei,
vorresti sfuggirmi? Pallante con questa ferita,
Pallante t'immola, e si vendica sul sangue scellerato».
Dicendo così, egli affonda furioso il ferro in pieno petto;
a quello le membra si sciolgono nel gelo,
e la vita con un gemito fugge sdegnosa tra le ombre.

(da *Eneide*, libro XII, vv. 896-952, traduzione di L. Canali, cit.)

Come aveva fatto **Ettore** con Achille, **Turno prega Enea di restituire il suo corpo** ai familiari.

Diversamente da Achille, Enea, che **è un eroe pio**, sta per cedere alla richiesta di Turno...

...ma il cinturone del giovane Pallante ricorda a Enea la crudeltà di Turno e l'impegno preso con Evandro di vendicarne il figlio: questo provoca l'**ira funesta dell'eroe troiano**.

L'uccisione di Turno viene presentata **non** come **un atto di crudeltà** da parte di Enea **ma** come **la giusta vendetta** da parte di Pallante.

12. Dauno: è il padre di Turno.
13. gli Ausonî: popoli italici.
14. Lavinia: la figlia del re Latino, che sarà la sposa del vincitore del duello, a questo punto di Enea.
15. l'infausto balteo... borchie: il cinturone strappato a Pallante è fatale.

MESSA A FUOCO

Guerra e pace

Il tema della guerra domina la seconda parte dell'*Eneide* e merita da parte dei lettori di Virgilio un'attenta riflessione.
La composizione del poema avviene in un'epoca – l'età augustea – pervasa dal **sollievo per la pace finalmente ritrovata dopo le guerre civili**, e dal desiderio di diffondere questa pace, conquistata da Augusto, nel mondo. Tuttavia, la celebrazione della pace nella politica e nella propaganda di Augusto – che ha il suo monumento nell'***Ara Pacis***, l'Altare della pace realizzato nel Campo Marzio tra il 13 e il 9 a.C. – **non può cancellare il ricordo di tutto il dolore e la morte** che hanno reso possibile quella pace.
Per questo motivo **Virgilio, raccontando la guerra, sceglie il punto di vista dei vinti e degli sconfitti** e i momenti di più alta intensità poetica sono riservati ai giovani che una morte ingiusta e precoce strappa alla vita e all'amore dei genitori: Eurialo e Niso, Pallante, Lauso, Camilla.
Anche nella descrizione del duello finale non mancano i segni di questa riflessione sui costi della pace; per questo l'***Eneide* si chiude con la parola «ombre», sottolineando non la vittoria dell'eroe protagonista, ma il dolore del vinto**.

COMPRENSIONE

1. Chi è Turno? Perché si trova ad affrontare in duello Enea?

....

....

....

....

2. Che cosa chiede Turno a Enea?

- A Di andarsene dall'Italia.
- B Di lasciargli in sposa Lavinia.
- C Di diventare re degli Ausonî.
- D Di restituire il suo corpo ai parenti.

3. Come si conclude l'episodio? E il poema?

....

....

ANALISI E RIFLESSIONE

4. Enea è combattuto fra due sentimenti contrastanti: quali?

....

....

5. Enea è stato presentato fin dall'inizio come un eroe pio, rispettoso degli dèi e leale, ma in questo episodio conclusivo appare spietato, assai simile al crudele Achille protagonista dell'*Iliade*. Come si spiega, secondo te, questo cambiamento?

- A Enea è diventato più crudele a causa della guerra contro i popoli italici.
- B Enea è sempre stato crudele, fin dai tempi della guerra di Troia.
- C Enea deve mostrarsi crudele con Turno, altrimenti nessuno lo rispetterà più.
- D Enea sceglie di essere leale con chi lo ha aiutato nella guerra.

6. Il poema si chiude in modo assai cupo: l'asta scagliata da Enea colpisce come una tempesta di lampi e tuoni, che porta rovina. Questa immagine può simboleggiare...

- A la potenza dell'impero romano.
- B la potenza del popolo troiano.
- C la crudeltà del popolo troiano.
- D la crudeltà della guerra.

LESSICO E STILE

7. Nella descrizione del colpo di lancia vibrato da Enea e delle sue conseguenze dominano gli effetti di suono: sottolineali nel testo e trascrivili qui di seguito.

Il colpo produce un suono simile al rombo ...

1. ....

....

2. ....

Mentre trafigge la coscia di Turno, la lancia

....

Quando vedono Turno cadere, i Rutuli

....

Il monte intorno ....

I boschi ....

SCRITTURA

8. Virgilio ha dichiarato fin dal proemio dell'*Eneide* di volersi ispirare a Omero: in quale, tra gli episodi che hai letto, ti sembra che Virgilio si sia avvicinato di più al poeta greco?

9. Il poema si apre con la parola "Armi" e si chiude con "ombre": la guerra dunque non porta solo gloria ma anche, e soprattutto, dolore: tu che cosa ne pensi? Discutetene in classe con l'insegnante.

LINGUAGGI VISIVI

Il fascino dell'eroe epico

L'epica ha sempre esercitato un fascino straordinario fin dall'antichità, come dimostrano infiniti esempi nella storia dell'arte greca e romana.

Commiato di Ettore da Andromaca e dal figlio Astianatte, 370-360 a.C., Ruvo di Puglia, Museo archeologico nazionale, Jatta.

Gruppo di Polifemo (compia romana), I secolo d.C. Sperlonga, Museo Archeologico Nazionale.

■ Più di quattro secoli dopo Omero, un anonimo pittore ha rappresentato Ettore con Andromaca con il piccolo Astianatte;

■ al I secolo d.C. risale il monumentale *Accecamento del ciclope Polifemo*, che ornava la villa dell'imperatore Tiberio a Sperlonga (Latina) insieme ad altri gruppi marmorei incentrati sulla vicenda di Ulisse.

■ **Eroi epici** come Achille, Ettore, Ulisse ed Enea erano – e continuano ad essere – affascinanti perché incarnano **virtù degne di ammirazione**: sono nobili e forti, coraggiosi e intelligenti, e un vivo desiderio di gloria li spinge a compiere **imprese eccezionali**, degne di essere ricordate per sempre.

■ Anche un uomo straordinario come Alessandro Magno sentì profondamente il fascino dell'epica e dei suoi eroi.
Sappiamo dalle fonti storiche che egli, durante la lunga e avventurosa campagna di conquista dell'Asia, non si separava mai da due oggetti: il pugnale e una copia dell'*Iliade*. Anzi, il primo gesto che il re macedone compì prima di iniziare quella campagna in Asia fu di rendere omaggio nella Troade ad Achille, il suo 'mito', visitando quella che si credeva fosse la tomba dell'eroe acheo.
Di ideali eroici era a tal punto imbevuta la sua vita, che Alessandro sarebbe diventato agli occhi del mondo una figura quasi divina, e la sua breve vita si sarebbe trasformata in un mito immortale.

Giovanni Paolo Panini, *Alessandro Magno visita la tomba di Achille*, 1719, Roma, Galleria dell'Accademia nazionale di San Luca.

Brad Pitt interpreta Achille nel film *Troy*, diretto da Wolfgang Petersen, 2004.

E oggi? Quale fascino possono esercitare **gli eroi dell'epica antica**?
Se è vero che, come abbiamo già visto nell'approfondimento di pag. 62, la società moderna ha costruito nuovi 'miti' (quello del denaro, ad esempio) e ha identificato nuovi 'eroi' ai quali ispirarsi, assai diversi da quelli dell'epica antica, questi ultimi continuano ad affascinare per la loro eccezionalità.
Gli eroi epici sono diversi, lontani da noi, e proprio per questa ragione ci consentono di sognare imprese impossibili perché fuori dal tempo, soprattutto dal nostro tempo.

La locandina con il cast del film *Alexander*, diretto da Oliver Stone, 2004.

A volte succede anche che questi eroi tornino a vivere, grazie alla magia del **cinema**, e assumano il volto di attori famosi: e allora il piacere aumenta, perché al fascino di eroi e leggende lontane aggiungiamo quello dei miti di oggi, vicini a noi, in un irresistibile mix di antico e moderno.

VERIFICA FORMATIVA

Audio
Ascolta
il brano

Leggi con attenzione il brano, poi svolgi gli esercizi.

Enea uccide il giovane Lauso

(*Eneide*, libro X, versi 791-830)

Enea, sconvolto dall'uccisione del giovane Pallante a opera di Turno, cerca quest'ultimo per ucciderlo ma Giunone, che protegge il re dei Rutuli, riesce a sottrarlo alla battaglia. Incontro a Enea avanza allora l'etrusco Mezenzio, che era stato cacciato in esilio insieme al figlio Lauso. Confidando nelle sue sole forze, Mezenzio vibra il suo colpo contro Enea, che risponde ferendolo.
Allora il giovane Lauso accorre in aiuto del padre e gli subentra nel duello con Enea.

Qui io non tacerò l'amaro evento
della tua dura morte e le tue gesta
ardimentose[1], o giovinetto, degno
di ricordo fra i posteri, se questi
vorranno prestar fede a tale impresa.
Trascinandosi indietro, indebolito
ed incerto, Mezènzio si allontana,
cercando di strappare dallo scudo
l'asta nemica . Il giovane si lancia
fra i combattenti e mentre Enea solleva
il braccio per infliggere a suo padre
la ferita mortale, si fa sotto
e gli blocca la spada. I suoi compagni
con altissime grida lo assecondano,
perché il padre, protetto dallo scudo
del figlio, possa ritirarsi, e intanto
scagliano da lontano picche[2] e frecce,
respingendo il nemico. Enea si turba,
ma si tiene coperto, e come a volte
crollano i nembi[3] con grande tempesta
e tutti gli aratori e i contadini
fuggono via dai campi, ed il viandante
corre a cercarsi un rifugio sicuro
lungo il ciglio d'un fiume o sotto l'arco
di un'alta rupe, e lì ciascuno aspetta
che la pioggia finisca, per riprendere,
col ritorno del sole, il suo lavoro,
così, sommerso da quella gragnuòla[4]
di proiettili, Enea regge la furia
dell'assalto, aspettando che il ciclone

sia del tutto passato, e grida a Lauso,
e lo minaccia: «Dove corri a morte,
osando più delle tue forze? Audace,
la tua pietà filiale[5] ti tradisce!».
Ma quello, ancora più esaltato, insiste,
rendendo più selvaggia e più profonda
la rabbia del Troiano; e già le Parche
filano a Lauso l'ultimo suo stame[6].
Brandita, infatti, la sua forte spada,
Enea l'affonda nel corpo di lui,
immergendola tutta, sino all'elsa[7].
La punta prima trapassa lo scudo,
arma troppo leggera a quell'ardito,
poi la veste, trapunta dalla madre
con oro fino, e finalmente inonda
il suo petto di sangue: mestamente
fugge allora la vita per i lievi
soffi dell'aria, abbandonando il corpo,
verso il regno dei morti. L'Anchisìade[8],
nel vedere lo sguardo del morente
ed il suo volto stranamente smunto,
s'impietosisce e piange amare lacrime,
poi, tesagli la mano, con negli occhi
la commovente immagine paterna:
«Che dono, o miserando giovinetto,
potrà darti il pio Enea per le tue gesta,
che sia degno di un cuore così grande?
Tieniti le tue armi, di cui tanto
ti rallegravi. Ti restituisco
alle ceneri e all'ombre dei tuoi avi,
se ti curi di ciò. Ma questo almeno
nella tua triste morte ti consoli:
cadi per mano del glorioso Enea».

(traduzione a cura di Mario Scaffidi Abbate, Newton Compton, 2005)

1. **ardimentose:** audaci e coraggiose.
2. **picche:** lance.
3. **crollano i nembi:**
4. **gragnuòla:** grandine.
5. **la tua pietà filiale:** il tuo amore di figlio per il padre.
6. **le Parche... stame:** le Parche, le divinità del destino immaginate come filatrici, raccolgono, prima di tagliarli, gli ultimi fili della vita di Lauso.
7. **l'elsa:** l'impugnatura della spada.
8. **L'Anchisiade:** il figlio di Anchise, cioè Enea.

VERIFICA FORMATIVA

1. **Il libro X dell'*Eneide*, da cui è tratto il brano che hai appena letto...**
(1 punto per il completamento corretto)

A si trova esattamente a metà del poema.
B si trova nella seconda parte del poema.
C è inserito nel racconto di Enea a Didone.
D anticipa gli sviluppi futuri della vicenda.

punti ..../1

2. **La vicenda di Enea raccontata nell'*Eneide*, rispetto alla guerra di Troia...**
(1 punto per il completamento corretto)

A precede la partenza degli Achei per Troia.
B precede la conquista di Troia.
C segue la conquista di Troia.
D segue la fondazione di Roma.

punti ..../1

3. **Virgilio nell'*Eneide* prende come modello i poemi omerici...**
(1 punto per il completamento corretto)

A nella prima parte l'*Odissea*, nella seconda l'*Iliade*.
B solo nella prima parte, ispirata all'*Iliade*.
C nella prima parte l'*Iliade*, nella seconda l'*Odissea*.
D solo nella seconda parte, ispirata all'*Iliade*.

punti ..../1

4. **Metti in ordine cronologico i seguenti episodi dell'*Eneide*.**
(1 punto per ogni indicazione corretta)

.... La morte di Lauso
.... Una tempesta getta Enea sulle coste di Cartagine
.... Eurialo e Niso
.... Enea perde Creùsa
.... Il duello fra Enea e Turno
.... Enea racconta a Didone l'inganno del cavallo
.... La morte di Didone

punti ..../7

5. **Il termine "Anchisìade" (verso 49) è...**
(1 punto per il completamento corretto)

A una metafora.
B un patronimico.
C una similitudine.
D un *flashback*.

punti ..../1

6. **Enea, al verso 63, si riferisce a se stesso usando l'aggettivo "glorioso". Ti ricordi quale epiteto Virgilio usa nel proemio dell'*Eneide* per definire il carattere dell'eroe?**
(1 punto per la risposta corretta)

....

punti ..../1

7. **Per descrivere il momento della morte di Lauso Virgilio usa la seguente espressione: «mestamente / fugge allora la vita per i lievi / soffi dell'aria, abbandonando il corpo, / verso il regno dei morti» (versi 46-49). Questa espressione, presente in altri episodi dell'*Eneide* e ripresa da Omero, rappresenta...**
(1 punto per il completamento corretto)

A un epiteto.
B una formula epica.
C una similitudine.
D una metafora.

punti ..../1

8. **Trova l'espressione che corrisponde per il significato alla metafora del ciclone (verso 30).**
(2 punti per la risposta corretta)

....

punti ..../2

9. **Che cosa intende dire Enea con la frase «Ma questo almeno / nella tua triste**

morte ti consoli: / cadi per mano del glorioso Enea» (versi 61-63)?
(2 punti per la risposta corretta)

- A Il giovane Lauso è morto da eroe, combattendo contro un nemico valoroso.
- B Lauso è morto troppo giovane e non potrà mai più diventare un eroe.
- C Lauso non era in grado di affrontare un eroe glorioso come Enea.
- D È un motivo di gloria per Enea aver ucciso il giovane Lauso.

punti ..../2

10. In questo brano Enea è presentato non solo come un guerriero forte e glorioso, ma soprattutto come un uomo sensibile, capace di provare pietà per il dolore degli altri, di "mettersi nei loro panni", anche se sono nemici.
Quali elementi nel brano ci fanno capire questo?
(6 punti per la risposta completa e corretta)

....
....
....
....
....
....
....
....
....
....
....

punti ..../6

11. Nell'*Eneide* torna più volte il tema della morte dei giovani: facendo riferimento ai brani che hai letto, descrivi in un testo di 20 righe come viene trattato questo tema.
(10 punti per l'elaborato adeguatamente svolto)

punti ..../10

AUTOVALUTAZIONE

Punteggio ottenuto: ..../33 (livello di sufficienza: 22/33)

- Ho trovato difficoltà nella comprensione del testo: ☐ sì ☐ no
- Le difficoltà che ho incontrato si riferiscono:
  ☐ alla comprensione dei fatti narrati ☐ alla comprensione del linguaggio
  ☐ alla conoscenza della trama dell'*Eneide* ☐ alla conoscenza del genere epico
- Il brano dell'*Eneide* che mi è piaciuto di più è:
  ....
- I brani dell'*Eneide* che ho letto in questa Unità mi hanno interessato:
  ☐ molto ☐ abbastanza ☐ poco ☐ per nulla
- Ritengo che la mia preparazione sia complessivamente:
  ☐ buona ☐ discreta ☐ sufficiente ☐ scarsa

VERIFICA SOMMATIVA UNITÀ 2

1. Nell'elenco che segue barra con una crocetta le caratteristiche generali dell'epica classica (sono 3).
(1 punto per ogni scelta corretta)

- A È una narrazione in versi.
- B Racconta le vicende di uomini comuni.
- C Nasce sempre in forma scritta.
- D Ruota intorno a un solo personaggio.
- E Racconta le vicende di eroi di un lontano passato.
- F Non parla di viaggi in terre lontane.
- G Gli dèi sono assenti dalla vicenda.
- H È un tipo di narrazione presente in epoche e luoghi molto diversi.

punti ..../3

2. La 'questione omerica' è...
(1 punto per il completamento corretto)

- A la scoperta archeologica dell'antica Troia.
- B il dibattito intorno alla composizione dei poemi omerici.
- C il racconto della vita di Omero.
- D un'introduzione ai poemi di Omero.

punti ..../1

3. L'*Eneide*...
(1 punto per il completamento corretto)

- A fu composta da un autore a noi ignoto.
- B fu composta da Omero.
- C fu tradotta da Omero.
- D fu composta da Virgilio.

punti ..../1

4. Caccia all'intruso! Quale episodio non compare nell'*Iliade*?
(1 punto per l'individuazione corretta)

- A La lite fra Achille e Agamennone.
- B La morte di Patroclo.
- C La morte di Ettore.
- D La distruzione di Troia.

punti ..../1

5. Caccia all'intruso! Quale episodio non compare nell'*Odissea*?
(1 punto per l'individuazione corretta)

- A L'inganno del cavallo.
- B L'accecamento del Ciclope.
- C La morte di Odisseo.
- D La strage dei Proci.

punti ..../1

6. Caccia all'intruso! Quale episodio non compare nell'*Eneide*?
(1 punto per l'individuazione corretta)

- A L'inganno del cavallo.
- B La morte di Enea.
- C La morte di Didone.
- D Il duello fra Enea e Turno.

punti ..../1

ILIADE - LETTURA

Leggi questo brano tratto dall'*Iliade* e svolgi gli esercizi.

«Ma tuttavia acconsento a ridarla, se questo è il meglio;
voglio che si salvi il mio popolo e non sia perduto:
ma preparate presto per me un altro premio, che non sia il solo
tra i Greci a restarne privo, non sarebbe giusto.
Lo vedete tutti che il mio premio se ne va altrove».
E a lui così rispose il nobile, veloce Achille:
«Gloriosissimo Atride, fra tutti il più avido,
come faranno a darti un premio i magnanimi Achei?
Non abbiamo da parte molti beni comuni:
la preda delle città devastate è già stata spartita,

e non può essere che i soldati tornino a metterla insieme.
Ma tu questa donna rendila al dio, e noi Greci
te la ripagheremo tre o quattro volte, se Zeus
ci concede di saccheggiare Troia dalle belle mura».

7. Chi è l'*Atride* a cui si rivolge Achille?
(1 punto per la risposta corretta)

....

punti ..../1

8. Chi sono la donna e il dio di cui parla Achille (verso 127)?
(1 punto per la risposta corretta)

....

punti ..../1

9. Dove compare questo episodio?
(1 punto per la risposta corretta)

- A All'inizio del poema.
- B Alla fine del poema.
- C Dopo il duello fra Achille ed Ettore.
- D Dopo la morte di Patroclo.

punti ..../1

10. Nell'ultimo verso l'espressione «dalle belle mura» è...
(2 punti per il completamento corretto)

- A una similitudine.
- B una metafora.
- C un epiteto.
- D un insulto.

punti ..../2

11. Al verso 125 la parola «spartita» significa...
(1 punto per il completamento corretto)

- A sparita
- B divisa
- C tolta
- D messa in comune

punti ..../1

SCRITTURA

12. Completa la parafrasi dei versi 121-129. **(1 punto per ogni completamento corretto)**

Allora il nobile, veloce Achille .... : «O Agamennone figlio di ...., che sei molto potente ma sei anche il più avido di tutti, come faranno i nobili Achei a darti un premio degno di te? Del bottino comune non c'è rimasto molto: quello preso dopo aver distrutto le città è già stato .... che i soldati restituiscano la loro parte perché si faccia una nuova spartizione dei beni.
Quindi tu devi .... questa donna al dio, e noi ti daremo in cambio un dono molto più prezioso, se riusciremo a conquistare e saccheggiare la città di Troia».

punti ..../4

ODISSEA - LETTURA

Leggi questo brano tratto dall'*Odissea* e svolgi gli esercizi.

Disse, e gridò alle ancelle bei riccioli:
«Fermatevi ancelle: dove fuggite alla vista d'un uomo?
Forse un nemico credete che sia?
Non esiste uomo vivente, né mai potrà esistere,
che arrivi al paese delle genti feace

portando guerra: perché noi siamo molto cari agli dèi.
Viviamo in disparte, nel mare flutti infiniti,
lontani, e nessuno viene fra noi degli altri mortali.
Ma questi è un misero naufrago, che c'è capitato,
e dobbiamo curarcene: vengono tutti da Zeus
gli ospiti e i poveri; e un dono, anche piccolo, è caro.
Via, date all'ospite, ancelle, da mangiare e da bere,
e nel fiume lavatelo, dov'è riparo dal vento».

13. Chi è il personaggio che parla alle ancelle?
(1 punto per la risposta corretta)

....

punti ..../1

14. Perché nessun nemico può giungere alla terra dei Feaci?
(2 punti per la risposta corretta)

....

....

punti ..../2

15. Chi è l'ospite che viene accolto?
(1 punto per la risposta corretta)

....

....

punti ..../1

16. L'espressione «bei riccioli» riferita alle ancelle è...
(1 punto per il completamento corretto)

A una similitudine.
B una metafora.
C un epiteto.
D un complemento di qualità.

punti ..../1

17. Al verso 204 l'espressione «in disparte» significa...
(1 punto per il completamento corretto)

A in un luogo sconosciuto.
B in un luogo diviso in parti.
C in un luogo disabitato.
D in un luogo isolato.

punti ..../1

SCRITTURA

18. Nel brano dell'*Odissea* che hai letto si parla del valore dell'ospitalità: prova a spiegare con parole tue perché per Nausicaa e i Feaci accogliere uno straniero sia un dovere morale.

punti ..../3

19. E tu che cosa pensi del dovere di accogliere *gli ospiti e i poveri*? Discutine con i compagni e riassumi in un breve testo le opinioni espresse.

punti ..../4

ENEIDE - LETTURA

Leggi questo brano tratto dall'*Eneide* e svolgi gli esercizi.

Lui nulla, non ascolta le mie inutili domande,
ma traendo con angoscia dal profondo del cuore un gemito:
«Oh fuggi, figlio di Venere, stràppati da queste fiamme.
Il nemico è dentro le mura e Troia precipita dalla vetta.
Anche troppo fu dato alla patria, a Priamo: se un braccio

avesse potuto difenderla, il mio l'avrebbe difesa.
Troia ti affida le sue sacre icone, i suoi Penati:
prendili compagni alla tua sorte e a loro destina
quelle mura che fonderai più grandi, traversato il mare».
Così disse e con le sue mani dal segreto del sacrario
mi porse le bende, la grande Vesta e il fuoco eterno.

20. **Chi è il «figlio di Venere» che deve fuggire dalla patria?**
(1 punto per la risposta corretta)

....

punti ..../1

21. **In questo brano...**
(1 punto per il completamento corretto)

A Achille affida a Ettore una missione.
B Ettore affida a Enea una missione.
C Enea sogna di essere come Ettore.
D Enea vede i nemici distruggere la città.

punti ..../1

22. **Che cosa deve fare l'eroe?**
(2 punti per la risposta corretta)

....

....

....

punti ..../2

23. **Spiega l'espressione «Troia ti affida le sue sacre icone, i suoi Penati».**
(2 punti per la risposta corretta)

....

....

....

punti ..../2

SCRITTURA

24. **Nell'immagine che trovi a pag. 219 si vede Enea che porta sulle spalle il vecchio padre Anchise con le sacre immagini dei Penati e tiene per mano il figlioletto Ascanio: sono dunque rappresentate tre generazioni: spiega il perché.**
(2 punti per la risposta corretta)

punti ..../4

AUTOVALUTAZIONE

Punteggio ottenuto: ..../41 (livello di sufficienza: 29/41)

- Ho trovato difficoltà nella comprensione del testo: ☐ sì ☐ no
- Le difficoltà che ho incontrato si riferiscono:
  ☐ alla comprensione dei fatti narrati ☐ alla comprensione del linguaggio
  ☐ alla conoscenza dei poemi di Omero e Virgilio ☐ alla conoscenza del genere epico
- Fra i poemi classici mi ha interessato di più:
  ☐ l'*Iliade* ☐ l'*Odissea* ☐ l'*Eneide* ☐ nessuno dei tre poemi

  Spiega perché:

  ....
- Ritengo che la mia preparazione sia complessivamente:
  ☐ buona ☐ discreta ☐ sufficiente ☐ scarsa

Unità 3
L'epica medievale

Lezione Carte-gioco Bacheca

PERCHÉ LEGGERE L'EPICA MEDIEVALE?

«Nelle antiche leggende son narrate cose stupende, / di guerrieri famosi, imprese immense»: inizia così il poema *I Nibelunghi*, con la promessa di raccontare al pubblico storie di un antico passato, incentrate sulle **stupefacenti avventure di eroi leggendari**.

Ben oltre i limiti cronologici del mondo eroico immaginato dagli autori 'classici' Omero e Virgilio, l'epica ha, come vedremo, continuato **anche nel Medioevo** a stimolare la fantasia di autori e pubblico intorno a temi avvincenti come la guerra e l'avventura.

Protagonisti di questa nuova stagione dell'epica sono i **cavalieri**, che, muovendosi spesso a metà strada fra storia e leggenda, hanno contribuito a rinnovare e, insieme, a tramandare, il mito dell'eroe senza macchia e senza paura.

La battaglia di Roncisvalle, miniatura de *Les Grands Chroniques de France*, 1335-1340, British Library, Londra.

CHE COS'È l'epica medievale

Dal mondo classico al Medioevo

Come abbiamo visto nell'Unità precedente, **l'epica classica narra e celebra le imprese degli eroi e conserva la memoria delle vicende più significative di un popolo**: un chiaro esempio è rappresentato dall'*Eneide*, attraverso la quale Virgilio ricostruisce le origini mitiche della civiltà romana.
Nel passaggio dall'Antichità al Medioevo, con la caduta dell'Impero romano d'Occidente (476 d.C.), l'Europa e le regioni in cui si era diffusa la cultura greco-romana subirono **profondi mutamenti** a causa dell'**arrivo di popolazioni barbariche**.
A dare un assetto nuovo alla civiltà dell'Europa contribuirono anche altri fattori: l'**espansione della civiltà araba** e il **feudalesimo**.

Il Medioevo, un'epoca di profondi cambiamenti

Con Carlo Magno si consolidò il **feudalesimo**, un sistema politico e sociale in cui i vasti domini dell'Impero venivano suddivisi in territori (**feudi**) affidati dall'imperatore a dei **vassalli**, i quali amministravano quei territori in cambio della fedeltà al sovrano, dell'aiuto in guerra e della partecipazione alle riunioni di corte.
Proprio sul **rapporto di fedeltà** e sull'**onore** si fondava la **civiltà 'cortese', cioè della corte**: un mondo per molti aspetti **colto e raffinato**, basato su valori sostanzialmente 'laici', anche se influenzati da una visione cristiana della vita.

Un'epica nuova per la nuova Europa

In questo quadro di continue e profonde trasformazioni fiorì in Europa, **tra i secoli XI e XII**, una **letteratura** che si esprimeva **in volgare**, cioè nella «lingua parlata dal volgo», dal popolo: a partire dall'XI secolo **il volgare fu utilizzato per mettere per iscritto canti epici** che fino ad allora erano stati **tramandati oralmente**.
Il genere epico portava con sé **elementi sia di continuità** con il passato **sia di novità**: infatti, da un lato **riprendeva i valori celebrati dalla tradizione classica greco-romana** – valore militare, intelligenza e nobiltà d'animo – e ancora attuali, dall'altro **interpretava quei valori in modo nuovo**, alla luce di una visione cristiana dell'esistenza e valorizzando le antiche tradizioni dei popoli barbarici.
Protagonisti di questo nuovo genere di epica sono **i cavalieri**: per questo parliamo anche di **epica cavalleresca**.

L'epica delle «canzoni di gesta»

L'epica cavalleresca, che **ha in Francia il suo epicentro**, narra le vicende passate di un popolo e le gesta dei suoi eroi, prendendo **spunto da fatti reali**, ma circondandoli di un alone di leggenda. Essa comprende **opere**

Incoronazione di Carlo Magno, miniatura del XIV secolo, Biblioteca Nazionale, Parigi.

composte **sia in versi** (soprattutto nella fase più antica, in cui la diffusione dei testi era prevalentemente orale), **sia in prosa** (più adatta alla lettura).
La forma prevalente di queste opere è la **«canzone di gesta»**, ossia un **poema che celebra in versi le imprese** compiute da sovrani e nobili feudatari.
La «canzone di gesta» riprende i temi della poesia epica antica e, ispirandosi a quella, mette al centro della narrazione la figura dell'**eroe protagonista**, calandolo però nel mutato contesto storico: **il cavaliere**, infatti, **eroe leale** e coraggioso fino alla morte, mette il suo **onore al servizio del sovrano** e, animato dalla **fede cristiana**, lotta per essa contro gli assalti dei suoi nemici, conquistandosi una gloria immortale.
Le principali «canzoni di gesta» sono:

- la ***Chanson de Roland***, ovvero la *Canzone di Rolando* (*o Orlando*), composta nella seconda metà dell'XI secolo, che **narra le gesta di Orlando**, valoroso paladino di Carlo Magno morto nella battaglia di Roncisvalle (778);
- il ***Cantar de mio Cid***, ovvero il *Cantare del Cid*, composto intorno al 1140, che **celebra l'eroe** della *Reconquista* Rodrigo Díaz de Vivar (1043-1099), soprannominato ***Cid Campeador*** (ossia «campione di battaglie»).

Diverso per certi aspetti è **il *Canto delle gesta di Igor***, composto intorno alla fine del XII secolo: infatti, la narrazione della fallita campagna militare del principe Igor contro la popolazione nomade dei Cumani non riguarda, come accade di solito nell'epica, avvenimenti di un lontano passato; inoltre, le motivazioni della guerra non sono religiose, bensì economiche e territoriali.

Un discorso a parte meritano anche altri **poemi epici del Nord Europa**, i quali danno ampio spazio a leggende nordiche ricche di elementi fantastici.

Tra questi poemi ricordiamo:

- il ***Beowulf***, il più antico (X secolo) poema in lingua anglosassone, la cui vicenda è basata sul tema della lotta fra l'eroe, dotato di una forza sovrumana, e varie creature mostruose (tra le quali un gigante sanguinario e un drago);
- il ***Canto dei Nibelunghi***, composto intorno al 1200 in antico tedesco, che esalta il mito barbarico della forza attraverso le vicende di **Sigfrido**; diversamente dalle canzoni di gesta, l'eroe non lotta in difesa della fede, ma contro le forze oscure del Male.

I 'cicli' nell'epica medievale

Come abbiamo visto per l'epica classica – dove più poemi si ricollegano alla stessa vicenda – anche per l'epica medievale si può parlare di 'cicli', ossia di **opere riferibili alla stessa 'materia'**.

Il più importante di questi cicli è il **ciclo carolingio**, **incentrato su Carlo Magno** e sulle gesta dei suoi **paladini**: l'opera più importante di questo ciclo è la già citata *Chanson de Roland*; altri cicli riguardano le lotte interne alla cavalleria francese (ciclo dei baroni ribelli) e le gesta dei cavalieri durante le crociate.

In tutte queste opere **gli eventi storici sono idealizzati** e i loro **protagonisti esprimono le virtù** – nobiltà d'animo, fedeltà e coraggio – **della nobiltà feudale**.

Al **ciclo bretone** appartengono invece le **opere**, **sia in versi sia in prosa**, incentrate sulle vicende di **re Artù** e dei **cavalieri della Tavola Rotonda**, arricchite dall'inserimento di elementi magici e fantastici.

Viktor Vasnetsov, *La sconfitta delle truppe di Igor*, 1880, Galleria Tretyakov, Mosca.

Queste **opere in volgare**, chiamate "**romanzi**", erano particolarmente popolari presso le raffinate corti feudali ed **esaltavano le virtù e gli ideali cortesi di generosità e gentilezza**; in esse particolare importanza – come nelle vicende di Lancillotto e Ginevra e di **Tristano e Isotta** – ha **il tema dell'amore**, inteso come espressione della nobiltà d'animo, della lealtà e della devozione del cavaliere verso la donna amata. Questi romanzi 'cortesi' sono dedicati a **un pubblico raffinato**, abituato a leggere, e **sensibile al ruolo sociale e culturale della donna**.
L'autore più importante di romanzi del ciclo bretone **è Chrétien de Troyes**, vissuto in Francia nella seconda metà del XII secolo, forse il più grande poeta medievale prima di Dante.
Esistono poi altre opere incentrate su una '**materia classica**', che rielaborano antiche vicende e temi della letteratura classica, dalla conquista della città di Troia alle imprese di Alessandro Magno.

Oltre il Medioevo: le trasformazioni dell'epica cavalleresca

L'Italia conosce una letteratura epico-cavalleresca solo nel Quattrocento e nel Cinquecento, durante il **Rinascimento**: essa fa riferimento alle opere del ciclo carolingio e del ciclo bretone, ma adattando la materia a un contesto sociale profondamente diverso e a un **pubblico più interessato a storie di amore e di avventura** che ai temi della guerra e delle virtù dei cavalieri medievali senza macchia e senza paura.
Ecco allora che Orlando, protagonista dell'***Orlando furioso*** di **Ludovico Ariosto**, non è più il valoroso paladino, difensore della fede cristiana: abbandona, infatti, il campo di Carlo Magno per inseguire la sua folle passione per la bella Angelica, figlia del re del Catai, e, nella sua follia amorosa, arriva a compiere azioni vergognose, prima di rinsavire.
Nella ***Gerusalemme liberata*** di **Torquato Tasso**, invece, gli ideali religiosi animano ancora gli eroi, che tuttavia appaiono profondamente tormentati dalle passioni terrene.
Arriviamo infine all'inizio del Seicento, quando lo spagnolo **Miguel de Cervantes** sceglie per il suo romanzo un protagonista che sembra l'**antitesi del cavaliere** della tradizione precedente: esaltato dal fascino dei romanzi cavallereschi, **Don Chisciotte** affronta una realtà che non dà più spazio a nobili ideali e si riduce ad una vana "lotta contro i mulini a vento". Il tempo dell'epica sembra dunque finito.
In realtà, come dovresti aver capito attraverso il percorso di lettura che ti abbiamo proposto, i miti non muoiono e il **mondo** – anche quello in cui viviamo – **ha sempre bisogno di raccontare storie di eroi** che sappiano interpretare, con le loro vite straordinarie, i sogni e gli ideali della vita.

I LUOGHI DELL'EPICA MEDIEVALE (SECOLI XI-XII)

La carta mostra la distribuzione geografica dei principali ***componimenti epici in lingua volgare****, in versi e in prosa, attestati in Europa fra l'XI e il XII secolo.*

- L'epica medievale ha in **Francia** il suo 'epicentro': essa si esprime nella forma delle «canzoni di gesta», come la **CHANSON DE ROLAND** (seconda metà dell'XI secolo) che narra le gesta dei paladini di Carlo Magno.
- Anche la **Spagna** ha la sua «canzone di gesta»: il **CANTARE DEL CID** (circa 1140), che celebra l'eroe della *Reconquista* Rodrigo Díaz de Vivar.
- All'epica del ciclo **bretone**, diffusa dal XII secolo tra **Bretagna** e **Inghilterra**, appartengono opere, sia in versi sia in prosa, incentrate sulle vicende di **RE ARTÙ** e dei **CAVALIERI DELLA TAVOLA ROTONDA**.
- Il **CANTO DEI NIBELUNGHI** (fine del XII secolo) intreccia le vicende del popolo dei **Burgundi** con la leggenda dell'eroe Sigfrido, già noto ad altre tradizioni nordiche.
- Il **CANTO DELLE GESTA DI IGOR** (fine del XII secolo) narra della fallita campagna militare del principe Igor contro la popolazione nomade dei **Cumani**.

LA CHANSON DE ROLAND

La *Chanson de Roland* (*Canzone di Rolando* o *Orlando*), **capolavoro del ciclo carolingio**, è composta da 4002 **versi decasillabi** suddivisi in 291 strofe di diversa lunghezza, dette **lasse**.
L'ignoto autore si ispira a un **fatto storico**, e cioè alla **battaglia di Roncisvalle (778)** durante la quale, mentre i Franchi di Carlo Magno rientravano dalla Spagna attraverso i Pirenei, la retroguardia dell'esercito fu assalita e massacrata dai Baschi, alleati dei Saraceni. Nella battaglia trovò la morte **il nobile paladino Rolando**, che l'autore celebra come l'**eroe protagonista**.

La trama della *Chanson de Roland*

La narrazione si sviluppa intorno a **tre episodi fondamentali**: 1) il tradimento di Gano; 2) la morte di Rolando; 3) la vendetta di Carlo.

1) Il tradimento di Gano

Carlo Magno, imperatore dei Franchi, da sette anni si trova in Spagna dove, dopo aver conquistato tante città, **assedia Saragozza** da parecchio tempo. Stanco dell'assedio della città di cui è il signore, il re musulmano **Marsilio manda ambasciatori a Carlo**, promettendo ricchezze e la conversione al cristianesimo in cambio della cessazione dell'assedio.
Carlo convoca i suoi cavalieri per discutere l'offerta di Marsilio: alla fine decide di inviare ambasciatori per trattare la resa. Rolando suggerisce di affidare l'incarico a Gano, il quale però sospetta che Rolando – verso cui nutre rancore e invidia – voglia solo sbarazzarsi di lui.
Carlo accetta la proposta di Rolando e Gano non può che assumere l'incarico, ma giura di vendicarsi.
Giunto presso Marsilio, **Gano conquista la sua fiducia e lo convince ad attirare Carlo in una trappola**: il re saraceno farà atto di sottomissione, Carlo abbandonerà l'assedio e la Spagna, lasciando a capo della retroguardia del suo esercito Rolando; Marsilio potrà quindi attirarlo in un'imboscata.

2) La morte di Rolando

Mentre Carlo marcia verso la Francia, **Marsilio aggredisce la retroguardia**. Vedendo avvicinarsi lo sterminato esercito dei Saraceni, il nobile **Olivieri consiglia a Rolando di suonare l'olifante**: così Carlo sentirà il potente suono del corno e ritornerà con l'esercito in loro aiuto. Ma **Rolando**, pensando all'onore e confidando nel suo valore, **rifiuta**; ha quindi inizio un'**accanita battaglia** fra i due eserciti.
Solo quando vede che i Franchi sono ormai sopraffatti dalle forze nemiche, Rolando suona l'olifante; Carlo sente il richiamo e si rende conto del tradimento di Gano, che viene subito messo in catene. **Rolando muore** combattendo valorosamente.

3) La vendetta di Carlo

Dopo essere giunto sul campo di battaglia, **Carlo sconfigge le truppe di Marsilio** e subito dopo provvede a dare una **degna sepoltura a Rolando e agli altri paladini morti**; quindi si accampa, prima di iniziare il ritorno in Francia.
Ma ecco che contro di lui marcia l'emiro di Babilonia, Baligant, che con un enorme esercito è venuto in aiuto di Marsilio: è **di nuovo battaglia** e di nuovo **Carlo riesce vincitore**.
L'imperatore marcia verso Saragozza e la conquista; finalmente, dopo aver lasciato dei presidi in Spagna, ritorna in Francia. **Gano viene** sottoposto a processo e, riconosciuto colpevole di tradimento, è **condannato a morte**.

Audio
Ascolta il brano

1. Carlo, «di dolce Francia imperatore»

Diversamente dai poemi dell'epica classica, la *Chanson de Roland* non inizia con un proemio ma con la presentazione dell'imperatore dei Franchi, Carlo Magno, e del suo avversario, il re saraceno Marsilio.
Con il riferimento alle trattative per una resa di Marsilio l'anonimo autore ci introduce direttamente nella prima parte della *Canzone*, incentrata sul tradimento di Gano: costui, infatti, per odio nei confronti del valoroso paladino Rolando, stringerà un'alleanza con i Saraceni e porterà al massacro della retroguardia dell'esercito franco a Roncisvalle.

I

Il poeta esalta la grandezza di Carlo, imperatore dei Franchi.

Re Carlo, il nostro imperatore grande,
è stato in Spagna per sette anni interi:
l'altera[1] terra ha preso fino al mare.
Non v'è castello piú che a lui resista,
né mura né città da farle assalto,
eccetto Saragozza[2] sopra un monte.
L'ha re Marsilio, che non ama Iddio[3].
Serve Maometto ed invoca Apollino[4]:
non può evitare che male gl'incolga[5].

Viene presentato l'**antagonista** di Carlo, il re saraceno Marsilio. Il nemico è, per il poeta, senz'altro destinato alla sconfitta.

sopra un monte
Saragozza in realtà non è sopra un monte: questo elemeno descrittivo sembra piuttosto una specie di **epiteto** per sottolineare il fatto che la città sia imprendibile.

II

Il re Marsilio stava in Saragozza
e si è recato in un giardino all'ombra;
su una pietra d'azzurro marmo siede;
intorno a lui son piú di ventimila.
Egli si volge ai suoi duchi e ai suoi conti[6]:
«Signori, udite qual male ci opprime.
Carlo, di dolce Francia imperatore,
in questa terra è venuto a umiliarci.
Io non ho schiera che gli dia battaglia[7],
non ho tal gente che la sua sconfigga.
Consigliatemi voi, uomini savi[8],
salvatemi da morte e disonore!».
Non v'è pagano che dica parola,
eccetto Blancandrino di Val Fonda.

di dolce Francia...
Questo **epiteto** riferito a Carlo è una di quelle **formule fisse** che tornano molto spesso nel poema: anche se a parlare è un nemico, l'epiteto viene ripetuto tale e quale.

1. **altera:** superba, abitata da popoli fieri.
2. **Saragozza:** città della Spagna settentrionale, al momento occupata da Marsilio.
3. **che non ama Iddio:** che non è cristiano.
4. **serve Maometto ed invoca Apollino:** è seguace di Maometto ed è un "pagano" come i popoli antichi, che veneravano il dio Apollo.
5. **non può evitare che male gl'incolga:** Marsilio è destinato a finire male.
6. **ai suoi duchi e a i suoi conti:** cioè ai nobili della sua corte. Il poeta immagina che la corte di Marsilio abbia una struttura feudale come quella di Carlo.
7. **non ho schiera che gli dia battaglia:** non ho un esercito sufficiente ad affrontare Carlo in battaglia.
8. **savi:** saggi.

III

Fu Blancandrino tra i saggi pagani.
Per il valore fu buon cavaliere:
fu savio ad aiutare il suo signore,
e disse al re: «Non vi perdete d'animo!
Offrire al fiero, all'orgoglioso Carlo
grande amicizia e servizio fedele.
Gli darete leoni ed orsi e cani,
settecento cammelli e mille astori[9]
e quattrocento muli caricati
d'oro e d'argento e, più, cinquanta carri:
bene potrà pagarne i suoi soldati.
In questa terra molto ha combattuto:
dovrà tornare in Francia, ad Aquisgrana[10].
Lo seguirete là per San Michele[11],
riceverete la legge cristiana,
sarete suo vassallo in bene e onore.
Se vuole ostaggi, voi glieli mandate,
o dieci o venti, che prenda fiducia.
Mandiamo i figli delle nostre spose:
fosse anche ucciso, il mio lo manderò.
Meglio che loro perdano la testa
e non perdiamo noi terra e dominio
e non siamo ridotti a mendicare!».

Blancandrino suggerisce a Marsilio di stringere un accordo con l'imperatore Carlo: dovrebbe accettare di diventare suo vassallo per poter, in cambio, mantenere le terre in Spagna.

Nel caso in cui Carlo richiedesse degli ostaggi come garanzia dell'accordo. Blancandrino si dichiara disponibile a mandare con gli ostaggi suo figlio, anche a costo di perderlo. Ciò conferma ulteriormente la lealtà di Blancandrino.

VI

Il re Marsilio ha tenuto consiglio.
Ordina ai suoi: «Signori, voi andrete.
Rame d'ulivo[12] porterete in mano,
per me[13] direte a Carlo Magno il re
per il suo Dio che voglia farmi grazia.
E non vedrà passare questo mese
che a lui verrò con mille miei fedeli,
riceverò la legge dei cristiani,
suo vassallo sarò per cuore e fede.
Se vuole ostaggi, di certo ne avrà».
«Buon patto avrete» disse Blancandrino.

VII

Il re fece condurre dieci mule,
gliele mandò il re di Suatilie[14], bianche,
con freni[15] d'oro e selle inargentate.
I messaggeri vi sono montati;
portano in mano le rame d'ulivo.
Vennero a Carlo, signore di Francia;
egli non può guardarsi dall'inganno.

L'**inganno** non può riferirsi al consiglio del saggio Blancandrino prima descritto (versi 24-26), ma è evidentemente un'allusione al tradimento di Gano.

9. astori: si tratta di uccelli rapaci allevati per la falconeria, ossia un tipo di caccia con falconi e altri rapaci, molto diffusa nel Medioevo.
10. Aquisgrana: capitale del regno dei Franchi.
11. per San Michele: la festa di san Michele cadeva il 16 ottobre.
12. Rame d'ulivo: gli ambasciatori porteranno rami d'ulivo come simbolo di pace.
13. per me: da parte mia.
14. Suatilie: una regione non identificabile.
15. freni: l'insieme di morso e redini per guidare gli animali.

VIII

L'imperatore è baldanzoso[16] e lieto:
Cordres[17] l'ha presa, le mura ha sbrecciate,
con macchine le torri ne ha abbattute.
Una gran preda ne hanno i cavalieri,
d'oro e d'argento e di ricche armature.
Non è rimasto un pagano in città
che non sia morto o sia fatto cristiano.
L'imperatore è in un grande giardino;
sono con lui Rolando ed Olivieri,
Sansone il duca ed Anseis il fiero
e Goffredo d'Angiò gonfaloniere[18];
ci sono ancora Gerin e Gerer
ed altri molti là dov'essi stanno:
di dolce Francia son quindicimila.
Su candidi tappeti sono assisi[19];
giocano per distrarsi i cavalieri
a tavola, ed a scacchi i vecchi e savi,
tiran di scherma i baccellieri[20] svelti.
Sotto un pino, vicino ad un roseto,
è eretto un trono, tutto d'oro puro:
E siede il re che tiene dolce Francia.
Bianca è la barba, fiorito il suo capo[21],
nobile il corpo, il portamento fiero:
non occorre mostrarlo a chi ne chiede.
E i messaggeri smontarono a piedi
con un saluto d'amore e di bene.

(da *Canzone di Rolando*, lasse 1-3, 6-8, traduzione di Francesco Pozzoli, Mursia, 1984)

Come il suo rivale Marsilio, anche Carlo si trova in un giardino, circondato da un'altrettanto sterminata corte; i personaggi nominati sono i più nobili fra i paladini di Francia e fanno parte di una schiera di cavalieri scelti, i dodici Pari; Rolando è il più nobile fra essi.

dolce Francia
Come abbiamo già visto, il nome della terra di Francia è sempre accompagnato dall'**epiteto *dolce***.

16. baldanzoso: fiero, orgoglioso.
17. Cordres: molto probabilmente si tratta della città di Cordova.
18. gonfaloniere: colui che portava le insegne dell'esercito di Carlo.
19. assisi: seduti.
20. i baccellieri: i più giovani, non ancora nominati cavalieri.
21. fiorito il suo capo: ha una folta capigliatura bianca.

COMPRENSIONE

1. Chi è Marsilio? Di chi è nemico?

....

....

2. Che cosa consiglia a Marsilio Blancandrino?

A Di assalire subito l'esercito dei Franchi.
B Di predisporre subito l'esercito dei Franchi.
C Di ritirarsi prima dell'arrivo dei Franchi.
D Di fare un accordo con il re dei Franchi.

3. Che cosa significa essere un vassallo?

A Essere sottomesso e fedele a un signore.
B Essere uno schiavo al castello di un signore.
C Essere ostaggio di un signore.
D Essere nemico di un signore.

4. La città di Saragozza...

A è posta sopra un monte.
B si è ribellata a Marsilio.
C è sotto il controllo di Marsilio.
D è sotto il controllo di Carlo.

5. Quale vantaggio avrebbe Marsilio dall'essere un vassallo di Carlo?

....

....

6. Che cosa sarebbe disposto a fare Blancandrino per Marsilio?

....

....

7. Qual è l'inganno che Carlo non immagina?

....

8. Quando giungono i messaggeri di Marsilio, che cosa stanno facendo i cavalieri alla corte di Carlo?

....

....

LESSICO E STILE

9. Che cosa significa l'espressione «non occorre mostrarlo a chi ne chiede»?

A Non è educato rivolgere la parola all'imperatore.
B È inutile tentare di avere un incontro con l'imperatore.
C È inutile chiedere chi sia l'imperatore: chiunque lo potrà indicare a chi lo chiede.
D È inutile chiedere chi sia l'imperatore: lo si riconosce a prima vista.

10. Un sinonimo di *savio* è...

A santo.
B saggio.
C scaltro.
D stolto.

SCRITTURA

11. Trascrivi tutte le informazioni che si possono ricavare su Carlo, sia dal punto di vista fisico sia da quello del carattere e del comportamento. Rispetto agli eroi dell'epica classica ti sembra che Carlo sia simile o diverso? Motiva la tua risposta.

Audio Ascolta il brano

2. La morte di Rolando

Il re Marsilio, consigliato da Gano, ha attaccato la retroguardia dell'esercito franco al passo di Roncisvalle. La battaglia infuria: il paladino Rolando, che guida la retroguardia dei Franchi, si batte con straordinario valore, animato dal desiderio di gloria e dalla fede, contro un nemico decisamente più forte. Dopo fasi alterne, la battaglia volge a favore dei Saraceni; il conte Olivieri consiglia allora a Rolando di suonare il corno per chiamare in aiuto Carlo e il resto dell'esercito. Rolando rifiuta: non vuole considerare persa la battaglia e messo in discussione il suo onore; quando però vede il massacro dei suoi uomini, ormai sopraffatti dal numero dei nemici, il paladino si decide a lanciare il suo richiamo, suonando così forte che il cervello gli esce dalle tempie.
Ma l'imperatore di Francia arriverà troppo tardi per salvare Rolando e i suoi valorosi cavalieri; potrà solamente dare loro degna sepoltura e assumersi il compito di vendicare la loro morte.

Il poeta celebra la **grandezza** di Rolando: proprio nel momento in cui il corpo, stremato, lo abbandona, emerge la grande forza del suo animo, che vince anche sul dolore fisico.

CLV

Rolando nobilmente si difende,
ma il corpo è molle di sudore e ardente.
Sente al capo dolore e grande male:
suonando il corno si è rotta la tempia.
Ma vuol sapere se Carlo verrà:
prende il corno, lo suona debolmente.
L'imperatore si arresta, l'ascolta:
«Signori, – disse – sventura per noi!
Rolando, mio nipote, oggi ci lascia.
Odo dal corno che poco vivrà.
Chi vuol raggiungerlo in fretta cavalchi!
Suonate tutte le trombe che avete!».
Sessantamila trombe insieme suonano,
ne riecheggiano i monti e le vallate.
Le sentono i pagani e non ne ridono.
L'un dice all'altro: «Carlo sarà qui!».

CLXVII

Rolando sente la morte vicina,
gli esce fuori il cervello dagli orecchi.
Prega Dio ch'egli accolga i suoi compagni
e per sé prega l'angelo Gabriele.
Prese il corno, che biasimo non abbia[1],
con l'altra mano Durendal, la spada.
Per poco più d'un tratto di balestra[2]
cammina verso Spagna in mezzo a un prato;
sale su un colle; sotto due begli alberi
quattro massi vi sono, duro marmo.
Sull'erba verde è caduto riverso:
e sviene, ché la morte gli è vicina.

Rolando sente...
Questa espressione viene ripetuta più volte nel testo: le **ripetizioni** sono tipiche dello **stile formulare** dell'epica e hanno origine dalla tradizione orale.

1. che biasimo non abbia: affinché, se cadesse nelle mani dei nemici, non fosse per lui motivo di disonore.
2. Per poco più d'un tratto di balestra: per un tratto poco più lungo di quello che potrebbe coprire una freccia scagliata da una balestra, all'incirca qualche decina di metri.

CLXX
Sente Rolando che ha perso la vista,
si rizza in piedi, quanto può si sforza;
sul suo viso ha perduto il suo colore.
Davanti a lui ci sta una pietra bruna.
Con pena ed ira batte dieci colpi:
stride l'acciaio, non si frange o intacca.
« Santa Maria, soccorrimi! – egli disse
– Mala fortuna aveste, Durendal!
Poiché muoio, di voi non ho piú cura.
Tante battaglie in campo aperto ho vinto
e tante vaste terre conquistate,
che tiene Carlo, che ha la barba bianca!
Non v'abbia chi davanti a un altro fugga![3]
Un buon vassallo a lungo vi ha tenuta.
Non vi sarà l'uguale in Francia santa.»

Rolando si preoccupa della spada Durendal come di una persona: poiché sta per morire, non potrà più averne cura, e usarla con onore; perciò è meglio distruggerla.

stride l'acciaio... Ancora un'**espressione formulare**, ripetuta anche dopo (con la variante "spezza"), per sottolineare la qualità straordinaria di Durendal: più che una spada, essa è la fedele compagna di Rolando.

CLXXI
Poi sul masso batté di Cerritania[4].
Stride l'acciaio, non si spezza o intacca.
E quando vede che non può spezzarla,
incomincia a dolersi nel suo cuore:
«Ah, Durendal, sei bella e chiara e bianca!
Come riluci[5] e splendi contro il sole!
Carlo era nelle valli di Moriana
e Iddio gli mandò un angelo dal cielo
perché ti desse ad uno dei suoi conti:
a me la cinse il re gentile, il grande. [...]
Con essa conquistai terre e paesi
che tiene Carlo che ha la barba bianca.
Per questa spada sento pena e angoscia.
Meglio morire che darla ai pagani.
Non date a Francia, Dio padre, quest'onta[6]!».

CLXXIII
Sente Rolando che morte lo prende
giù dalla testa gli discende al cuore.
Se n'è andato correndo sotto un pino,
sull'erba s'è disteso, il volto a terra.
Sotto di sé pone la spada e il corno.
Volse la testa alla gente pagana;
e per questo l'ha fatto, perché vuole
che dica Carlo e tutta la sua gente:
nobile conte, è morto vittorioso.
Egli dice più volte la sua colpa
per i peccati a Dio tende il suo guanto.

In punto di morte Rolando confessa a Dio i suoi peccati e tende verso di lui il guanto in segno di sottomissione.
Il guanto è un simbolo per ogni cavaliere, tanto è vero che veniva anche usato per lanciare una sfida.

3. Non v'abbia... fugga!: Durendal non deve cadere nelle mani di un vigliacco.
4. Cerritania: la Cerdagna è una regione in cui si trovano cave di granito.
5. riluci: brilli.
6. quest'onta: questo disonore.

CLXXV
Rolando il conte giacque sotto un pino.
Verso la Spagna ha rivolto il suo viso.
Di molte cose lo prese il ricordo,
di tante terre che vinse da prode[7],
di dolce Francia, di sua chiara[8] stirpe,
di Carlomagno, il re che l'ha allevato;
trattenere non può pianto e sospiri.
Ma di se stesso non vuole scordarsi,
dice sua colpa e chiede grazia a Dio.

Il poeta sottolinea ancora l'importanza per Rolando della fede: l'eroe vuole morire in pace, da cristiano.

dolce Francia
Come abbiamo già visto, il nome della terra di Francia è sempre accompagnato dall'**epiteto** *dolce*.

CLXXVI
Morto è Rolando, l'anima è nei cieli.
L'imperatore giunge a Roncisvalle.
Non c'è più strada, non c'è più sentiero,
non c'è più terra, né un braccio, né un piede,
dove non sia un francese o un pagano.
Grida il re: «Dove siete, bel nipote?
Dov'è il vescovo e il conte Olivieri?[...]
Dove i dodici pari che ho lasciato?».
Che vale mai, se nessuno risponde?[...]
Si tormenta la barba, desolato[9];
piangono i suoi valenti[10] cavalieri.

Quando giunge Carlo, si trova di fronte uno spettacolo terribile: non c'è nemmeno il più piccolo spazio di terra (braccio e piede sono delle unità di misura) che non sia ricoperto di cadaveri.

Carlo si dispera per aver perduto tanti nobili cavalieri, il fior fiore della Francia.

(ridotto da *Canzone di Rolando*,
lasse 155, 167, 170-171, 173, 175-176,
traduzione di Francesco Pozzoli, Mursia, 1984)

7. prode: eroe.
8. chiara: nobile e famosa.
9. desolato: abbattuto e triste.
10. valenti: valorosi e forti.

COMPRENSIONE

1. Chi è Rolando?

A Un vassallo di Carlo.
B Il figlio di Carlo.
C Un paladino dei Saraceni.
D Lo scudiero del re.

2. Quando sente il corno di Rolando, Carlo...

A pensa che Rolando sia un codardo.
B pensa che Rolando stia attaccando i nemici.
C pensa che Rolando sia in pericolo di morte.
D pensa che stia per raggiungere il grosso dell'esercito franco.

3. Quando sentono le trombe di Carlo, i pagani...

A corrono in aiuto di Rolando.
B ridono, perché si sentono più forti.
C piangono, perché saranno attaccati.
D non reagiscono.

4. Chi è il «buon vassallo» nominato al verso 2310?

A Carlo.
B Rolando.
C Gano.
D Marsilio.

5. Che cosa fa Rolando di Durendal?

....

....

....

6. Che cosa fa Rolando prima di morire?

....

ANALISI E RIFLESSIONE

7. Perché Rolando, prima di morire, volge la testa verso la Spagna e la «gente pagana» (verso 2360)?

A Perché i Franchi dicano che è morto vittorioso.
B Perché i nemici non possano guardarlo in volto.
C Perché così non ha il sole sul viso.
D Perché così sente meno dolore.

8. Perché Rolando sente «pena e angoscia» per la sua spada?

....

....

....

....

9. Cosa significa la frase «Ma di se stesso non vuole scordarsi»?

A Significa che Rolando si sente svenire.
B Significa che gli dispiace di morire.
C Significa che non vuole dimenticarsi del proprio valore.
D Significa che non vuole dimenticarsi della propria anima.

LESSICO E STILE

10. Nel brano sono presenti numerose ripetizioni: a che cosa servono?

A A sottolineare delle espressioni particolarmente importanti.
B A riempire degli spazi del testo senza troppa fatica.
C Ad anticipare degli avvenimenti futuri.
D A recuperare avvenimenti del passato.

11. Ripetizioni come quelle che hai osservato sono caratteristiche...

A della lingua volgare.
B della lingua latina.
C dello stile epico.
D dell'epica carolingia.

PRODUZIONE

12. Come ti immagini l'aspetto del paladino Rolando? Prova a realizzare un disegno.

IL CANTARE DEL CID

Il ***Cantare del Cid***, la più nota fra le **canzoni di gesta** spagnole, narra le imprese di un condottiero spagnolo realmente vissuto, **Rodrigo (Ruy) Díaz de Vivar** (1043-1099), detto **Cid Campeador**, divenuto l'eroe della *Reconquista* per aver dedicato la sua vita a recuperare al controllo dei re cristiani le terre di Spagna occupate dai Mori.

Il poema è diviso in tre *cantari*, per un totale di **3733 versi** suddivisi in **152 lasse** (strofe); la lunghezza delle lasse è variabile, così come quella dei versi, che sono tra loro collegati da molte **assonanze**.

La trama del *Cantare del Cid*

La narrazione è articolata in **tre cantari**:

1) Primo Cantare – L'esilio del Cid

La narrazione si apre con **il Cid costretto ad abbandonare la Castiglia per ordine del re Alfonso VI** con l'accusa di essersi appropriato di tributi destinati al re; lo accompagna nell'**esilio** un piccolo esercito di cavalieri che gli sono rimasti fedeli, tra i quali il nipote Álvar Fáñez Minaya. Il Cid affida la moglie e le figlie all'abate di Cardeña e quindi, lasciandosi alle spalle i territori sotto il controllo del re, si dirige verso sud-est, dove **compie con successo numerose azioni militari contro i Mori** e, arricchitosi col bottino, **invia** tramite Minaya dei **doni al re Alfonso, per ottenere da lui il perdono**, che però gli viene negato.

2) Secondo Cantare – Le nozze delle figlie del Cid

Il secondo cantare prosegue con il racconto delle imprese del Cid.

I successi del Cid culminano con la conquista di Valenza e, successivamente, con la vittoria sull'esercito di Yusef, re del Marocco. I doni che **il Cid invia ad Alfonso** impressionano favorevolmente il re.

Nel frattempo due nobili, **Diego e Fernando di Carrión**, spinti dall'interesse, chiedono al Cid in sposa le figlie Elvira e Sol. Rodrigo, spinto dal re Alfonso, acconsente alle nozze, anche se i due nobili con gli piacciono.

Si celebra il duplice matrimonio e il Cid viene ufficialmente perdonato dal re.

3) Terzo Cantare – L'oltraggio di Corpes

Nel terzo cantare **gli infanti rivelano la loro vigliaccheria** nella lotta contro il re del Marocco Bucar, che tentava di riconquistare Valenza; irritati dalle critiche del Cid al loro comportamento, gli infanti si **vendicano frustando le mogli e abbandonandole ferite nella foresta di Corpes**.

Le donne sono ritrovate e soccorse da Félez Muñoz, nipote del **Cid**, il quale **chiede giustizia al re**. Alfonso convoca una riunione solenne alla corte di Toledo; da essa il Cid ottiene la restituzione delle doti delle figlie e che, per risarcire l'onore della famiglia, gli infanti affrontino in duello i campioni del Cid.

L'onore di Rodrigo è vendicato e addirittura accresciuto grazie alle seconde **nozze delle sue figlie con gli infanti di Aragona e Navarra**, che vengono celebrate con grande sfarzo e **legano il Cid ai re di Spagna**.

Audio
Ascolta il brano

3. Il Cid difende il castello di Alcocer

Esiliato dal re Alfonso di Castiglia per un'ingiusta accusa, Ruy Díaz de Vivar, detto il Cid, penetra con un piccolo esercito di fedeli nelle terre in mano ai Mori, conquistando borghi e castelli, tra cui quello di Alcocer. Ormai si è installato nella fortezza, ma il re moro di Siviglia manda ad assediarlo un esercito sterminato, decisamente superiore ai seicento cristiani. Il Cid riesce tuttavia a vincere la battaglia, subendo minime perdite.

Come possiamo dedurre dal brano che descrive l'episodio, **il Cid possiede tutte le caratteristiche del cavaliere medievale** in quanto **coraggioso combattente e nobile paladino della fede cristiana**, ma a quelle aggiunge una particolare **intelligenza**, che lo spinge a valutare, di ogni azione, anche i vantaggi pratici e a ricorrere, per ottenere i suoi obiettivi, al consiglio dei suoi fedeli e, spesso, all'inganno.

Il Cid è dunque un **eroe** in parte **diverso da Rolando**, ancora troppo legato a un arcaico codice d'onore, che finisce, come abbiamo visto, per condurlo alla rovina.

32

Al re di Valenza mandano ad annunciare
che uno di nome Ruy Díaz di Vivar,
caduto in disgrazia di Alfonso[1], che da sue terre lo ha
[fatto cacciare
s'è accampato su Alcocer[2], in luogo impenetrabile,
e è riuscito con l'inganno il castello a conquistare.
Quando udì questo, il re Tamin n'ebbe un dolore mortale:
«[...]Portatevi dei mori[3], tremila genti in arme.
Con quei della frontiera, che vi possono aiutare,
prendetemelo vivo, davanti me lo portate:
s'egli è entrato in mie terre me la dovrà pagare».
Si riunirono genti in numero stragrande.
Il Campeador, il forte, a Alcocer vanno a assediare.

Ruy Díaz di Vivar è il Cid, protagonista del *Cantare* a lui dedicato.

Sottolineare la superiorità numerica dei nemici serve a esaltare la figura dell'eroe. Questa sottolineatura torna anche dopo (versi 657 e 660).

Il Campeador
L'**epiteto** di ***Campeador*** significa «campione di battaglie» (dal latino *campidoctor*).

33

Piantarono le tende, intorno si appostarono.
Aumentano le schiere, le genti più non si contavano.
Gli uomini di ronda[4] che i mori attorno mandano,
di giorno e di notte armati camminavano.
Molte sono le ronde, molto grande è l'armata;

1. **caduto in disgrazia di Alfonso:** Alfonso VI, re di León e di Castiglia dal 1065 al 1109, aveva mandato in esilio il Cid, accusandolo di essersi tenuto parte dei tributi.
2. **Alcocer:** località identificata con l'attuale Castejón de las Armas.
3. **mori:** in origine con il termine di Mori (dal latino *Mauri*) venivano indicati gli abitanti della Mauritania; il termine fu poi esteso ad altri popoli africani e dall'VIII secolo anche ai musulmani che invasero la Spagna.
4. **gli uomini di ronda:** i soldati incaricati di andare in giro a sorvegliare.

a quelli del Cid han già tagliato l'acqua.
La masnada[5] del Cid vuole uscire in battaglia:
fermo glielo vietava quel che in buon'ora nacque[6].
Li cinsero d'assedio tre intere settimane.

Cid
L'**epiteto** di **Cid** significa «signore» (dall'arabo *sayyid*).

34

Tre settimane son trascorse, la quarta sta per cominciare;
il Campeador coi suoi si prese a consigliare:
«Ci hanno tagliato l'acqua, verrà a mancarci il pane.
Andare via di notte non ce lo lasceranno fare.
Grandi sono le lor forze, se vogliamo affrontarle;
ditemi, cavalieri, che cosa ne pensate».
Parlò primo Minaya, cavaliere prestante:
«Di Castiglia gentile siam venuti per queste contrade[7].
Se non combatteremo non ci regaleranno il pane.
Infine siam seicento e forse di piú, anche.
Nel nome del Creatore, non c'è altro da fare:
andiamo ad attaccarli domani all'albeggiare».
Disse il Campeador: «A mia guisa parlaste[8];
vi onorate, Minaya, com'era da aspettare[9]».
Tutti i mori e le more fuori li fa mandare
perché nessuno sappia quel che stanno per fare,
e la sera e la notte ad armarsi han passate.
L'indomani mattina, il sole sta per spuntare,
con tutti i suoi vassalli il Campeador è in arme.
Parlava il Cid come mi udrete raccontare:
«Usciamo di qui tutti: nessuno ha da[10] restare
all'infuori di due fanti la porta a sorvegliare.
Se moriremo in campo ci entreranno nel castello;
se vinceremo la battaglia in fortuna cresceremo.
E voi, Pedro Bermúdez, la mia insegna impugnate.
Valoroso qual siete, la reggerete leale;
ma, finch'io non lo comandi, a recarla in avanti non [spronate[11]».
Al Cid baciò la mano[12], l'insegna va a impugnare.
Aprirono le porte, fuori eccoli balzare.

Minaya, il nipote del Cid, gli consiglia di attaccare battaglia: non c'è altra via d'uscita, perché i nemici che li assediano li prenderanno prima o poi per fame.

Castiglia gentile
Come per i cavalieri della *Chanson de Roland* la patria è «la *dolce* Francia», così la Castiglia è per i cavalieri del Cid accompagnata dall'epiteto ***gentile*** (nel significato di «nobile»).

L'anonimo poeta interviene per garantire che il suo racconto corrisponde alla realtà.

Il cavaliere Pedro Bermúdez avrà l'onore di essere il portabandiera del Cid e dunque di essere il primo a lanciarsi all'attacco. Prima, però, dovrà attendere l'ordine del Cid.

5. **masnada:** schiera di uomini armati al servizio di un signore.
6. **fermo glielo vietava quel che in buon'ora nacque:** ma il Cid glielo impediva assolutamente. L'espressione *quel che in buon'ora nacque*, per indicare il Cid, significa «nato con una buona sorte», «fortunato».
7. **contrade:** regioni.
8. **A mia guisa parlaste:** avete parlato in un modo che mi piace, avete detto bene.
9. **vi onorate, Minaya, com'era da aspettare:** le vostre parole, Minaya, vi fanno onore, dimostrando – com'era naturale – che cavaliere coraggioso siete.
10. **ha da:** deve (confronta l'espressione inglese *to have to*, con lo stesso significato).
11. **a recarla in avanti non spronate:** non precipitatevi, spronando il cavallo, a portare avanti l'insegna.
12. **Al Cid baciò la mano:** in questo caso il gesto indica la gratitudine di Pedro Bermúdez per la fiducia e l'onore che il Cid gli dimostra.

Li videro le ronde, corsero a dar l'allarme.
Che fretta c'è tra i mori! Si corrono ad armare,
e il rombo dei tamburi la terra fa tremare.

> Il poeta chiede al suo pubblico di immaginare la scena, soprattutto il gran numero dei nemici: in questo modo ottiene maggiore attenzione e coinvolgimento.

Visto avreste armarsi i mori, alla svelta schierarsi.
Nel campo dei mori due sono le insegne più grandi[13],
e in due stuoli[14] vi accorser tutti i fanti: chi li potrebbe [contare?
Le schiere dei mori già muovono avanti,
col Cid e coi suoi uomini per venire alle mani.
«Di qui non vi muovete, state fermi, vassalli;
nessuno esca dai ranghi finch'io non lo comandi[15]».

> Il cavaliere Pedro Bermúdez, nonostante il Cid non abbia ancora dato l'ordine di attaccare, si lascia prendere dall'entusiasmo e si lancia all'attacco, portando orgogliosamente l'insegna del suo signore.

Ma quel Pedro Bermúdez non si seppe frenare;
l'insegna nella mano, incominciò a spronare:
«Vi aiuti il Creatore, Cid Campeador leale!
Vo[16] a portare l'insegna in mezzo alla schiera più grande:
poi vedremo, vassalli, come voi ci arrivate».
Disse il Campeador: «Per carità, non lo fate!»
Rispose Pedro Bermúdez: «Altro non si può fare!»
Diè[17] di sprone al cavallo, entrò nella schiera più grande.
I mori lo accerchiarono l'insegna per strappargli.
Gli danno fieri[18] colpi, ma non riescono l'arnese[19] a [lacerargli.
Disse il Campeador: «Per carità, andatelo a aiutare!»

> **sprone**
> Lo *sprone* (o *sperone*) era una parte metallica applicata agli stivali del cavaliere, con la quale egli pungolava e incitava il cavallo; quindi *dar di sprone* significa «pungolare incitando» il cavallo.

35

Imbracciano gli scudi stretti davanti al cuore,
abbassano le lance insieme col pennone[20],
chinarono le teste giù, in sopra all'arcione[21].
Volavano all'assalto con intrepido[22] cuore.

> In questa scena il Cid appare in tutta la sua grandezza di eroe epico.

A grande voce grida quel che è nato in buon'ora[23]:
«Addosso, cavalieri, per amor di carità[24]!
Io sono il Campeador, Rodrigo Díaz di Vivar!»
Si precipitano tutti dove Pedro Bermúdez si volse.
Sono trecento lance, tutte con il pennone.
Ognuno uccise un moro, ognuno d'un sol colpo,
e altrettanti ne ammazzano caricando[25] al ritorno.

13. **due sono le insegne più grandi:** sono le insegne dei due re Fariz e Galve, che guidano l'esercito dei mori.
14. **stuoli:** schiere.
15. **nessuno esca dai ranghi finch'io non lo comandi:** nessuno abbandoni la sua posizione, ma tutti aspettino il mio ordine.
16. **Vo:** vado.
17. **Diè:** sta per «diede».
18. **fieri:** violenti.
19. **l'arnese:** l'armatura.
20. **pennone:** lo stendardo che era fissato alla lancia.
21. **arcione:** sella.
22. **intrepido:** coraggioso, che non trema di fronte al pericolo.
23. **quel che è nato in buon'ora:** il Cid. Per il significato dell'espressione leggi la nota 7.
24. **per amor di carità:** per amor di Dio.
25. **caricando:** lanciando il cavallo alla carica.

Ancora il poeta sollecita l'attenzione del suo pubblico al momento cruciale dell'episodio.

36

Avreste visto tante lance s'abbassare[26] ed alzare,
tante rotelle[27] fare a pezzi e sfondare,
tante corazze lacerare e smagliare[28],
tanti pennoni bianchi trarre rossi di sangue[29],
tanti buoni cavalli senza padrone errare.
I mori invocano Maometto e i cristiani Santiago[30]:
mille e trecento mori erano già caduti in breve tratto[31].

37

Come si batte bene sul suo dorato arcione
il Cid Ruy Díaz, grande battagliatore[32]!

tante...
Questa **ripetizione** all'inizio del verso dello stesso aggettivo è una **figura retorica** che si chiama **anafora**; serve a sottolineare la violenza della battaglia.

(ridotto da *Cantare del Cid*, Primo Cantare, versi 627-734 (lasse 32-37), a cura di Cesare Acutis, Einaudi, 1986)

26. s'abbassare: abbassarsi.
27. rotelle: scudi (rotondi).
28. smagliare: lacerare. Sotto all'armatura i cavalieri indossavano una cotta (cioè una tunica) fatta di maglie (da cui il verbo smagliare) di ferro.
29. tanti pennoni bianchi trarre rossi di sangue: costruisci la frase così: (avreste visto i cavalieri) tirare su (trarre) le insegne (pennoni) bianche (legate alle lance) macchiate di sangue (quindi diventate rosse).
30. Santiago: San Giacomo.
31. tratto: spazio di terra.
36. battagliatore: combattente, guerriero.

COMPRENSIONE

1. Chi è il Cid?

- A Un personaggio di fantasia.
- B Il re di Castiglia.
- C Il re dei Mori.
- D Un eroe della lotta contro i Mori.

2. Il castello di Alcocer...

- A è nelle mani del Cid.
- B è nelle mani del re Alfonso.
- C è nelle mani dei Mori.
- D è nelle mani di Carlo Magno.

3. Che cosa succede agli uomini del Cid?

- A Stanno lottando contro il re Alfonso.
- B Sono passati dalla parte dei Mori.
- C Sono assediati dai Mori.
- D Vogliono conquistare il castello di Alcocer.

4. L'espressione «quel che è nato in buon'ora» a chi si riferisce?

- A Al re Alfonso.
- B A Ruy Díaz.
- C A Pedro Bermúdez.
- D A Minaya.

5. Quale compito ha Pedro Bermúdez?

- A Il compito di proteggere il Cid.
- B Il compito di dare il segnale di battaglia.
- C Il compito di comandare la schiera dei fanti.
- D Il compito di portare l'insegna del Cid.

ANALISI E RIFLESSIONE

6. Che cosa consiglia Minaya al Cid?

- A Di attaccare battaglia.
- B Di mandare degli ambasciatori per trattare la resa.
- C Di aspettare i rifornimenti.
- D Di assediare il castello.

7. Che cosa pensa il Cid del consiglio di Minaya (versi 677-678)?

- A Che non è degno di un valoroso cavaliere.
- B Che è degno di un valoroso cavaliere.
- C Che richiede l'approvazione di tutti gli altri cavalieri.
- D Che non è opportuno, data la situazione.

8. Perché si sarebbero potuti vedere «tanti buoni cavalli senza padrone errare» (verso 730)?

- A Perché nella confusione i cavalli erano usciti dai recinti.
- B Perché i cavalli erano storditi dal frastuono della battaglia.
- C Perché i cavalli erano stati catturati dai nemici.
- D Perché i loro cavalieri erano stati uccisi.

LESSICO E STILE

9. L'epiteto *grande battagliatore* corrisponde per significato all'epiteto...

- A cavaliere.
- B vassallo.
- C Campeador.
- D Cid.

10. Nell'espressione «tante rotelle fare a pezzi e sfondare» (verso 727)...

- A «tante rotelle» è il soggetto dei due verbi (*fare a pezzi e sfondare*).
- B «tante rotelle» è il complemento oggetto dei due verbi.
- C «a pezzi» è un complemento di termine.
- D «a pezzi» è un complemento di moto a luogo.

SCRITTURA

11. Quali caratteristiche tipiche di un eroe si possono riconoscere nel Cid? Prova a descrivere il personaggio in un breve testo (10 righe).

IL CANTO DEI NIBELUNGHI

Il *Canto dei Nibelunghi* narra le vicende legate a Sigfrido e al popolo dei Burgundi, **vicende in cui si intrecciano storia**, quella delle migrazioni dei Burgundi in età tardo-antica, **e leggenda**, quella dell'eroe Sigfrido, già noto ad altre tradizioni nordiche.
Il poema è costituito da 2400 **strofe** di quattro versi ciascuna (**quartine**), divise in **39 canti** o **Avventure**.

La trama del *Canto dei Nibelunghi*

Il poema è costituito da **due vicende principali**: **la prima** ruota intorno alle **gesta dell'eroe Sigfrido**, dalla giovinezza fino alla sua morte per mano del burgundo Hagen; **la seconda** narra **la vendetta di Crimilde** contro i responsabili dell'assassinio di Sigfrido.

Prima parte – La vicenda di Sigfrido

Sigfrido, figlio del re dei Paesi Bassi, decide di recarsi **alla corte di Worms**, capitale del regno dei Burgundi, **per conquistare la principessa Crimilde**, sorella del **re Gunther**.
Pur di ottenere la mano di Crimilde, Sigfrido accetta di lottare per conquistare **Brunilde**, bellissima e crudele **regina d'Islanda**, di cui il re Gunther si è innamorato. In cambio dell'aiuto fornito a Gunther, **Sigfrido ottiene in sposa Crimilde**.
Dopo dieci anni Brunilde, gelosa della felicità dei cognati, spinge il marito a invitarli a Worms. A una festa le due regine litigano violentemente e **Crimilde**, irata, **rivela a Brunilde** che Gunther l'ha conquistata con l'inganno grazie a Sigfrido. Brunilde, furiosa, vuole vendicarsi di Sigfrido: **l'eroe viene ucciso[1] a tradimento** da Hagen (il più fidato vassallo del re) e **Gunther si impadronisce del tesoro dei Nibelunghi**, sottraendolo alla vedova di Sigfrido, Crimilde.
Il tesoro viene sommerso nel Reno in un punto noto solo a Gunther e ad Hagen.

Seconda parte – La vendetta di Crimilde

Disperata per la morte di Sigfrido, Crimilde medita per ventisei anni la vendetta. Divenuta nel frattempo sposa del re degli Unni **Attila**, Crimilde gli chiede di invitare a una festa di corte i suoi parenti, i quali accettano e giungono accompagnati dal fior fiore dei cavalieri burgundi. A banchetto, però, Crimilde suscita una lite, che degenera in un **feroce scontro tra i due eserciti**.
Hagen e Gunther, unici sopravvissuti fra i Burgundi, vengono fatti prigionieri da **Teodorico**, ospite di Attila, e poi consegnati a **Crimilde**.
La regina cerca invano di sapere da Hagen dov'è nascosto il tesoro; questi dichiara di voler tacere finché sarà in vita Gunther. La regina fa allora **uccidere il fratello**; all'ostinato silenzio di Hagen Crimilde uccide anche lui, con la spada che era appartenuta a Sigfrido. A sua volta, **Crimilde verrà uccisa** da Ildebrando, maestro d'armi di Teodorico.
Il poema si conclude con Attila e Teodorico che piangono sulla atroce conclusione della vicenda.

1. Sigfrido aveva precedentemente ucciso un drago, del cui sangue si era bagnato diventando invulnerabile. Come l'omerico Achille, era rimasto vulnerabile in un solo punto del corpo, in mezzo alle spalle, dove si era posata una foglia: in quel punto il sangue del drago non lo aveva bagnato. Proprio in quel punto Sigfrido viene colpito a morte da Hagen.

Audio
Ascolta il brano

4. Il proemio del *Canto dei Nibelunghi*

Nel proemio dei *Nibelunghi* è annunciata a grandi linee la trama del poema, sono indicati i temi – le gesta di guerrieri famosi e vicende sia liete che dolorose – e nominati alcuni dei personaggi principali: tra questi i fratelli di Crimilde, la principessa burgunda di cui si innamora, ancor prima di conoscerla, l'eroe Sigfrido.
Ma un'altra donna avrà un ruolo decisivo nella vicenda: la regina d'Islanda Brunilde, il cui odio per Sigfrido sarà causa della morte dell'eroe e, alla fine, anche di tutta la famiglia di Crimilde.

Il poema fa riferimento a una più antica tradizione epica, incentrata sulle gesta di guerrieri famosi.

1. Nelle antiche leggende son narrate cose stupende
di guerrieri famosi, imprese immense,
di feste e di letizia[1], di lacrime e di pianto,
di lotte d'audaci guerrieri; di ciò udrete narrar meraviglie.

2. Cresceva tra i Burgundi[2] una nobile fanciulla,
tale che in tutto il mondo non v'era cosa più bella,
si chiamava Crimilde: divenne una bella donna.
Per causa sua molti guerrieri avrebbero perso la vita.

Questa anticipazione serve a sollecitare la curiosità del pubblico.

3. Era degna d'essere amata, la fanciulla leggiadra[3].
La desideravano prodi guerrieri, nessuno l'era nemico.
La sua nobile persona era bella oltre misura,
la cortesia della fanciulla, ornamento d'ogni donna.

4. Tre re ne avevano cura, nobili e possenti,
Gunther e Gernot, gli illustri guerrieri,
e Giselher giovinetto, audace cavaliere.
Era loro sorella, e i re ne avevano cura.

5. Erano magnanimi[4] re, nati d'altissima stirpe,
audaci nella loro potenza, famosi e prodi guerrieri,
Dai Burgundi la terra prendeva il suo nome.
Compirono grandi imprese, più tardi, nel regno di Attila.

A Worms è ambientata gran parte della vicenda dei *Nibelunghi*.

6. A Worms, in riva al Reno, vivevano coi loro guerrieri.
Li servivano cavalieri superbi[5], nati nello stesso regno,
con grandissimi onori, fino alla morte.
Perirono poi tristemente, per l'odio di due nobili donne.

Il riferimento è alla lite fra Crimilde e Brunilde e alla conclusione tragica del poema.

(tratto da *I Nibelunghi*, I avventura, strofe 1-6,
a cura di Laura Mancinelli, Einaudi 1972 e 1995)

stupende...
L'aggettivo ***stupendo*** significa letteralmente «che suscita stupore»: questo effetto può essere prodotto solo da azioni fuori dal comune (meraviglie).

prodi guerrieri
L'espressione ***prodi guerrieri*** è tipica del linguaggio epico.

1. letizia: gioia.
2. Burgundi: popolo di stirpe germanica che all'inizio del V secolo d.C. migrò nel territorio del Reno-Meno. I Burgundi vennero sconfitti nel 435-436 da Ezio, generale dell'Impero romano d'Occidente; nel corso degli scontri gran parte del popolo burgundo e la famiglia reale morirono e il regno crollò.
3. leggiadra: bella e aggraziata.
4. magnanimi: nobili.
5. superbi: l'aggettivo non va inteso negativamente, bensì nel significato di «grandi», «nobili».

COMPRENSIONE

1. Nella trama dei *Nibelunghi*...

- A non compaiono personaggi femminili.
- B tutte le vicende narrate sono tratte dalla realtà storica.
- C non ci sono legami con la realtà storica.
- D è determinante il ruolo dei personaggi femminili.

2. Chi è Crimilde?

- A La regina d'Islanda.
- B Una principessa burgunda.
- C La moglie del re Gunther.
- D La madre di Sigfrido.

3. Quali sono le doti di Crimilde?

....

4. Chi sono Gunther, Gernot e Giselher?

- A Pretendenti di Crimilde.
- B Vassalli del principe Sigfrido.
- C Fratelli di Crimilde.
- D Principi dei Paesi Bassi.

ANALISI E RIFLESSIONE

5. Dopo aver riletto il proemio del *Canto dei Nibelunghi*, barra tra le caratteristiche elencate qui di seguito solo quelle tipiche del poema epico (sono 4).

- A Il testo è in versi.
- B Il testo è in prosa.
- C Parla di imprese straordinarie.
- D Parla di vicende storiche.
- E Manca un eroe protagonista.
- F C'è un eroe protagonista.
- G La vicenda si conclude con un lieto fine.
- H È incentrato su una storia d'amore.
- I I protagonisti sono nobili eroi.
- L L'eroe è dotato di mezzi magici.

6. Quali sono, secondo il poeta, le virtù «ornamento d'ogni donna»?

....

7. Quale espressione del testo ha lo stesso significato di «nessuno l'era nemico» (verso 10)?

- A «In tutto il mondo non v'era cosa più bella».
- B «Erano magnanimi re».
- C «Tre re ne avevano cura».
- D «La desideravano prodi guerrieri».

LESSICO E STILE

8. Sottolinea nel testo e ricopia qui di seguito tutte le coppie sostantivo+aggettivo che si possono ricondurre al lessico dell'epica.

Esempio: *antiche leggende; cose stupende* (strofa 1, verso 1).

....

....

....

....

....

9. Rileggi la strofa 4: quale caratteristica dello stile epico puoi riscontrare?

- A La narrazione di storie di guerra.
- B La presenza di similitudini.
- C La ripetizione di espressioni simili.
- D L'invocazione alla Musa.

10. Le strofe 5 e 6 contengono...

- A un *flashback*.
- B un'anticipazione.
- C un riassunto.
- D il proemio.

Audio
Ascolta
il brano

5. Sigfrido al castello di Worms

Il principe del Niederland (gli attuali Paesi Bassi) Sigfrido, da poco divenuto cavaliere, parte per conquistare la principessa burgunda, Crimilde, della cui bellezza ha molto sentito parlare.
Quando l'eroe giunge al castello di Worms, tutti i burgundi rimangono colpiti dal suo nobilissimo aspetto e dalle sue splendide armi. Il re Gunther, che non lo ha mai visto, chiede chi possa mai essere quel cavaliere: il potente vassallo Hagen ritiene che si possa trattare di Sigfrido, del quale riferisce avventure fantastiche e misteriose, come la conquista di un tesoro immenso che apparteneva ai Nibelunghi – e che ora custodisce per lui il fortissimo e fedele nano Alberico – e l'uccisione di un drago, nel cui sangue il giovane si è bagnato divenendo invulnerabile.

Lo **splendore delle armi** di Sigfrido e del suo seguito annuncia che si tratta di **cavalieri importanti**.

72. Gli scudi erano nuovi, larghi e lucenti,
e bellissimi gli elmi, quando venne alla corte
l'audace Sigfrido, nella terra di Gunther[1].
Non si videro a cavalieri mai più splendide armi.

l'audace Sigfrido
L'**epiteto** si adatta perfettamente, come capiremo tra poco, all'eroe Sigfrido.

74. Tenevano nelle mani le briglie color d'oro,
i pettorali[2] eran di seta: così giunsero nella terra.
La gente tutt'intorno ammirava stupita,
poi corsero loro incontro i guerrieri di Gunther.

78. «Se il re voi cercate, lo potete vedere.
In quella vasta sala, là io l'ho scorto[3]
insieme ai suoi guerrieri. Là dovete andare.
Troverete accanto a lui molti vassalli potenti.»

79. Subito la notizia al re fu riferita,
che erano giunti nel regno cavalieri superbi[4],
con lucenti armature e splendide sopravvesti.
Nessuno li conosceva nella terra burgunda.

Le informazioni essenziali sono due: che si tratta di cavalieri dall'aspetto nobilissimo e che sono stranieri.

80. Il re si chiedeva stupito di dove venissero
gli splendidi guerrieri in vesti lucenti e variopinte,
con scudi tanto belli, nuovi e assai larghi.
A Gunther dispiaceva che nessuno lo sapesse.

1. **Gunther:** è il re dei Burgundi. Sigfrido è giunto a Worms per conquistare Crimilde, sorella del re.
2. **i pettorali:** la veste che i cavalieri indossavano sopra l'armatura, per indicare, attraverso i colori e i ricami, la loro nazionalità o il loro rango nobiliare.
3. **scorto:** visto.
4. **superbi:** magnifici.

Fra i molti vassalli di Gunther, **Hagen** gode evidentemente di una **posizione privilegiata**.

83. Il re chiese a Hagen quel che voleva sapere.
«Sono giunti nel mio castello ignoti guerrieri,
che nessuno conosce. Se mai li avete visti,
ditemi, Hagen, tutto quel che sapete.»

86. Disse allora Hagen: «Questo io vorrei dire,
benché mai Sigfrido io non abbia veduto,
credo veramente, comunque stian le cose,
che lui sia quel guerriero che giunge così superbo.

superbo
Come indica la sua etimologia, *superbo* significa «grande», nel senso di «che si distingue tra gli altri».

87. Porta novità, qui in questa terra.
I prodi Nibelunghi ha prostrato[5] la sua mano,
Schilbung e Nibelung, i figli del grande re[6].
Compì grandi imprese con l'immensa sua forza.

Hagen racconta a Gunther, in un lungo flashback, una delle imprese straordinarie compiute da Sigfrido: la conquista del tesoro dei Nibelunghi.

Nibelunghi
I Nibelunghi erano una stirpe di nani che vivevano nelle viscere della terra, da cui ricavavano oro e pietre preziose.

88. Mentre solitario cavalcava e senza aiuto,
trovò davanti a un monte, così mi fu narrato,
presso il tesoro di Nibelung molti prodi guerrieri,
che gli erano ignoti, finché non li conobbe.

89. Il tesoro di Nibelung era stato portato
fuor da una cava grotta. Ora udrete meraviglie,
poiché volevano spartirlo gli uomini di Nibelung.
Questo vide Sigfrido; fu stupito il cavaliere.

90. Tanto si avvicinò che vide i guerrieri,
e i guerrieri videro lui. Disse uno di loro:
"Qui è giunto Sigfrido, l'eroe del Niederland."
Quali strane avventure incontrò tra i Nibelunghi!

91. Lo accolsero con onore Schilbun e Nibelung.
I giovani principi con accordo comune
pregarono il guerriero che volesse spartire l'oro.
Lo desideravano vivamente. E il principe promise.

92. E vide tante gemme (così udimmo dire)
che cento carri grandi non le potevano portare;
e ancor più rosso oro della terra dei Nibelunghi.
Doveva tutto spartire, la mano del prode Sigfrido.

5. **prostrato:** vinto.
6. **i figli del grande re:** Schilbun e Nibelung erano i figli del re dei Nibelunghi.

93. Gli diedero come compenso la spada di Nibelung.
Ma un danno funesto sarebbe loro venuto
dal servigio di Sigfrido, il guerriero valoroso.
Egli non poté compierlo: essi ne furono irati.

94. Avevano tra i compagni dodici prodi guerrieri,
che erano forti giganti. Ma che giovò loro?[7]
Li colpì con furore la mano di Sigfrido
e settecento guerrieri abbatté tra i Nibelunghi,

Anche in altri poemi epici compare **una spada straordinaria**: pensa a Durendal, la spada di Rolando; anche re Artù è famoso per la sua spada, Excalibur.

95. con la spada affilata, che Balmung si chiamava.
Per la forte paura che ebbero della spada
e dell'uomo tanto prode, molti giovani guerrieri
gli diedero soggetti la terra ed i castelli.

96. Inoltre i re possenti, entrambi[8], egli uccise.
Poi con Alberico si trovò in gran distretta[9].
Credeva di vendicare subito i suoi re,
finché la gran forza di Sigfrido conobbe.

97. Non poté resistere a lui quel fortissimo nano.
Come leoni selvaggi corsero alla montagna,
dove il cappuccio fatato tolse ad Alberico.
Allora fu signore dell'oro, Sigfrido, quell'uomo tremendo.

Come leoni...
La difficoltà dell'impresa di Sigfrido è sottolineata dalla breve **similitudine**, di chiaro sapore epico.

Sigfrido conquista il cappuccio magico che rende invisibili **e il tesoro dei Nibelunghi**. Il poeta nomina qui per la prima volta il cappuccio fatato, ma il pubblico doveva averne già sentito parlare, magari in una delle molte leggende della tradizione popolare.

98. Quelli che osarono lottare, tutti furono uccisi.
Egli ordinò che il tesoro là fosse portato
donde i guerrieri di Nibelung prima l'avevano tolto.
Il forte nano Alberico divenne custode dell'oro.

99. Fu costretto a prestar giuramento che come schiavo
[l'avrebbe servito.
E in tutte le cose fu pronto al suo comando.»
Così parlò Hagen. «Questo egli ha fatto.
Mai nessun guerriero ebbe forza tanto grande.

100. So ancora una cosa che mi è nota di lui.
Un drago ha ucciso, l'eroe, con la sua mano.
E si bagnò nel suo sangue: come corno ebbe dura la pelle.
Non la ferisce alcun'arma. S'è veduto più volte.

Poiché Sigfrido è un eroe invincibile, Hagen consiglia a Gunther di accoglierlo con tutti gli onori e di renderselo amico.

101. Con tanto maggior onore il principe accogliamo,
se non vogliamo attirarci l'odio del guerriero.
Egli è così audace che occorre averlo amico.
Tante imprese mirabili ha compiuto con la sua forza.»

7. Ma che giovò loro?: ma a che cosa servì? Il senso è: non servì a niente.
8. i re possenti, entrambi: Schilbung e Nibelung.
9. distretta: difficoltà.

102. Disse il grande re: «Tu forse hai ragione.
Guarda con quanta audacia sta in assetto di guerra,
lui coi suoi guerrieri, l'ardito cavaliere.
Bisogna che scendiamo ad incontrare quel guerriero.»

103. «Potete farlo con onore, – disse Hagen allora.
– È di nobile stirpe e figlio d'un grande re[10].
L'atteggiamento mi pare tale, che, Iddio lo sa,
non dev'essere venuto per cosa di poco conto .»

104. Disse il re del luogo: «Ci sia benvenuto.
Egli è nobile e ardito, questo ho appreso da voi.
Gli giovi il suo coraggio nella terra burgunda.[11]»
Allora il re Gunther andò incontro a Sigfrido.

(ridotto da *I Nibelunghi*, III avventura, strofe 72, 74, 78-80, 83, 86-104, a cura di Laura Mancinelli, Einaudi 1972 e 1995

10. **un grande re:** il padre di Sigfrido era Siegmund, re del Niederland.

11. **Gli giovi il suo coraggio nella terra burgunda:** il fatto che Sigfrido sia un valoroso cavaliere gli procurerà l'amicizia dei Burgundi.

COMPRENSIONE

1. Chi è Sigfrido? Perché si reca alla corte di Worms?

....

....

....

....

2. Chi è Gunther?

A Un compagno di Sigfrido.
B Un vassallo di Sigfrido.
C Il re dei Burgundi.
D Il padre di Crimilde.

3. Che cosa colpisce l'attenzione di Gunther?

A L'aspetto minaccioso degli stranieri.
B L'aspetto modesto degli stranieri.
C Le splendide armi indossate dagli stranieri.
D Le armi insolite indossate dagli stranieri.

4. Chi racconta l'impresa della conquista del tesoro dei Nibelunghi e a chi?

A Il poeta agli ascoltatori.
B Hagen a Gunther.
C Sigfrido a Gunther.
D Sigfrido a Crimilde.

5. Quale effetto ha prodotto su Sigfrido il sangue del drago?

....

....

....

6. Come si conclude il brano?

A Con Sigfrido che viene allontanato da Worms.
B Con Sigfrido che viene accolto da Gunther.
C Con Sigfrido che si scontra con i Burgundi.
D Con Gunther che concede la mano di Crimilde a Sigfrido.

ANALISI E RIFLESSIONE

7. Rileggi la strofa 78: quali elementi indicano la potenza del re Gunther?

....

....

8. Chi pronuncia le parole «E vide tante gemme (così udimmo dire)» (verso 49)?

A Il poeta.
B Hagen.
C Gunther.
D Sigfrido.

9. Come reagisce Gunther al racconto di Hagen?

A Pensa che Hagen si sia inventato tutto.
B Pensa che Sigfrido sia degno di essere accolto benevolmente.
C Pensa che Sigfrido rappresenti una minaccia per i Burgundi.
D Pensa di concedere a Sigfrido la mano di Crimilde.

LESSICO E STILE

10. Nella frase «I prodi Nibelunghi ha prostrato la sua mano» (verso 30) il soggetto è...

A «la sua mano».
B «I prodi Nibelunghi».
C «Sigfrido».
D la frase è priva di soggetto..

11. Individua nella strofa 79 il termine che corrisponde a *pettorali* del verso 6.

....

12. Quale aggettivo corrisponde per significato a «Non la ferisce alcun'arma» (verso 84)?

....

L'EPICA DEL CICLO BRETONE (O CICLO ARTURIANO)

I cicli epici

Secondo il poeta francese Jean Bodel (circa 1165-1210), l'epica medievale **si distingue, in base alla *materia*** (cioè all'argomento) **e all'ambientazione, in tre cicli**:
- **ciclo carolingio** o ***materia di Francia***, incentrato sulle vicende di Carlo Magno e dei suoi paladini;
- **ciclo bretone** o ***materia di Bretagna***, incentrato sulle vicende di re Artù e dei cavalieri della Tavola Rotonda;
- **ciclo classico** (cioè greco-latino), o ***materia di Roma***, che comprende rielaborazioni di leggende provenienti dal mondo greco-romano.

Il ciclo bretone (o arturiano)

Al **ciclo bretone** appartiene una vasta produzione di **romanzi sia in versi sia in prosa**, incentrati sulle vicende di **re Artù** (da cui il termine di **ciclo arturiano**) e dei **cavalieri della Tavola Rotonda**, così chiamati perché si riunivano attorno a una tavola la cui **forma circolare** sottolineava l'**uguale importanza e dignità** di ciascuno di essi.
Le opere del ciclo bretone si diffusero nel Nord della Francia verso la metà del XII secolo; la principale fonte di ispirazione per queste opere fu la ***Storia dei re di Bretagna*** (1135-1137) di **Goffredo di Monmouth**, il quale raccontava in latino le vicende dei re bretoni e in particolare di re Artù.
L'autore più importante del ciclo bretone **è Chrétien de Troyes**, vissuto in Francia nella seconda metà del XII secolo.

I temi del ciclo bretone

Le opere del ciclo bretone si differenziano profondamente da quelle del ciclo carolingio dal punto di vista dei temi: mentre nel ciclo carolingio prevalgono il tema religioso e la celebrazione degli ideali di onore e devozione alla patria e al sovrano, **nel ciclo bretone i temi dominanti sono l'avventura, la magia e l'amore**.
Il cavaliere dell'epica bretone, pur impegnato a fianco del suo re anche in guerra, è animato da una **motivazione personale** a cercare onore e gloria; spesso questa motivazione coincide con il **desiderio di essere un cavaliere perfetto**, desiderio che spinge **l'eroe alla ricerca di avventure** con cui mettersi alla prova e dalle quali possano derivargli **fama e onore**. Mentre i protagonisti delle canzoni di gesta dimostravano il proprio valore nelle battaglie, spesso storicamente determinate, contro gli infedeli, il cavaliere dei romanzi cortesi parte, spesso da solo, in cerca di pericoli che assumono **contorni fantastici**: vi compaiono infatti mostri e **personaggi magici**, come il famoso **Merlino**, che protegge e consiglia Artù; talvolta il protagonista è vittima di incantesimi o supera con mezzi magici gli ostacoli che gli si oppongono.
Altro elemento caratteristico della materia bretone è **l'amore**: l'amore, ricambiato o meno, per una dama, e i sentimenti di gentilezza e cortesia diventano per il cavaliere una **fonte di arricchimento spirituale**.

Audio Ascolta il brano

6. Re Artù istituisce la Tavola Rotonda

Della Tavola Rotonda si parla per la prima volta nel *Romanzo di Brutus* – detto anche *Gesta dei Bretoni* – di Robert Wace (1155); intorno ad essa, secondo la leggenda, sedevano nelle loro riunioni re Artù e i suoi cavalieri. Sarebbe stato il mago Merlino, consigliere del re, a suggerirgli di istituire la Tavola che, con la sua forma, simboleggiava l'assoluta uguaglianza dei cavalieri, scelti per il loro coraggio e la loro lealtà a compiere eroiche imprese.
Come annuncia Merlino stesso, l'impresa più alta alla quale saranno chiamati i cavalieri della Tavola Rotonda è la conquista del Santo Graal: un'impresa difficilissima, che riuscirà solo al miglior cavaliere del mondo.

Quando furono levate le tavole, Merlino si alzò e, dopo aver chiesto licenza[1] al re, disse a voce così alta che tutti l'intesero[2] nella sala: «Signori, sappiate che il Santissimo Graal, il vaso in cui Nostro Signore offrì per la prima volta il proprio corpo santo[3] e dove Giuseppe d'Arimatea[4] raccolse il sangue prezioso che sgorgò dalle piaghe di Gesù Cristo, è stato trasportato nella Bretagna Azzurra. Ma non verrà trovato, e le sue meraviglie non saranno svelate che dal miglior cavaliere del mondo. E è detto nel nome della Santissima Trinità che re Artù debba istituire la tavola che sarà la terza dopo quella della Cena e quella del Graal[5], e che a lui verrà gran bene e grandi meraviglie al regno. Questa tavola sarà rotonda per significare che tutti coloro che dovranno sedervisi non avranno alcuna preminenza, e alla destra di monsignore[6] il re rimarrà sempre un seggio vuoto in memoria di Nostro Signore Gesù Cristo: nessuno vi si potrà sedere senza rischiare la sorte di Mosè che fu inghiottito dalla terra[7], salvo il miglior cavaliere del mondo che conquisterà il Santo Graal e ne conoscerà il significato e la verità.»
«Voglio» disse re Artù «che Nostro Signore non sia diminuito per colpa mia.»

Il Santo Graal, la cui ricerca è al centro delle leggende del ciclo bretone, viene fin dall'inizio collegato all'istituzione della Tavola Rotonda, istituzione che assume così un valore religioso e mistico.

Re Artù non si ritiene all'altezza di Cristo, che istituì la prima e più importante Tavola.

Graal
Il termine in antico francese ***Graal*** deriva dal latino medievale *gradalis* che significa «vaso, recipiente».

1. **licenza:** il permesso.
2. **l'intesero:** lo sentirono.
3. **il vaso in cui Nostro Signore... santo:** la coppa usata da Gesù Cristo nell'Ultima Cena, durante la quale fu istituita l'Eucaristia.
4. **Giuseppe d'Arimatea:** citato nei quattro Vangeli, Giuseppe di Arimatea chiese a Pilato la restituzione del corpo di Gesù e si occupò della sua sepoltura. Nel Medioevo sorsero leggende che lo collegavano alla Britannia e al mito del Santo Graal.
5. **quella del Graal:** Giuseppe di Arimatea avrebbe istituito la Tavola del Graal, con 13 posti a sedere, di cui uno doveva rimanere sempre vuoto per ricordare Gesù.
6. **monsignore:** il termine – che significa «mio signore» – è usato per sottolineare l'importanza del re.
7. **Mosè che fu inghiottito dalla terra:** non si tratta del Mosè dell'Antico Testamento, ma di un altro Mosè che avrebbe osato sedersi sul seggio destinato a rimanere vuoto per ricordare Gesù; per la sua audacia questo Mosè sarebbe stato inghiottito dalla terra.

Non aveva ancora terminato queste parole che d'improvviso apparve in mezzo alla sala una tavola rotonda intorno alla quale stavano centocinquanta seggi di legno. E sulla maggior parte di essi si leggeva, in lettere d'oro: "Qui deve sedere Il Tale": ma, su quello che si trovava di fronte allo scranno[8] del re, non era scritto alcun nome.

«Signori» disse Merlino «potete vedere i nomi di coloro che Dio ha scelto perché sedessero alla Tavola Rotonda e perché si ponessero alla ricerca del Graal quando sarà venuto il tempo.»

Allora il re e i cavalieri designati dalla sorte andarono a prendere posto, badando a lasciar libero il seggio periglioso[9]: ed erano messer[10] Galvano con i donzelli che avevano difeso il regno durante l'assenza del re, e i trentanove compagni ch'erano andati in Carmelide[11] in compagnia d'Artù e di Merlino. Appena si furono seduti, si sentirono pieni di dolcezza e d'amicizia.

i donzelli
Il termine ***donzelli*** indica i giovani che aspiravano a diventare cavalieri.

«Bei signori» riprese Merlino «quando sentirete parlare d'un buon cavaliere, tanto farete finché lo condurrete a questa corte, dove, se dimostrerà di essere prode e fedele, lo riceverete tra voi: perché è detto che il numero dei compagni della Tavola Rotonda salirà a centocinquanta prima che sia intrapresa la ricerca del Santo Graal. Ma bisognerà sceglierli bene: un solo uomo malvagio disonorerebbe tutta la compagnia. E badate che nessuno di voi si segga sul seggio periglioso, perché ne avrebbe gran male.»

Le qualità essenziali di un cavaliere – e dunque anche dei cavalieri della Tavola Rotonda – sono il **coraggio**, la **nobiltà d'animo** e la **fedeltà** al sovrano.

Messer Galvano, dopo aver consultato i compagni, così parlò:

«In nome dei cavalieri della Tavola Rotonda» disse «faccio voto[12] che mai pulzella[13] o dama verrà a questa corte per cercar soccorso che possa essere dato da un sol cavaliere, senza trovarlo. E mai uomo verrà a chiederci aiuto contro un cavaliere senza ottenerlo. E se avvenisse che uno di noi dovesse scomparire, volta a volta[14] i compagni si metteranno alla sua ricerca, e tale ricerca durerà un anno e un giorno.»

8. **scranno:** sedile, trono.
9. **periglioso:** pericoloso (per chiunque non sia il cavaliere al quale il seggio è destinato).
10. **messer:** il termine (forma tronca della parola provenzale *messére*) significa «mio signore» e sottolinea la nobiltà del personaggio.
11. **Carmelide:** regno confinante con quello di Artù. Il re di Carmelide era Leodagan, padre di Ginevra.
12. **faccio voto:** giuro, mi impegno a.
13. **pulzella:** fanciulla.
14. **volta a volta:** a turno.

L'impegno dei cavalieri della Tavola Rotonda viene consacrato con un giuramento fatto sulle reliquie dei santi, molto venerate nel Medioevo.

Il re fece portare le migliori[15] reliquie che si poterono trovare e tutti i compagni della Tavola Rotonda giurarono sui santi di mantener fede al giuramento che in loro nome aveva fatto messer Galvano. E la regina[16] disse a costui:

Non solo è importante che i cavalieri compiano delle nobili imprese, ma che queste imprese vengano raccontate e diano loro **fama**.

«Bel nipote[17], col permesso del mio signore il re, voglio che quattro chierici restino qui, e non abbiano altra cosa da fare che mettere per iscritto tutte le vostre avventure e quelle dei vostri compagni, affinché dopo la nostra morte rimanga memoria delle vostre prodezze.»

chierici
I **chierici** erano **persone istruite**, e spesso dei letterati.

«Ve lo concedo» disse il re. «E io faccio voto che, tutte le volte che porterò la corona, non mi siederò a desinare prima che nella mia corte sia accaduta un'avventura.»

Quando i cavalieri e le dame che erano nella sala intesero fare tutti questi bei voti, ne furono molto lieti e soddisfatti, perché credevano che al regno di Logres[18] ne sarebbe venuto gran bene e onore.

(tratto da *I romanzi della Tavola Rotonda*, a cura di Jacques Boulenger, ed. italiana a cura di G. Agrati e M.L. Magini, Mondadori, 1988, vol. 1)

15. **migliori:** nel senso di più importanti, più venerate. Giurare su queste reliquie dà all'impegno dei cavalieri un valore sacro.
16. **la regina:** si tratta di Ginevra, moglie di re Artù.
17. **nipote:** Galvano era nipote di Artù e, di conseguenza, anche di Ginevra.
18. **regno di Logres:** il regno di Artù, corrispondente all'Inghilterra.

MESSA A FUOCO

La ricerca del Graal

Le avventure dei cavalieri della Tavola Rotonda sono legate alla ricerca del Graal, il leggendario calice in cui fu raccolto il sangue di Cristo in croce o, secondo un'altra tradizione, il calice usato durante l'Ultima Cena. La ricerca del Graal costituisce una delle saghe narrative più diffuse nel Medioevo e ha avuto **origine dall'ultimo romanzo di Chrétien de Troyes**, rimasto incompiuto: ***Perceval* o *Il racconto del Graal***. Il protagonista del romanzo, Perceval, cresce nel fitto di una foresta per volontà della madre, che intendeva proteggerlo dal desiderio di compiere imprese cavalleresche. Un giorno il giovane s'imbatte in un drappello di cavalieri e decide di seguirli; si reca dunque alla corte di re Artù dove abbraccia la vita cavalleresca. Durante le sue peregrinazioni Perceval giunge alla corte del Re Pescatore e lì assiste ad una processione durante la quale vede il misterioso Graal, un oggetto che emana una luce intensa, realizzato in oro purissimo e costellato di pietre preziose. Dopo aver appreso che la propria madre è morta il giorno stesso della sua partenza, Perceval si dedica alla ricerca del Graal, senza però riuscire a ritrovarlo.

Nel romanzo di Chrétien de Troyes **la ricerca del sacro calice non rappresenta una semplice impresa cavalleresca, ma assume valenze religiose e spirituali**.

COMPRENSIONE

1. Chi è Artù? Chi è il suo consigliere?

....

....

2. Chi istituisce la Tavola Rotonda?

A Merlino.
B Galvano.
C Artù.
D Ginevra.

3. Che cos'è il Graal?

A Il palazzo di Artù.
B Un regno confinante con quello di Artù.
C Un sacro calice del tempo di Gesù.
D Un altro nome per indicare la Tavola Rotonda.

4. I Cavalieri della Tavola Rotonda...

A non sono tutti uomini virtuosi.
B non possono che essere uomini virtuosi.
C non è necessario che siano virtuosi.
D devono aver già compiuto imprese straordinarie.

ANALISI E RIFLESSIONE

5. Il *seggio periglioso* è...

A il trono di Artù.
B il seggio destinato al migliore tra i cavalieri della Tavola Rotonda.
C il seggio destinato a ricordare Mosè.
D il seggio destinato a Merlino.

6. La frase «Ma non verrà trovato, e le sue meraviglie non saranno svelate che dal miglior cavaliere del mondo» (righe 8-10) significa che:

A il Graal non potrà mai essere trovato da nessun cavaliere.
B solo il miglior cavaliere del mondo troverà il Graal.
C non si troverà mai un cavaliere capace di svelare i segreti del Graal.
D solo Artù può svelare i segreti del Graal ai suoi cavalieri.

7. Quali sono i doveri dei cavalieri della Tavola Rotonda? (rileggi le righe 55-61)

....

....

....

....

....

8. Che cosa chiede la regina Ginevra ad Artù?

....

....

....

....

LESSICO E STILE

9. Il termine *scranno* (riga 29) è sinonimo di...

A tavolo.
B nobile signore.
C saggio.
D seggio.

10. Il termine *prodezze* (riga 71) è sinonimo di...

A sciocchezze.
B imprese.
C racconti.
D voti.

L'ultima battaglia

Non era facile, per il re Artù, accettare con fede il succedersi degli avvenimenti. Da Camelot a Carleon, da Canterbury a Caruel, di castello in castello ove teneva corte, circondato spesso da cortigiani infidi e minacciato da invasori stranieri, Artù meditava:
«Avevo sperato che la ricerca segnasse il trionfo del mio regno. Avevo sognato che il Graal potesse troneggiare nella cattedrale di Canterbury. Avevo contato nell'appoggio costante di centocinquanta prodi e nel prestigio della Tavola Rotonda. Mi trovo invece solo, la ricerca non ha dato finora frutto, molti dei miei Cavalieri sono morti e altri sono ancora dispersi per il mondo».
Ore di ansia e di dolore. E, in quelle ore, ecco un messaggero da Logres con notizie tremende, di sventure e di tradimenti:
«Mordret s'è impadronito del trono!» annuncia. «Ha fatto spargere la voce che il re è morto e si è fatto giurare fedeltà da numerosi baroni».
«E la regina?» domanda ansioso Artù.
«È riuscita a fuggire, con l'aiuto di pochi fedeli, e s'è chiusa in un convento. Dice che, se voi siete morto, quello è il suo posto».
«Almeno è salva...» mormora il re. Poi è preso dal furore: «Dobbiamo tornare in Bretagna e punire i traditori».

La battaglia decisiva si combatté nella piana di Salisbury.
Mordret l'usurpatore aveva levato un grande esercito e aveva arruolato schiere di feroci Sassoni, che erano stati sempre nemici del popolo di Bretagna.
Artù contava sui cavalieri esperti superstiti di tante battaglie e sull'entusiasmo dei giovanissimi, ma le truppe nemiche erano assai più numerose.
La pianura fu presto un groviglio di uomini e di cavalli. A ogni schiera di cavalieri che Artù gettava nella battaglia, Mordret ne opponeva due. Il re vedeva le sue forze assottigliarsi, anche se compivano prodigi di valore. E la strage continuava, fra i cadaveri che giacevano al suolo e i cavalli senza padrone che correvano impazziti calpestando morti e feriti. Le armature proteggevano a stento i corpi, i brandelli dei ricchi manti coprivano a stento piaghe profonde, le zolle si coloravano di sangue, le

orifiamme sventolavano ancora come cosa viva su mucchi di caduti.
Allora Artù strinse attorno a sé l'ultima riserva, i settantadue cavalieri superstiti dell'ultima Tavola Rotonda, pose al centro il suo stendardo, e caricò alla loro testa, con Kei e Sagramoro, Ivano e Galessino. Gli ultimi d'una schiera leggendaria.
Affondarono fra i mercenari e i traditori di Mordret come un buon coltello nel lardo, s'aprirono la strada come freccia che vola verso il bersaglio. E il bersaglio era l'usurpatore in persona.
Artù vide cadere al suo fianco i migliori dei suoi, ma continuò la carica. La sua lancia puntava su Mordret. Il traditore s'oppose con la propria asta, e gagliardamente trapassò lo scudo del re; per fortuna, la corazza del petto resistette. Artù colse il rivale in pieno, scaraventandolo giù di sella.
Un nugolo dei suoi permise a Mordret di risalire in arcione, ma l'ultima carica della Tavola Rotonda era inarrestabile. I due condottieri si scontrarono alla spada, vennero separati dal tumulto della battaglia, si cercarono e si ritrovarono ancora.
Artù era ferito, ma chiese al suo destriero l'ultimo slancio e piombò a lancia in resta sull'usurpatore: la lancia lo trapassò, aprendo un'immensa piaga. Eppure Mordret, nell'ultimo sussulto, ebbe la forza di calare un fendente che spaccò l'elmo del re, e penetrò nel cranio.
La battaglia era vinta, ma Artù era morente.
«Trasportatemi verso il mare» disse ai suoi fedeli. «Non voglio morire in mezzo ai miei nemici».
Andarono, in mesto corteo. Il re stringeva la spada, tenendola per la lama, come una croce.
«Signore Iddio, - pregava - perdona le mie colpe, rendi la pace a questo infelice paese, e accogli nel tuo Regno coloro che sono morti e questo tuo servo che morirà fra poco».
Giunto sulla riva del mare, ebbe ancora lo forza di chiamare uno scudiero: «Mio fedele Girflet, prendi questa mia spada e gettala nella laguna».
L'uomo si mosse per eseguire l'ordine, ma pensò: "È un peccato gettar via una così splendida lama!" e la tenne per sé, lanciando in acqua la propria. Poi tornò dal sovrano.
«Hai fatto quello che ti ho comandato?» domandò Artù.
«Sì, sire».
«E che cosa hai veduto?»

«Niente: l'acqua placida della laguna, le dune sabbiose, il cielo».

«Allora mi hai mentito. Va', e fa' quanto ti ho detto».

Girflet prese una barca, si allontanò un poco, poi gettò in acqua il solo fodero di Escalibur, e tornò dal re.

«Che cosa hai visto, mio scudiero?»

«L'azzurro delle onde e del cielo».

«Non ingannare un uomo che muore. Va' e obbedisci!»

Pieno di spavento, Girtlet scagliò Escalibur nelle acque, come se scottasse. Vide allora una mano misteriosa uscire dalle onde e cogliere la spada al volo, impugnarla e scomparire.

«Questo è il segno che attendevo» disse Artù. «Ora dovete lasciarmi qui, solo. È un ordine. Dite a Ginevra che, nella pace del convento, preghi per me».

Il vecchio re giacque sulla spiaggia, supino, guardando il cielo. Così lo videro per l'ultima volta i suoi fedeli, allontanandosi per suo comando.

Cantano le leggende di Bretagna che Artù non morì su quella spiaggia. Una nave nera venne a prenderlo e lo trasportò lontano, nella felice isola di Avalon. Di lì tornerà un giorno, impugnando Escalibur, per riunire ancora attorno alla Tavola Rotonda coloro che hanno cuore generoso e sanno sognare grandi ideali.

(tratto da Domenico Volpi, *Re Artù e i cavalieri della Tavola Rotonda*, Giunti Junior, 2006)

LETTURA D'OPERA

Il pittore inglese Edmund Blair Leighton (1853-1922) ha rappresentato in questo dipinto il momento più importante nella vita di un cavaliere, ossia l'**investitura**. Nel Medioevo, attraverso la cerimonia dell'investitura, il sovrano (o un'altra autorità) assegnava a una persona un feudo, un titolo o una una carica, in cambio del giuramento di fedeltà.
Nel quadro di Leighton il titolo di cavaliere viene conferito da una regina, che alcuni hanno voluto identificare con Ginevra; l'uomo inginocchiato ai suoi piedi sarebbe allora il più noto dei Cavalieri della Tavola Rotonda ossia Lancillotto, che nei romanzi cavallereschi amò fino alla morte la bellissima moglie di re Artù.

Edmund Blair Leighton, *L'investitura*, 1901, collezione privata.

La cerimonia si svolge in pubblico, di fronte alla comunità; tra gli spettatori si distingue lo scudiero del cavaliere, che porta uno scudo con la stessa insegna impressa sulla tunica del cavaliere.

Il luogo in cui si svolge la cerimonia è descritto con ricchezza di dettagli, a cominciare dal magnifico trono e dall'arazzo che riscalda col suo colore rosso la parete di pietra.

Il cavaliere è in ginocchio, a mani giunte e capo chino: è il momento più solenne della sua vita. Indossa una cotta di maglia di ferro, su cui spicca una tunica rossa, ricamata, con l'insegna di un'aquila; a destra, appoggiato per terra, si vede l'elmo.

Audio
Ascolta il brano

7. Lancillotto difende l'onore della regina Ginevra

Nel 1485 viene pubblicata la *Storia di Re Artù e dei suoi cavalieri* dell'inglese **Thomas Malory**. L'opera raggruppa otto romanzi in prosa che Malory trasse dal ciclo di leggende medievali incentrate su Artù e sui cavalieri della Tavola Rotonda, tra i quali spicca senz'altro **Lancillotto**. Figlio di Ban di Benwick e di Elaine, da piccolo Lancillotto era stato rapito dalla **Dama del Lago** ed era vissuto con lei fino all'età di diciotto anni, quando era diventato cavaliere.
La vicenda di Lancillotto ruota intorno all'**amore per la regina Ginevra, moglie di re Artù**, che il malvagio Meliagant ha accusato di fronte al re. Ginevra è destinata alla morte, a meno che un cavaliere difenda il suo onore, sfidando in duello l'accusatore. Lancillotto è pronto a farlo, ma viene trattenuto con l'inganno. Quando tutto sembra perduto, però, la regina ritrova il suo campione.

Il **coraggio** e la **lealtà** sono le **caratteristiche essenziali di** un **cavaliere**.

Gli uomini valorosi e leali non temono pericoli essendo convinti che tutti siano come loro, mentre coloro che sono usi[1] al tradimento mettono spesso a rischio gli altri. Così accadde a Lancillotto, che camminando fiducioso per il castello in compagnia di Meliagant[2], incappò in un trabocchetto[3]: la tavola ruotò, ed egli precipitò per oltre dieci braccia[4] andando a cadere in un sotterraneo pieno di paglia, mentre Meliagant si allontanava fingendo di non essersi accorto di nulla.
Quando la regina e gli altri si resero conto che Lancillotto non era con loro pensarono che, come faceva spesso, fosse partito d'improvviso, anche perché Meliagant si era affrettato a far nascondere il cavallo di Ser Lavaine[5] proprio per far credere che il cavaliere se ne fosse andato senza avvertire nessuno.
Terminato il pranzo, ser Lavaine si dette un gran daffare per preparare le lettighe necessarie al trasporto dei feriti e si affrettò a tornare a Westminster con essi, la regina e le dame. Qui giunti, i cavalieri riferirono a re Artù che Meliagant aveva accusato Ginevra di tradimento e che ser Lancillotto aveva raccolto il suo guanto[6].
«Tra otto giorni si batteranno alla vostra presenza» aggiunsero.

1. **usi:** abituati.
2. **Meliagant:** del personaggio di Meliagant (o Maleagant) si parla per la prima volta nel romanzo di Chrétien de Troyes *Lancillotto o il Cavaliere della Carretta*, dove figura come rapitore di Ginevra. La regina verrà poi liberata da Lancillotto.
3. **trabocchetto:** trappola. Lancillotto cade in una botola e precipita in un sotterraneo.
4. **braccia:** il *braccio* è qui inteso come unità di misura; corrisponde a circa 60 cm.
5. **il cavallo di ser Lavaine:** come si dice dopo (alle righe 28-29), Lancillotto aveva preso il cavallo di ser Lavaine.
6. **ser Lancillotto aveva raccolto il suo guanto:** Lancillotto aveva accettato la sfida a duello di Meliagant. Il cavaliere che lanciava una sfida a duello gettava a terra il suo guanto e chi lo raccoglieva dichiarava di accettare la sfida.

«In fede mia, ho paura che ser Meliagant si sia accollato un compito ben gravoso[7]!» esclamò il re. «Ma dov'è Lancillotto?»

Un cavaliere come Lancillotto va in cerca di avventure per guadagnare **onore** e **fama**.

«Non lo sappiamo, sire. Pensiamo che sia andato come al solito in cerca di avventure. Ha preso il cavallo di ser Lavaine.»

«Lasciatelo fare, lo troveremo, a meno che non sia caduto in un tranello» dichiarò allora Artù.

Nel frattempo Lancillotto viene liberato da una dama e a cavallo si precipita ad affrontare la sfida con Meliagant.

L'**onore** e la **vita** di Ginevra dipendono da Lancillotto, il campione che deve difenderla.

Lasciamo ora ser Lancillotto che galoppa a briglia sciolta, e parliamo della regina Ginevra, che era stata portata davanti al rogo su cui sarebbe stata arsa, dato che ser Meliagant, sicuro che Lancillotto non sarebbe potuto intervenire, non aveva cessato[8] di invocare a gran voce che il re gli rendesse giustizia, ovvero che gli fosse condotto dinanzi un altro avversario. Artù e la corte erano a un tempo desolati[9] e colmi di vergogna che la regina dovesse essere arsa perché il suo campione[10] non si era presentato.

Lancillotto viene presentato come un cavaliere leale agli impegni presi e fedele al **giuramento** dei Cavalieri della Tavola Rotonda di difendere i deboli e le vittime di soprusi.

«Sire» disse quindi ser Lavaine ad Artù «non ci sono dubbi che ser Lancillotto deve avere qualche impedimento, perché se fosse vivo, sano e libero, sarebbe già arrivato. Non si è mai sentito dire che abbia tradito la persona per la quale si era impegnato a battersi. Perciò vi supplico di permettere che sia io a scontrarmi qui e oggi, al posto del mio signore e padrone per salvare madama la regina.»

madama
Il termine *madama* – dal francese *madame*, cioè «mia signora» – è un titolo d'onore e sottolinea la devozione di ser Lavaine verso la regina Ginevra.

«Grazie, gentile ser Lavaine» gli rispose il re «tanto più che sono convinto che le imputazioni che Meliagant le muove[11] sono false. Ho parlato con i dieci cavalieri feriti e nemmeno uno, se fosse in buona salute e in condizioni di battersi, si rifiuterebbe di provare su ser Meliagant la falsità delle sue accuse.»

«Lo farò io, se me ne darete licenza[12].»

«Ve lo concedo. Fate del vostro meglio, perché ormai non ho più dubbi che ser Lancillotto sia caduto in un tranello.»

7. **si sia accollato un compito ben gravoso!:** si sia assunto un impegno molto difficile, evidentemente perché Lancillotto è un cavaliere molto abile e valoroso.
8. **cessato:** smesso.
9. **desolati:** sconsolati.
10. **il suo campione:** il cavaliere che doveva difenderla, cioè Lancillotto.
11. **le muove:** le rivolge.
12. **licenza:** permesso.

Così ser Lavaine, armato e montato a cavallo, si affrettò a portarsi all'estremità della lizza[13] per affrontare lo scontro.

Ma proprio quando gli araldi stavano per gridare: "Lesses les aler!", ecco apparire ser Lancillotto al galoppo.

«Fermi, aspettate!» urlò Artù, mentre il cavaliere, presentatosi davanti a lui, riferiva pubblicamente dall'inizio alla fine del tranello che gli aveva teso ser Meliagant.

Quando Artù, Ginevra e i baroni furono al corrente del tradimento, arrivarono al punto di provarne vergogna per Meliagant. Poi la regina fu fatta sedere al fianco del re, tanta era la fiducia che tutti riponevano nel suo campione.

La sola presenza di Lancillotto basta a rassicurare tutti.

Non c'era altro da dire. Ser Lancillotto e ser Meliagant, impugnate le lance, cozzarono[14] con il fragore del tuono. Ser Lancillotto fece precipitare l'avversario al di là della groppa del cavallo; poi smontò, si sistemò lo scudo sulla spalla e sguainò la spada, mentre Meliagant gli si parava contro. Vi fu un pesante scambio di fendenti[15] che culminò allorché ser Lancillotto menò sull'elmo dell'altro un tale colpo che ser Meliagant finì al suolo riverso[16] su un fianco.

con il fragore... Il **paragone** sottolinea la violenza dello scontro.

«Risparmiatemi, nobilissimo cavaliere, mi arrendo» si mise allora a gridare il caduto. «Da cavaliere e compagno della Tavola Rotonda non mi uccidete: mi do per vinto. Che viva o muoia, mi rimetto nelle mani del re e vostre!»

Ser Lancillotto, che desiderava vendicarsi più di ogni altra cosa al mondo, per un momento non seppe che

Il sentimento della **vendetta** è tipico degli eroi dell'epica.

13. lizza: recinto entro cui si svolgeva il torneo.
14. cozzarono: si scontrarono.
15. fendenti: colpi di spada calati dall'alto in basso, di taglio.
16. riverso: caduto disteso.

fare; poi alzò gli occhi a guardare la regina nella speranza di capire da un suo segno o dalla sua espressione quale fosse la sua volontà. E poiché intese[17] che ella voleva Meliagant morto, gli ordinò di mettersi in piedi e di battersi a oltranza.

«Non mi rialzerò finché non mi riconoscerete vinto e arreso» gli rispose l'altro.

«Ebbene, se le cose stanno così, vi propongo un accordo molto vantaggioso» disse Lancillotto. «Io mi scoprirò il capo e tutto il fianco sinistro e mi batterò con la mano sinistra legata dietro la schiena in modo da non potermene servire.»

«Mio signore Artù, tenete conto di questa offerta che io accetto. Ordinate quindi che Lancillotto sia disarmato e legato come ha detto» gridò Meliagant, rimettendosi in piedi.

«Intendete davvero mantenere la proposta che avete avanzata?» chiese il re a Lancillotto.

«Sì, sire, non ho l'abitudine di recedere dai[18] miei impegni.»

Allora i cavalieri che assistevano Lancillotto sul campo gli tolsero l'elmo e l'armatura che proteggeva il braccio e il fianco sinistro, poi gli legarono la mano dietro la schiena lasciandolo senza scudo né altro. E mentre i contendenti venivano di nuovo posti uno di fronte all'altro, molte dame e cavalieri si chiedevano stupiti perché ser Lancillotto volesse correre un rischio tanto grande.

Ser Meliagant si fece avanti con la spada levata, e ser Lancillotto dapprima gli offrì il capo e il fianco scoperti; ma quando l'avversario cercò di colpirlo alla testa, spostò agilmente la gamba e il fianco sinistro opponendo la mano destra armata e sviando la spada con grande destrezza. Infine gli calò con tutte le sue forze un fendente sull'elmo e gli spaccò la testa in due.

Così non ci fu altro da fare che portare fuori dal campo il morto, che Artù permise fosse sotterrato solo a seguito di ripetute richieste dei cavalieri della Tavola Rotonda. Sulla tomba un'iscrizione diceva chi l'aveva ucciso e perché.

E da allora il re e la regina tennero ser Lancillotto del Lago in ancora maggiore onore e lo amarono più che mai.

(da Thomas Malory, *Storia di Re Artù e dei suoi cavalieri*, vol. 2, Mondadori 1985

17. intese: comprese.
18. recedere dai: mancare ai.

COMPRENSIONE

1. Chi è Lancillotto?

....

....

2. Chi è Ginevra?

- A La sorella di Meliagant.
- B La sorella di Lancillotto.
- C La moglie di re Artù.
- D La figlia di re Artù.

3. Che cosa fa Lancillotto per Ginevra?

....

....

4. Come si conclude la vicenda?

....

....

....

ANALISI E RIFLESSIONE

5. Meliagant è uno dei cavalieri della Tavola Rotonda.

A Vero B Falso

Motiva la tua risposta.

....

....

....

6. Proponendo a Meliagant un «accordo molto vantaggioso» Lancillotto intende...

- A riconoscere la superiorità dell'avversario.
- B mettere in ridicolo Meliagant.
- C fare pace con Meliagant.
- D arrendersi.

7. La frase di ser Lavaine «Non si è mai sentito dire che Lancillotto abbia tradito la persona per la quale si era impegnato a battersi» (righe 45-46) significa...

- A nessuno ha mai sentito parlare del cavaliere Lancillotto.
- B tutti sanno che Lancillotto è un cavaliere leale.
- C anche un cavaliere come Lancillotto può tradire una promessa.
- D è possibile che Lancillotto abbia tradito la regina Ginevra.

8. Dopo aver ferito Meliagant che cosa fa Lancillotto e perché?

....

....

LESSICO E STILE

9. La parola *ovvero* (riga 37)...

- A significa «davvero».
- B significa «veramente».
- C è una congiunzione.
- D è un'esclamazione.

10. Il verbo *culminò* (riga 79) ha la stessa radice di...

- A fulmine.
- B colpo.
- C cima.
- D culmine.

11. Quale parola tra quelle che seguono corrisponde per significato ad *allorché* (riga 79)?

- A Dopo.
- B Allora.
- C Quando.
- D Prima.

12. L'espressione *a oltranza* (riga 93) significa...

- A a distanza.
- B non oltre.
- C più oltre.
- D sino all'ultimo.

LINGUAGGI VISIVI

Gli ultimi cavalieri

Cavalieri senza macchia e senza paura

L'epica medievale ci ha trasmesso **l'immagine del perfetto cavaliere**, un'immagine ideale fatta di coraggio, lealtà e cortesia.

Ferdinand Leeke,
Perceval alla ricerca del Santo Graal,
1912, collezione privata.

Affinché le sue qualità possano emergere e guadagnargli la fama a cui aspira, **il cavaliere deve affrontare imprese eccezionali**, che comprendono anche la lotta contro mostri ed esseri soprannaturali dotati di poteri magici; se non si prospettano occasioni per mostrare il suo valore, il cavaliere parte **in cerca di avventure**.

Inoltre, i romanzi cavallereschi legati alla vicenda di re Artù e dei Cavalieri della Tavola Rotonda hanno introdotto il **tema dell'amore**, circondando la figura del cavaliere di un **alone romantico** che la letteratura, e successivamente il cinema, hanno esaltato.

Ad esempio il regista Jerry Zucker ha messo la **vicenda d'amore** tra Lancillotto e Ginevra al centro del suo *First Knight* ("Il primo cavaliere"): la regina Ginevra, moglie di Artù, ama il re ma allo stesso tempo si innamora del suo primo cavaliere, Lancillotto, e la **rivalità tra i due protagonisti** arriva a minacciare la stabilità del regno di Camelot. Un elemento in più che si aggiunge al fascino ispirato dalle avventure degli antichi cavalieri.

La locandina del film *Il primo cavaliere*, diretto da Jerry Zucker, 1995.

La locandina del film *Harry Potter – L'ordine della Fenice* (2007), quinto capitolo cinematografico della saga ideata da J.K.Rowling.

Un'immagine del film di animazione prodotto dalla Disney, *La spada nella roccia* (1963).

Ragazzi prodigiosi

Se l'epica cavalleresca, rivisitata dalla narrativa **fantasy** e dal **cinema**, continua ad avere un grandissimo successo, l'immagine del cavaliere non è però rimasta la stessa. Anzi, a volte gli eroi moderni sembrano lontanissimi dai loro epici 'antenati', come nel caso di Frodo, il giovane hobbit del ***Signore degli Anelli***, e di **Harry Potter**, protagonista dei romanzi della scrittrice britannica J.K. Rowling.
Piuttosto simile all'ingenuo Semola, che nel cartone Disney diventa re Artù quasi per caso, **Harry Potter** è un ragazzino che scopre un bel giorno di essere 'speciale' e di avere una missione quasi impossibile da compiere: lottare **come un antico paladino** contro l'oscuro Signore del Male.
Armato non più di spada ma di bacchetta magica, Harry lotta contro Voldemort in nome di **valori antichi come la lealtà, il coraggio e lo spirito di sacrificio**. E se lo immaginiamo a cavallo di una scopa volante e non di un focoso cavallo, egli non ci appare meno nobile di un antico cavaliere.

Benvenuti, cavalieri!

Un'insolita metamorfosi dei cavalieri medievali è quella in motociclisti: ispirato dal quadro di Leighton che trovi a pag. 292, un manifesto pubblicitario ha trasformato i cavalli in rombanti due ruote, mentre una regina in soprabito e pantaloni di pelle nomina cavaliere un giovane motociclista inginocchiato ai suoi piedi. Assiste alla cerimonia di investitura un gruppo di 'centauri', che recano tutti le insegne della **nuova cavalleria**, cioè tuta e casco.
In questo caso l'epica cavalleresca ha fornito un'**ambientazione suggestiva**; niente a che vedere, però, con le tematiche o i nobili valori rappresentati nelle opere medievali, ma solo un invito – molto interessato, ovviamente – a cercare l'avventura nel **"mito" della velocità**.

Manifesto pubblicitario del 69° Salone Internazionale del Motociclo (2011).

Le trasformazioni dell'epica cavalleresca

Dal Medioevo al Rinascimento: l'epica cambia volto

Nei due versi di apertura del suo *Orlando furioso* («Le donne, i cavallier, l'arme, gli amori, / le cortesie, l'audaci imprese io canto») **Ludovico Ariosto** (1474-1533) sottolinea il fatto che **il tema guerresco delle canzoni di gesta carolinge e quello avventuroso e amoroso dei romanzi arturiani si sono** ormai **fusi nei poemi cavallereschi**: in essi la fantasia domina incontrastata e **gli elementi della realtà si mescolano a quelli magici**, in un'alternanza continua di storie d'amore («le donne», «gli amori», «le cortesie») e imprese di guerra («i cavallier», «l'arme», «l'audaci imprese»).

Nella complessa trama dell'***Orlando furioso*** si intrecciano tre filoni narrativi principali: il **filone epico**, che narra la guerra tra cristiani e Saraceni, il **filone sentimentale**, che segue le vicende legate al folle amore di Orlando per Angelica, e il **filone celebrativo**, destinato a esaltare gli Estensi, a cui il poema è dedicato.

Domenico Tintoretto, *Tancredi battezza Clorinda*, 1585 ca., Museum of Fine Arts, Houston.

Nella ***Gerusalemme liberata*** di **Torquato Tasso** (1544-1595), invece, gli **ideali religiosi** animano ancora gli eroi, che però appaiono profondamente tormentati dalle passioni terrene.

Fra i temi esplorati dal Tasso spicca quello dello **scontro tra le forze del Bene**, rappresentate dall'esercito cristiano, **e quelle del Male**, incarnate dai pagani; ma assumono un ruolo centrale anche le tematiche della **guerra** e dell'**amore**, che spesso finiscono per intrecciarsi, come nella tragica vicenda di Tancredi e Clorinda.

Honorè Daumier, *Don Chisciotte*, 1868, Neue Pinakothek, Monaco.

Il declino del genere epico

Al di là dei cambiamenti, anche profondi, non è difficile scorgere una linea di continuità fra la tradizione dei poemi antichi e l'epica medievale e rinascimentale; essa prosegue fino all'inizio del Seicento, quando **Miguel de Cervantes** (1547-1616), autore del *Don Chisciotte*, smantella i miti dei poemi cavallereschi

con l'arma dell'ironia: se l'Orlando di Ariosto impazzisce per amore, Don Chisciotte perde la ragione per aver letto troppi romanzi cavallereschi e per averli identificati con la realtà.
Il tempo dell'epica sembra ormai finito.

Dal poema cavalleresco al romanzo del Novecento

Tra il Settecento e l'Ottocento, in una situazione storica profondamente mutata, **il poema epico venne definitivamente sostituito dal romanzo**.
Nel Novecento, **Italo Calvino**, affascinato dalla fantasia e dall'ironia di Ludovico Ariosto, ha recuperato la figura del cavaliere, ma solo per offrirci un'**amara riflessione sull'uomo moderno**: come Agilulfo, protagonista del romanzo ***Il cavaliere inesistente*** (1959), è in apparenza vivo, ma in realtà è solo un'armatura vuota; così l'uomo moderno, stretto fra mille condizionamenti sociali, crede di esistere, ma è soltanto un individuo privo di identità e di sostanza.
Agilulfo, con la sua armatura candida e vuota, sembra dirci che i **cavalieri** senza macchia e senza paura che si battevano per ideali eroici non **possono** più **trovare spazio** nel nostro tempo, ma **solo nella dimensione fantastica** delle fiabe.

Esiste un'epica moderna?

Le **avventure ambientate in un Medioevo lontano e fiabesco o comunque in mondi fantastici** trovano ancora oggi un pubblico appassionato.
La narrativa fantasy, ad esempio, nella letteratura come al cinema, descrive un **mondo ispirato alle saghe medievali** nordiche in cui agiscono cavalieri ed eroine, elfi e orchi, re e stregoni; essa, inoltre, **utilizza ancora alcuni degli ingredienti tipici dell'epica classica e medievale**:

- **al centro della vicenda c'è un eroe** che spicca sugli altri per le sue doti speciali;
- l'eroe protagonista, di solito affiancato da amici o alleati, ha una **missione da portare a termine**, ma è ostacolato da un **malvagio antagonista**;
- il sistema dei personaggi è organizzato sulla base di due schieramenti contrapposti, che rappresentano **l'eterna lotta del Bene contro il Male**.

La locandina del film *Il Signore degli Anelli – La compagnia dell'anello*, il primo episodio della trilogia diretta da Peter Jackson, 2001.

Sembrerebbe dunque **che l'epica** non sia morta, ma **si sia solo trasformata**, adattandosi ai cambiamenti sociali e culturali.
Tuttavia, anche se alcuni ingredienti possono essere gli stessi, diversamente dal passato l'epica moderna sembra porsi come unico scopo quello di divertire il pubblico e non più anche quello di proporre valori ed eroi da imitare.
Di contro a questa tendenza, lo scrittore tedesco **Michael Ende** ha provato nel romanzo *fantasy* ***La storia infinita*** (1979) a **recuperare il valore 'educativo' dell'epica**. Ende stesso ha spiegato che la vicenda del piccolo protagonista, il quale lotta eroicamente per salvare il regno di Fantàsia dal Nulla che lo minaccia, è una metafora, e un invito ai lettori: un invito a risvegliare le forze creative più personali e interne e a costruire «una nuova Fantàsia, cioè un nuovo mondo di valori» in sostituzione a quelli che la società moderna sembra avere irrimediabilmente perduto.
Che questo recupero sia oggi possibile o no, di sicuro gli uomini non hanno ancora smesso di amare l'epica, e di raccontare le storie meravigliose degli eroi.

VERIFICA FORMATIVA

Leggi con attenzione il brano, poi svolgi gli esercizi.

Audio
Ascolta il brano

La cavalleria

Fino a diciotto anni Lancillotto rimase sotto la protezione della Dama del Lago. Ed ella avrebbe voluto trattenerlo ancora tanto lo amava; al pensiero di separarsi da lui sentì l'acqua del cuore salirle agli occhi. Ma sapeva che avrebbe commesso un peccato mortale, grave come un tradimento, poiché egli era ormai in età di ricevere la cavalleria.

Allora la Dama del Lago prese Lancillotto per la mano e gli disse: «I primi cavalieri non lo furono a causa della loro nascita, perché tutti discendiamo dallo stesso padre e dalla stessa madre. Ma quando l'invidia e l'avidità cominciarono a crescere nel mondo, allora i deboli istituirono al di sopra di sé dei difensori che mantenessero il diritto e li proteggessero.

Per questo compito vennero scelti i grandi, i forti, i belli, i leali, i coraggiosi. Si chiedeva ai cavalieri di essere tolleranti salvo che coi traditori, pietosi coi bisognosi, pronti a soccorrere i sofferenti e a umiliare i ladri e gli assassini, buoni giudici senza amore e senza odio. E dovevano proteggere la Santa Chiesa e colui che porge la guancia sinistra a chi l'ha colpito alla destra.

Infatti le armi non sono state date loro senza motivo. Lo scudo che pende dal collo del cavaliere e lo difende sul davanti significa ch'egli deve interporsi tra la Santa Chiesa e chi la assale, e ricevere per essa i colpi come un figlio per la madre. L'elmo è come la garitta[1] da cui si sorvegliano i malfattori e i ladri della Santa Chiesa. La lancia, lunga in modo da ferire prima che colui che la porta possa essere raggiunto, significa che il cavaliere deve impedire ai malintenzionati di avvicinare la Santa Chiesa. E se la spada, la più nobile delle armi, è a doppio taglio, è perché essa con un taglio colpisce i nemici della fede, e con l'altro i ladri e gli assassini; ma la punta significa obbedienza, perché tutte le genti devono obbedire al cavaliere.

Infine, il cavallo è il popolo, che deve sostenere il cavaliere ed essere sotto di lui, e che egli deve guidare al bene secondo il proprio intendimento. Il cavaliere deve avere due cuori: uno duro come un magnete per gli sleali e i traditori, l'altro morbido e plasmabile come cera calda per i buoni e gli indulgenti. Tali sono i doveri a cui ci si impegna ricevendo la cavalleria.»

«Signora» disse Lancillotto «se trovo qualcuno che acconsenta a farmi cavaliere, non avrò timore di esserlo. [...]

«In nome di Dio» disse la Dama sospirando «il vostro desiderio sarà dunque presto esaudito. Ed è perché lo sapevo che piansi quando vi vidi. Sarete armato dal miglior valent'uomo che vi sia: re Artù.»

(ridotto e adattato da Jacques Boulengers, *I romanzi della Tavola Rotonda*, edizione italiana a cura di G. Agrate M. L. Magini, Mondadori, 1988)

1. **garitta:** piccola costruzione che ripara la sentinella.

1. Che cos'è la cavalleria?
(1 punto per la risposta corretta)

A L'abilità nell'andare a cavallo.
B L'abilità nel maneggiare le armi.
C La condizione di vita del cavaliere.
D La sottomissione a un re.

punti ..../1

2. L'epica cavalleresca...
(1 punto per il completamento corretto)

A ha per protagonisti i cavalieri.
B racconta storie del tutto inventate.
C non ha collegamenti con l'epica classica.
D è presente solo in Francia.

punti ..../1

3. Le vicende di Lancillotto...
(1 punto per il completamento corretto)

A sono inserite nel ciclo carolingio.
B sono inserite nel ciclo bretone.
C sono inserite nel *Cantare del Cid*.
D si ricollegano a quelle di Sigfrido.

punti ..../1

4. Fra i compiti di un cavaliere non c'è...
(1 punto per il completamento corretto)

A la difesa della Chiesa.
B la difesa dei più deboli.
C l'obbedienza al popolo.
D la lotta contro i malvagi.

punti ..../1

5. Diventano cavalieri...
(1 punto per il completamento corretto)

A i figli dei cavalieri.
B coloro che sono scelti dalla Chiesa.
C coloro che sono pronti ad obbedire.
D coloro che possiedono le doti necessarie.

punti ..../1

6. L'espressione «sentì l'acqua del cuore salirle agli occhi» (riga 3) significa...
(2 punti per il completamento corretto)

A sentì nel cuore un grande vuoto.
B le venne da piangere.
C i suoi occhi ardevano di rabbia.
D teneva gli occhi bassi.

punti ..../2

7. Quale tra i cavalieri di cui hai letto le imprese ti ha colpito di più? Riassumine in un breve testo le caratteristiche morali e prova a rappresentarne quelle fisiche con un disegno.
(3 punti per la risposta corretta)

punti ..../3

AUTOVALUTAZIONE

Punteggio ottenuto: ..../10 (livello di sufficienza: 6/10)

- Ho trovato difficoltà nella comprensione del testo: ☐ sì ☐ no
- Le difficoltà che ho incontrato leggendo i testi dell'epica medievale si riferiscono:
  ☐ alla comprensione dei fatti narrati ☐ alle caratteristiche dello stile
  ☐ alle caratteristiche del genere ☐ alla comprensione del linguaggio usato
- I testi che ho letto in questa Unità mi hanno interessato:
  ☐ molto ☐ abbastanza ☐ poco ☐ per nulla
- Gli aspetti che mi hanno colpito di più sono stati:
  ....
- Ritengo che la mia preparazione sia complessivamente:
  ☐ buona ☐ discreta ☐ sufficiente ☐ scarsa